批判性思维与基础教育课程教学丛书

主编　林胜强　仲海霞

批判性思维与中学语文阅读教学

欧阳林 著

中国人民大学出版社
·北　京·

出版说明

进入 21 世纪以来，很多国家和国际组织都在考虑未来人才需要什么样的素质，纷纷提出了核心素养的概念。他们普遍认为，在这个变动不居的世界，教育再按部就班地传授知识培养人才，将不能适应时代的要求，必须从以传授知识为主导的传统模式转向培养核心素养的模式，必须着力培养学生应对世界的关键能力和必备品质。很多国家及国际组织普遍强调的未来核心素养都强调“4C”，即批判性思维（Critical Thinking）、沟通能力（Communication）、创造性（Creativity）、合作（Collaboration）。良好的沟通是在相互理解和信任的基础上进行的，创新是以问题和挑战精神为前提的，合作需要以尊重和自尊为条件，而这些都是批判性思维的内在要素，它们相互依存，共同促进。

在我国，批判性思维是创新人才不可或缺的基本素质这一点已基本达成共识。基础教育正在经历一场深刻的变革，对知识与技能的崇拜将逐渐转向对核心素养的关注。

2017年9月，中共中央办公厅、国务院办公厅印发的《关于深化教育体制机制改革的意见》中指出："要注重培养支撑终身发展、适应时代要求的关键能力。""培养认知能力，引导学生具备独立思考、逻辑推理、信息加工、学会学习、语言表达和文字写作的素养，养成终身学习的意识和能力。"

教育部2018年1月5日发布的《普通高中课程方案和语文等学科课程标准（2017年版）》对中学生加强"批判性思维训练"提出了更具体的要求。加强批判性思维训练，已涉及基础教育的各门学科，对中小学教师的核心素养和知识结构也提出了新的要求。而近年来国内的中（高）考也在加强对学生理性思维能力、分析论证能力的考察。

综合情况来看，学生具有良好逻辑推理能力与批判性思维能力越来越重要了。批判性思维仿佛一夜之间成了教育交流的使者，让我们的基础教育一下子有了与发达国家的基础教育展开对话的支点。这是令所有关注中国教育的人感到欣喜的事情。

有专家建言，要加强顶层设计，将批判性思维的培养和发展纳入国家教育规划，要在大中小学各科教学中贯穿批判性思维的训练，开设批判性思维课程；要组建研究机构，研究批判性思维的发展与培养；要开展调研，加强总结，制定政策，宣传推广；要编写批判性思维教材，培训师资将批判性思维融入各科教学。

为总结基础教育批判性思维能力培养理论研究和实践中取得的成果，进一步推进基础教育批判性思维能力培养工作，我们组织了包括教育部高等学校文化素质教育指导委员会批判性思维和创新教育分指导委员会成员，相关高等院校和教育科研机构的专家，中小学政治、语文、英语、历史、地理、数学、物理、化学、生物等学科的骨干教师，将自己或学界的成果和经验进行总结和梳理，编写了“批判性思维与基础教育课程教学”丛书，陆续向社会公开出版发行，进一步推进批判性思维与基础教育课程教学。

伟大的物理学家爱因斯坦曾经说过，教育的本质不是学习知识，而是训练大脑学会思考。学会思考、选择，拥有信念、自由，这是教育的目的，也是获得幸福的终极能力！

综上所述，在基础教育课程教学中贯彻批判性思维，改变和改善我国中小学生的学习状态与思考方式，从而提升全民的创新能力，已成为大势所趋，人心所向。

“批判性思维与基础教育课程教学”丛书

编委会

代序一

批判性思维：培养开放理性的人

一、批判性思维教育，时不我待

在中国推广批判性思维教育的动力，首先源自我个人求学生涯中的深切困苦和醒悟。三十多年前，我被公派出国深造。作为一个在国内受过良好的理工科、逻辑和西方科学哲学教育的青年教师，一个按考试成绩衡量的高才生，一个按当时发表的文章衡量的有潜力的学者，在经历了最初在异国生活的新鲜感后，我就陷入了茫然之中。我所擅长的一切考试和“学术”技能，在那里都没有用处，我不会阅读、分析、推理、判断、写作，我无法和周围的老师、同学进行学术对话。他们不想听我复述这个或者那个西方哲学家的言论，而是要听我的想法、我的替代观念、我的依据、我的论证……而我根本不知道如何做。即使在英国繁花如锦的春夏，伦敦政治经济学院的日子对我来说，也经常是清冷和灰色的。我一度以为这只是因为自己的英语还不能适应哲学讨论，数年之后，在加拿大求学期间接触了批判性思维教学，我才知道这也是因为自己不会那种探究实证的“理性语言”，这对我其实是另一门“外语”。

三十多年后的今天，情况似乎依然如故。开放理性和探究实证的思维能力依然是我们的孩子们没有学到的“外语”。这早已经不是新闻。媒体报道，美国教授评价她的中国学生“几乎不知道怎样去分析和思考”。① 具有中外研究经历的教授痛感，应试教育培养出来的优秀中国学生完全无法进行批判性阅读和自主研究，什么都得“一口一口地喂他”。显然，即使三十多年过去了，我们的学生在思维和创新能力上没有实质性进步。

更有甚者，当今一些学生道德堕落。当清华大学教授钱颖

---

① 转引自：周成刚．中国留学生的三种能力亟待提升．(2016－03－21). https://mp. weixin. qq. com/s?_biz＝MzAxNTgxODc5Mg＝＝&mid＝402579238&idx＝1&sn＝25df927867af0dac79189ca706e40b62&scene＝4＃wechat_redirect. 3 月 18 日，《华尔街日报》头版刊登题为《中国留学生数量暴增 美国高校恐难适应》的报道。……纽约大学中国历史学科教授丽贝卡·卡尔受访时称，她不得不为中国学生调整自己的教学内容，这给她的工作造成负担。她认为，很多中国学生“没有做好留学准备，他们几乎不知道怎样去分析和思考，写作水平也差强人意”。不少教授表示，一些中国学生在课堂上要么一言不发，要么提问时语言表达不够清晰，不能进行有效交流。

一痛斥“中国教育的问题，绝不仅仅是培养不出杰出人才的问题，更严重的是造就了不少没有人格底线的人”，他表达了我们焦虑的心声：中国的未来如何能放在这样既无德也无能的人的肩膀上？

怎么会这样呢？我们不是提出了素质教育吗？三十多年来我们不是进行了很多教育改革吗？

是的，这些年我们经过了很多很多的教育改革，耗费了大量的资源、时间和劳动。但是，在提高学生的认知和思维能力方面，没有达到预期的效果。南京师范大学教授吴康宁的《中国教育改革为什么会这么难》[①] 一文指出，历年的教育改革，有不少无效或者没有达到初衷。他总结的原因包括：利益冲突；有良好愿望但目标却脱离实际；手段单一，靠发公文来推行；缺乏上下一致的共识和系统全面的努力；旧的文化和习惯的阻碍，导致执行中的推诿拖延、上有政策下有对策；等等。

他列出的这些原因确实是存在的。不过，在我看来，还漏掉了一个重要原因：在教育改革的理念中缺乏明确的认识。比如，素质教育到底是什么？减少知识性传授的目的到底是什

① 吴康宁．中国教育改革为什么会这么难．华东师范大学学报（教育科学版），2010，28（4）．

么？要达到什么目标？这些都没有清楚和广泛的共识。很多人心中的素质教育就是文娱活动。2015年，我在《人民教育》上发表《角逐批判性思维》[①] 一文，呼吁和阐述批判性思维教育，杂志专门为此加上“编者按”，也指出这一点：“上个世纪，我国提出素质教育。素质是什么？该怎么培养？让学生唱歌跳舞，搞点活动，是不是素质教育？是的，但这不是全部。真正的素质，应该是包括批判性思维在内的各种品格与能力。”

其实，这样显而易见的事实被强调过无数遍：人才必须是能思维的人才，是能批判性思维的人才。没有思维发展能力的科技“人才”是一个自我矛盾和荒谬的概念。中国科学院院士杨叔子总结道：“批判性思维是理性和创造性的核心能力，批判性思维教育是培养领军人才的必要手段，没有批判性思维教育就没有真正的素质教育。”没有听过谁来反驳这个说法，但是，在教育领域中，它似乎被当作了隔壁人家的新年愿望，与自家毫无关系。结果，我们看到了这样的奇特现象：既然不否认批判性思维是理性和创造性的必要条件，那么就应该去形成这个条件，是不是？这就好像，既然承认电是电器工作的必要条件，我们得把电准备好，是不是？但是，不管听起来如何难

---

① 董毓．角逐批判性思维．人民教育，2015（9）.

以置信，现实的情况就是，我们承认电是必要的，实际却是在制造没有电炉丝的“电炉”。我们看到的是创新国家的目标和教育措施与实践的脱节。

2018 年，人们震惊地看到了中兴事件。然而，难道我们没有努力发展高科技吗？不是。40 多年前，我们就欢呼科学的春天来到了。20 多年前，芯片工业就已经被列为优先发展。十几年前，“核高基”（核心电子器件、高端通用芯片及基础软件产品）就已立项，要求在 2020 年有根本改变。但是，这些年过去了，除了通信装备，其他所有类型的芯片，国产率仅占 0.5%左右。很多被扶持的芯片企业经常面临仿冒、偷盗、收买的指责。也就是说，即使是发展，也不完全是自主发展。

为什么？中兴事件后，一些科研专家直接指责是当下的教育导致他们根本无法得到符合要求的人才。芯片工业的业内人士也指出：“应试教育体制下题海战术培养的人”，没有了主动性和追求，“很难适合半导体工业发展的需要”，“填鸭式，以老师或知识为权威的教育目的和方针，已经到了寿终正寝的关头”。[①]

---

① 梁昌年．我在中芯国际的往事．（2018－04－30）．http：//finance. ifeng. com/a/20180430/16223224_0. shtml.

2019年，华为事件之后，任正非也在多个场合谈到教育，并说："国家的竞争力是在中小学教师的讲台上实现的。"

但是，并非今天人们才认识到，背标准答案的考试，肯定不能提供高科技所需的研究型、创造性的人才，不能提供具有开放理性、求真精神和分析推理能力的人才。然而这些年来，应试教育对社会的侵入程度反而变本加厉，培优竞争甚至从幼儿园就开始了；几乎每个学校最显著的光荣榜都是高考成绩榜。另一方面，包括教育工作者在内，很多人已对我们的教育丧失信心。2015年，上海、武汉等地提出要建立"创新城市"时，其纲要中关于创新人才的一项，全都是引进人才，而不是自己培养。而这一愿望从来没有问过一个前提性问题：从哪里引进人才？大概是美国？那么，美国会让你收割它的庄稼吗？今天，美国甚至把敌视的眼光对准了一般留学生，这些现状应该使人完全清醒：这样的"人才政策"行不通。

简言之，我们需要自己培养人才。但是，长期以来，虽然我们有创新国家的目标，也看到了问题的症结所在，但与之相对应的具体、有力的教育行动一直显得很薄弱。

因此，人们的忧虑在加深加剧。其实从21世纪初开始，即使被中东困局拖着，美国也念念不忘把战略围堵的矛头对准中国，而高科技封锁一直是它最着力的举措。今天，广泛依靠国际科技人才发展的华为受到的围堵打压，集中体现了美国对高科技战寸土必争的坚决和蛮横。任正非对重视基础教育的呼吁也体现了他的忧虑。其实，2005 年中国就提出“把建设创新型国家作为面向未来重大战略”，要求在 15 年内，把提高自主创新能力摆在全部科技工作的核心位置，实施科教兴国战略和人才强国战略，等等，并制定了《国家中长期科学和技术发展规划纲要（2006—2020 年）》。不妨设想一下，如果从 2005 年，我们就能从小学四年级左右开始，全面开展批判性思维教育，培养求真、开放的精神和探究实证的技能，那么，在 2019 年的今天，即使高科技落后的状况还没有实质性改观，我们也会已经拥有一大批 25 岁左右在研究生层次上的有理性和创造性的青年人才储备，那么，我们对未来的底气和希望就完全不一样了。

时不我待，如果现在还是没有开始这样做，下一个 15 年到来时会怎样呢？

二、为什么要创造就绕不过批判性思维？

我们现在来阐述如何在教育中推行批判性思维教育。对此，我们需要理解批判性思维及其作用，以便做对、做好这样的教育，不至于或者拒绝它，或者走向形式主义。

下面并非一个虚构的场景，它把我们目前的根本困境显露出来。

在加拿大一所大学医学院的实验室里，指导教授手下有两位博士生，一位来自加拿大本土，一位来自中国。某日开会，讨论下一步的研究方向和项目。教授先让大家谈谈最近在读的文献和研究设想。那位本土博士生谈了他读的几篇科学论文，提出了疑问和延伸研究的设想。他兴致勃勃地和导师交换意见，定下寻找信息和设计检验的方案。然后，导师示意中国来的博士生谈谈。这位博士生拿起笔记本，开始汇报前期交代的实验完成情况。看来他很用功，教授交代的实验都完成了，并有结果产生。汇报结果后，教授问他对下一步的研究有什么想法。他想了想，随即摇了摇头，两眼瞪着教授说："不知道。"教授问："你读了我建议你读的文章和资料吗?"他说："读了。"教授问："那你有什么想法?"他继续摇头："不清楚。"

这样的场景早已为人熟知。这位中国博士生的局促和无力感很典型，他没有学习过怎么研究，不知道怎样进行批判性阅读和问题分析等工作。他是从中学到大学靠背诵标准答案考试的高分生。常年的备考和考试让他锻炼成了考试机器，具有在多选题中猜中答案的高超能力。但是，在现在的教授面前，他不能说：如果你出考题，我肯定可以得高分，我感知答案的能力比谁都强……他只能沉默。末了，他的教授或许会评论说，他缺乏批判性思维的培养。而这正是他的西方同学的优点，因为他们从小学就开始了这样的能力培养，现在做研究根本不需要手把手教。

西方老师们说“缺乏批判性思维”，并不是指不会否定某个结论，而是指缺乏细致、深入地理性分析以及发展自己的问题和想法的能力。这样的批判性思维是指开放的理性精神和探究实证的能力。按照目前最为流行的定义（恩尼斯），批判性思维是为了发展认知和良好决策而进行的理性的、反思性的思维，它由理智上的品德（也可以称为“习性”）和技能两方面结合而成。理智上的品德，最核心的是求真、开放、理性、公正、反思和发展的心智倾向。批判性思维的“批判”一词，不是空洞负面的否定，而是主动通过理性质疑和建设性开放来不断发展的倾向，即它包含这个不断发展的精神。

批判性思维的技能，并不是指一种思维技能，而是包括阐述、分析、解释、推理、综合、评价、判断等多种思维技能。熟悉布鲁姆的认知能力层次模型的，就知道这是指记忆之上的从理解到应用、分析、整合、评价等高层次思维技能。

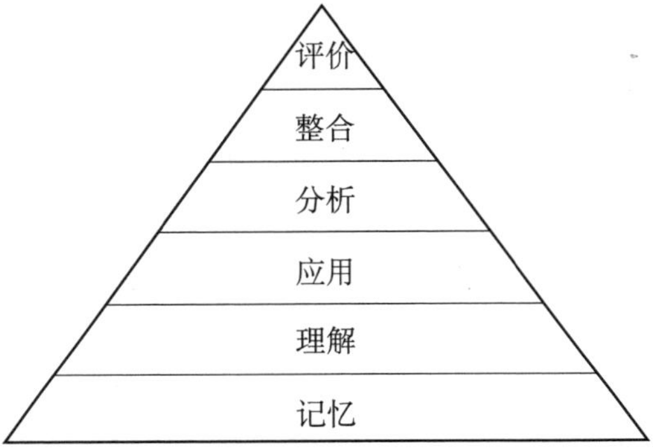

图 1　布鲁姆认知能力层次模型

不过，如恩尼斯所指出的，布鲁姆的层次模型并不完全准确地反映思维活动特征，这些技能其实不是严格分层和有次序的，而是相互包含的。比如，评价和整合需要分析，其实分析也需要评价和整合。这些技能也和创造互为基础和相互包含。因此，我们要清楚，批判性思维不是单一的某一种思维技能，而是这些合理认知和决策所需的技能的综合总称。批判性思维教育，就是培育所有这些高阶思维技能。

批判性思维的开放理性精神和技能，是通过探究和实证的认知过程实现的。探究，就是开放式的全面探寻、调查、研究等；实证，是立足于具体实践的检验和论证。西方教学中流行的教学法，比如基于问题的学习（problem based learning）、项目式学习（project based learning）和研究性学习（research based learning)，都是探究实证的学习。它们都是从问题提出和分析开始，探索已有的各方面的观念、论证和信息，进行分析、评估、推理和比较，提出自己的观点和解释，然后进行检验或综合论证，从而确定解释或结论为真知。我们把这个探究实证总结成一个“思维图”的八大步骤：

(1) 理解主题问题：提出和分析论题、问题。

(2) 分析论证结构：辨别和分析对问题的各种观点的论证及其结构。

(3) 澄清概念意义：对各种观念提出澄清意义和理由的问题，定义关键词。

(4) 审查理由质量：探究所有可能得到的信息，评估它们的真假或可接受性。

(5) 评价推理关系：清理和评价推理关系，审视它们的相关性和充足性。

(6) 挖掘隐含假设：挖掘和拷问隐含前提、假设、含义和后果。

(7) 考察多样替代：创造、考察不同的观点、论证和结论，进行竞争、比较、排除。

(8) 综合组织判断：综合各方论证的优点，形成一个全面和合适的结论。

图示如下：

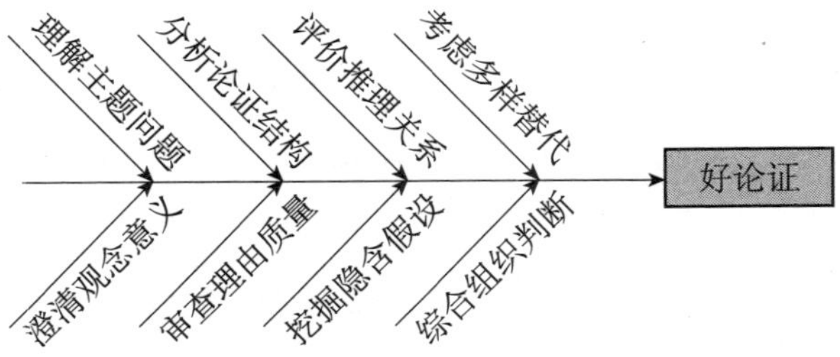

应该再次强调，这八大步骤是探究实证过程的实现，或者说是指导探究实证的原则和方法。所谓的基于问题的、项目式或研究性学习等，其实就是学习和实践这些方法，也就是说，它们根据批判性思维的原则和方法，来学习成为批判性思维的人才。

简言之，批判性思维和创新的密切关系表现为两大方面。一方面，创新需要批判性思维。这首先体现在以开放、多样化和无限发展的精神打消封闭和被动心理，起着破路先锋的作用。其次，批判性思维的探究实证以有具体依据的问题开路，通过充分搜寻信息，进行分析、推理、评估、判断等的思考，最后提出替代观念、解释和论证，这些正好为创新所需要的“问题”“信息”和“思维”三大要素奠定温床。另一方面，批判性思维又需要创新，因为批判性思维要求提出替代观念、解释和论证，均需要依靠创造；只有创造出这些替代者，才能辩证思考，才能竞争、选择和综合。所以，它们之间的互相依赖关系可以部分地概括为“不破不立，不立不破”。这是我们说批判性思维是创新国家的必要条件的一个意思。

当然，开放理性思维的作用不仅仅表现在促进创新上。一切需要谨慎、仔细思考的地方，都需要批判性思维，包括科学研究、技术创新、社会决策、法庭判决、职业选择、信息评估、观念接受等人生发展的各个方面。更重要的是，批判性思维教育是为了培养德育和智育全面结合的人。这样的人坚守这样的信条：自主来于自立、权力和责任相配，自律是自由的前提。这样的人既头脑灵活又脚踏实地……我们常常用“思想开放、兢兢业业”八个字来概括批判性思维要培养的开放理性的人，这样的人能创造、能明辨、能成功。相反，今天的教育中，以考试分数为纲的“智育”成为单一目标，德育和体育常被虚化。我们从幼儿园就开始给孩子们灌输大人的知识，但是他们长大后许多却成为精神和体质上孱弱的“巨婴”，人到三十依然是不给买玩具就在地上打滚的孩子。这样导致了社会中戾气蔓延：伸手要物质享受，不能得到便撒泼。巨婴成群的社会不可能和崇尚自力奋斗、坚持不懈精神的社会抗衡，不可能带来一个强大和文明的国家。成功的人生与和谐的社会，只能建立在具备批判性思维的精神和能力之上。

三、批判性思维课程改革：目标和内容

那么，如何推行基础教育中的开放理性和探究实证的批判性思维教育，如何在课程和教学中实施?

一开始，我们需要把目标理清，批判性思维首先是开放理性精神的培养，所以在基础教育中的思维教育，是以理智的品德为主，以技能为辅。在《角逐批判性思维》一文中，我们提出，中国基础教育中的批判性思维教育，应注重培育如下基本习性（理智美德）和明辨、发展能力：

（1）谨慎和谦虚的态度，愿意学习、思考的品质以及文明讨论的习惯。

（2）讲道理、下判断要有理由，有全面收集信息的习惯。

（3）意识到现实问题是复杂的，并有分解、分辨主次和关系的初步能力。

（4）懂得要清晰、具体和有条理地思考和表达。

（5）有判断信息的可靠性的初步能力。

（6）知道要考察信息是否足够支持自己和他人的立场、观点。

（7）试图辨别自己和他人观点背后的假设、立场和视角。

（8）注意寻求和对比不同观点，比较它们的根据和优缺点。

我们也提出，培养这些开放理性、灵活思考和实证素质的最好办法，就是进行实证和探究式学习。所以，基础教育从小学开始就应该着重培养体现这一素质的三大能力——批判性阅读、探究式学习（研究性学习）和批判性写作。这是技能培养的三大目标，而问题和论证的分析、评估和发展是它们的贯穿性技能。

为什么？因为阅读是学习知识的主要渠道，但是背诵的阅读是高分低能的主要原因之一，只有批判性阅读才能理解知识和发展知识。批判性阅读要求不仅知其然，还知其所以然，这是通过分析知识的根据、来源和机制完成的。批判性阅读中，分析和评估文本的论证是理解"所以然"的主要活动，然后以此为根据，发展质疑和自主判断。上面提到的中国的博士生读了科学文章而没有任何想法，就是没有批判性阅读能力，不能从阅读中发现问题、激发思考。

探究式学习，是专门练习如何生产知识、解决问题、合理决策的全过程。它从提出问题和分析问题开始，经过探索和评估各方信息、观念和论证（即批判性阅读），提出自己的替代观点、假说或决策，最后在多种具有差异性的论证中选择有充足理由支持的、最佳的结论和方案。探究式学习完整实现前述的批判性思维的八大步骤，特别以问题分析和论证评估为主轴来训练探究实证能力。

批判性写作包括分析性和论证性写作。分析性写作其实就是对他人文章的批判性阅读后的写作，论证性写作是论证自己的观点、解释和决策，它应该是探究和实证的结果。其包括问题分析、批判性阅读和综合论证。所以，结合探究式学习的批判性写作，是最能锻炼和反映批判性思维的方法。我们一再提倡这样的批判性写作，正是希望它能带动这样的全程训练。

根据这样的品德和技能训练目标，在课程安排上，应该是两者结合：开设单独的批判性思维通用课程，在学科课程与教学中渗透批判性思维精神和教学法。开设一个批判性思维通用课程是必要的，它集中讲解批判性思维原则和方法，给学生一个导引和工具的集合。它也是可行的，华中科技大学附属小学面向小学生开设的批判性思维课程就是一个证明。我们需要做的是把这样的课程全面推广到各个学校中去。

不过，批判性思维的通用课程，也是为了用批判性思维的精神和指导原则来改革各学科中的知识学习和灌输教学法。也就是说，最终批判性思维要渗透到各学科课程和教学中。

以语文为例，批判性思维渗透的语文教学是“大语文”，它不仅仅是教语言文字，而且需要兼顾文字和思维、知识和素质、品德和技能、传统和当下、现实和未来、课堂和实践各个方面。当今语文教育的一个当务之急是要大幅度提高反映社会实践和训练探究实证的教学内容，增加思想性、社会性、信息性、科学性、综合性和论述性的文本学习，适当减少纯粹文字的、抒情的、虚构性的学习内容。课外活动要增加阅读和探究式项目学习任务，课堂时间上需要增加探究性和议论文写作课时。

不仅文科需要这样改革，理科也可以和应该这样。学科特点会导致做法不同，但批判性思维的探究实证原则可以融入各种学科教育中。根据批判性思维的探究实证原理，就可以推导出这样的教学方向：

（1）历史性：从历史和背景中理解科学问题和思想。

（2）构造性：分析科学观念网络和推理的前提和机制。

（3）多面性：理解科学检验和论证的正反构成和意义。

（4）想象性：对观念和原理的运用进行多样化的假想推理。

这四大方面的考察，可以细化成系列的引导性问题来实施批判性思维的培养。比如对问题可以考虑它的背景、历史道路、思想框架，以及隐含前提和其他观念的关系等。对科学论证可以提出它的推理、理由、假设、适用范围和反例等问题，对它的运用可以提出范围、机制、依据和结果等问题。对教科书的原理可以进行变换条件、场景、范围和假设而进行假想推理，了解它在不同情况下的表现和可能的限度。这些是在科学教育中培养批判性思维的可供借鉴的途径。

当然，在基础教育的小学、初中和高中的不同阶段，培养批判性思维的品质和技能是有不同方式的，也是应该循序渐进的。在小学阶段，培养要求是讲道理、举例子、多思考为什么、清楚表达、愿意听他人说话、想多种原因或方案这样的习性。培养这些习性要渗透在各种文本的阅读和练习中。比如读一个故事，教师要在读前、读中、读后去引导学生思考和想象，猜测故事的发展，理解故事的逻辑，想象故事在不同情况下的走向，将自己的感受和其他阅读联系起来，等等。这些会保留孩子的好奇心、想象力和自主性，培养讲道理、寻求不同思路的习性。

到了中学阶段，批判性思维的培养要加强开放理性的习性和深入思考的习惯。如果在中学毕业时，学生们：

- 有意识地自我反思，愿意为自己的判断和行为负责；
- 总是要看理由之后才相信一个说法，并为自己的说法提供理由；

- 总是要看有没有别的说法和可能；
- 爱好清晰、准确、简洁的概念和文字；
- 爱问为什么，希望了解问题的来源、理由、原因和作用机制；
- 喜欢挖深层假设，包括自己观点的深层假设和可能偏见；
- 自觉联系具体和整体的背景来看问题、下判断；
- 尊重多样性，追求公正。

那么，加上能进行探究式学习（探究实证），到了大学或者职场上，他们就有了坚实的理性和创新的意愿和素质。在社会上，他们是能理性辨别和判断的人。

四、批判性思维教育的枢纽：教学法和教师

有了课程教学内容，还远远不够。教师是教育的关键，是实现批判性思维教育的枢纽。没有合格的教师，事情就不会成功，传统习惯可能会扭曲教学的初衷。比如在语文教育中，即使在有限的议论文写作的课堂上，许多老师重视的不是说理，而是炫耀文采或者宣泄情感。语文特级教师余党绪指出，在议论文中更重视“文采、气势和技法”、偏爱“审美趣味与艺术品位”的人很多，“这种膜拜空洞的文采与技法的‘文人情

结’，已经成为一种深层无意识，盘踞在一些语文教师的心中，根深蒂固，难以撼动”。这使我们的语文教育，即使在难得的可以训练认知和理性能力的机会中，也仅仅在训练抒情和文采。学生往往缺乏创造知识、合理思考上的训练。

缺乏能教批判性思维的老师，和教师的技能与意识都有关系。我们先谈技能。一个有趣的现象是，我们见到很多人，都觉得不用读书就知道批判性思维是什么，但很快就证明其实不是那么回事。他们的情况分“误解”和“表面化”两大类。误解中很多来自下意识的望文生义，觉得批判性思维就是负面的批判。这样的误解导致一部分人拒绝推行批判性思维，而另一部分人真的在课堂上针对他不喜欢的东西进行大批判。这两种情况都给我们带来困扰，甚至增添了实现目标的困难。

另一种情况是，虽然知道一些批判性思维的名词，但没有具体和细致的了解，而这给教师的教学带来直接的障碍。如果问要培养学生的什么能力，回答都是“分析问题、解决问题的能力”，这是对的。但是分析问题、解决问题的能力到底指什么？很少有人能正确地回答。说到教学方法，没有人不知道“启发式教学”这一名词。但是，什么是启发式教学？怎么结合自己的学科和学生的学习目标来进行启发式教学？这就很少有人知道了。如今推行的研究性学习，也是很少有教师具备起码的能力来指导如何提出好的探究性问题、如何进行问题分析、如何从中知道信息和论证的探究，并发展相应的替代性解释或结论。写作也是如此，一本写作教材可能会充满令人迷惑的新名词和新规则，但却没有看到议论文是围绕理由、结论和推理关系三要素来安排的迹象。

所以，我们一再强调：教师，从大学到中学，从一线教师到出考题判卷的专家，都要接受批判性思维的系统培训，包括批判性思维的技能和批判性思维的教学法。在技能方面，以下这些是教师特别需要的：

（1）能指导好的探究性问题的提出和分析。

（2）了解好论证的主要构成和标准。

（3）能指导证据的收集并判断证据质量、相关和充足性。

（4）了解对问题的原因提出可检验的解释性假说的原则。

（5）能辨别隐含前提和假设，了解构造反例和进行假想推理的技能。

（6）能指导分析性和正—反—正格式的研究性论文。

所谓批判性思维的教学法，指的是实现培养批判性思维人才的各种教学法。这是指以问题导向为核心来进行讨论、项目研究、翻转课堂、互助学习等教学法。我们把这些统称为问题导向的批判性思维教学法。简单地说，教师根据学习知识和启发思考的目标，在课程教学前就构造引导性的问题（导读问题），要求学生根据问题阅读课文材料；然后，在课堂上教师依据这些导读问题，灵活运用各种方法（苏格拉底问答、学生互教互学、小组讨论、课堂测试和练习交替等），引导学生学习、讨论、探究，以及课后学习和最终考核，从而以问题为线索完成知识和思维的训练。这个教学的灵魂是问题引导和师生互动。

下面是这个方法的简要图示：

以问题引导的综合配套教学流程图

根据课程要求设计主题问题，练习，并将它们贯穿在课程各要素之中

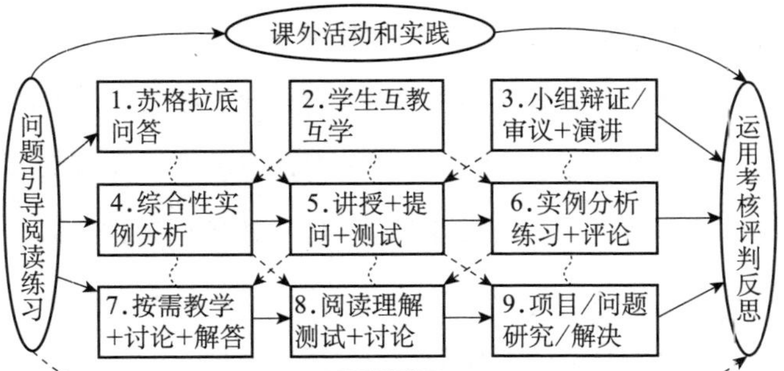

每一个方法要素都可以和其他组合，构造新的流程模式

我们常说，做到这样的问题引导式教学，需要教师扮演“苏格拉底—教练—认知活动主持人”的三位一体的角色。而

且需要教师自己观念的变革，甚至是精神的提升和转化。后一点更需要也更难。因为批判性思维是品德塑造，这是需要言传身教才能实现的人的转化。想想看，我们要学生获得前文提到的“有意识地自我反思，愿意为自己的判断和行为负责”等习性，这些其实不正是教师自己要先做到的吗？如果教师不以身作则，如何让学生认可用自我批评来求进步是正常的事，如何养成倾听他人意见的君子之风？教师的教育行为不仅仅是在课堂上的言辞，而且还包括教师课上课下的语气、举止行为，包括教师对学生提问的微笑鼓励，对学生不成熟意见的认真亲切的倾听姿态，对自己不知道的事情的坦率承认，对学生的探究和不同答案的引导和认可……这样的老师，才是具有批判性思维精神和能力的老师。

所以，一方面，我们强调教师的技能培训是重中之重，没有全面系统的培训，教师不能达到三合一的境界，不可能实施问题导引的互动性教学，那么所谓“创新教育”将是空话。另一方面，培养自立自主的全面发展的人，需要教师自己注重不断学习、谨慎思考、开放发展。这是教师自身的精神、品德、习惯、观念和思维模式的转变，是文化和价值观的转变。如果教师自己完全是自我中心和功利主义的，批判性思维教育将难以实现。不用说，这是全面、深刻、系统的改革，它绝不是容易的事情。

五、系统工程和牵牛鼻子

如前所述，思维方式是文化的部分，改造思维涉及改造文化。中国文化虽然“尊重知识”（虽然“知识”这一概念是争议之处），但并非“尊重知识创造”，思维方式的变革代表着成为“创新国家”所需要的社会和文化改变，不用说，这是困难的。2018年，北京大学光华管理学院的外籍金融学教授、中国经济问题专家迈克尔·佩蒂斯（Michael Pettis）说，美国不需要担心中国会主宰未来的高科技领域，因为中国缺乏创新文化，而“要获得一种创新文化是很难做到的”，“所需要的改革对中国这样的国家来说是相当吓人的”。佩蒂斯以自己在北大教学多年的经验说：“我常常和学生为此而产生问题。这些是中国最聪明的孩子，但我还是不能让他们脱离死记硬背这条失败的老路。他们认为，如果学习再刻苦一点，他们就能成功。我会告诉他们：‘不，少学习，多思考。’真是非常非常地困难，这里（中国）没有这种文化。”

是的，创新文化需要批判性思维，而这种主动、求真、实证、竞争、发展的思维品质，在西方也是长期积累而成的。从古希腊开始的理性精神，加上英国的经验主义思潮和分析哲学的传统，经过从杜威开始的教育改革的长期锻造，最后在美国形成了尤其显著的创新文化氛围。它表现为知识精英中有追求真理、认真、自立和开创的倾向；他们崇尚多元、发展的知识观，相信认识的发展，热衷实证实践，并以理性的批判为合作准则。这样的科技团队，既有个人自主，也有良性协作。

这些和中国文化讲究情感、关系和社会地位形成鲜明对比。许多人的学习目的，不是求得真理，而是黄金屋、颜如玉和乌纱帽。我们的文化主流中没有鼓励根据经验实证来对"圣人之言"进行质疑和发展的精神。"尊重知识"的口号很自然代表着对经书的绝对、静止和教条性的态度和对读书人的物质要求的满足。这又和脱离实际的清谈传统、今天个人功利主义价值倾向形成叠加，最后的结果是：没有能动性的个人和缺乏合力的团队，这甚至成为我们科研机构的主体。

所以，要将非创新文化改造为创新文化，必须充分意识到它的艰巨性和长期性，它需要全面、深入和系统的工作，不能头痛医头、脚痛医脚，不能蜻蜓点水轻描淡写，不能满足于开大会、定规则和发文件，也不能只是事后惩罚。自然，思维教育是重头，这是绕不过去的。我们必须清清楚楚地承认，人才培养的重点是高品质思维的培养，这是不能回避的，也不能以老办法敷衍。我们需要全面进行批判性思维教育，要改善人的主观创造性能力。

同时，需要改善社会环境和价值观。翟天临“博士”学位等事件说明，在一个不认真不求真，以利己主义和拜金主义为价值观的“学术共同体”中，那些从西方移植过来的学术准则、评估标准、盲审规定、论文发表要求、委员会安排等规章制度，都不值印刷它们的那张纸的价值。人的求真、认真的素质是决定性的。我们需要通过批判性思维精神的培养，影响人、文化和社会，将求真、求知的精神追求内化到人的信念和文化的核心中。

因此，在“创新国家”的目标下，再造这样的科学精神环境，我们至少需要做这样的事情：

（1）统一思想，在批判性思维教育的目标和原则下指导教育改革的方针和政策。

（2）在教育和社会的价值观中树立自立自主、求真求理、灵活开放、兢兢业业的氛围，杜绝虚假、投机、利己主义的风气，这是教育改革的内外环境。

（3）形成有上述共识的官员、教师、专家、家长、学生等方面的联盟，共同协同行动。

（4）教育主管部门要全面规划，将批判性思维的开放理性精神和探究实证原则体现到教学目标、原则、大纲、教材、案例辅助教材、教学法中，并形成配套的教育资源。

（5）为探究实践活动配套相应的各种校外教学和实践活动。

（6）在学校职称和奖励政策上鼓励批判性思维教学，以培养未来人才为第一产出标准。

（7）立刻全面推行教师和相关教育官员的培训，将批判性思维能力列入教师岗位要求。

（8）改革考试，引导和服务于批判性思维教育的方针和实施。

这些当然很难，但如果我们全力一心，这些不是不可能做到的。当年我们依靠自力更生艰苦奋斗精神造出“两弹一星”，据周光召等科学家的回忆，在共同的求真和国家利益为上的气氛中，他们具有科学民主精神，大家都敢争论，没有权威之别。这就是开放理性的气氛。这说明我们是可以——至少在一定范围内——有这样的创新环境的。我们可以采取建“特区”的做法，先在一些地方施行。西湖大学的建立，便显示了这样的努力。但基础教育要跟上，也要有相应的试验“特区”，以便向这样的高等学校输送保有学习好奇心、头脑灵活、脚踏实地的苗子。

另外，改革考试，虽然放在以上项目的最后，却是牵一发而动全身的牛鼻子。考试历来是教学的指挥棒，家长都不愿意学生学对考试没有用的东西，那么就从改革高考开始。这既重要又必要。因为目前的考试不仅是教育问题的反映，而且是教育问题的一个重要原因。以 2016 年中国高考作文评分标准看：

发展等级（20 分）

● 内容（20 分）：切合题意，中心突出，内容充实，感情真挚。

● 表达（20 分）：符合文体，要求结构严谨、语言流畅、字体工整。

发展等级（20 分）

● 深刻：透过现象深入本质；揭示问题产生根源；观点具有启发作用。

● 丰富：材料丰富；形象丰满；意境深远。

● 文采：语言生动，句式灵活；善于运用修辞方法；文句有意蕴。

● 创意：见解新颖、材料新鲜、构思精巧；推理、想象有独到之处；有个性特征。

对比美国 SAT 考试的作文（分析一篇论述观点、争论、趋势的文章）。它的目的是考察是否具有大学和职场需要的阅读、写作和分析能力。强调理解、分析和证据运用：根据批判性推理和原文中的证据来做出分析和评价。

标准

理解：仔细理解文章中的观点、论证和风格。

分析：阐述和评价文章如何构造了一个说服性的论证。引用文章使用的证据、推导和风格等要素来形成和支持这样的阐述和评价。

写作：清楚组织和表达观点，标准的写作英文。

SAT 和我们的高考作文的标准相比较，清楚地显示中美教育在培养人才上的差异。我们更突出情感、文采、个人主观感受，偏向叙述、抒情能力；而美国考试更突出客观理解、分析论证，偏向理性和认知发展能力。这是培养抒情文采与培养探究实证的对比。这一对比就很清楚，我们的学生为什么缺乏理性认知能力，为什么不能生产知识。如果只会抒情和文采，没有客观和实证的意识，那么，再配以自利和投机的价值观，结出的果实就是曾经感动四方的“寒门状元之死”之类的东西：追求恶俗、放大私欲、以假为真、全力煽情、玩弄文字……全是销售技巧，毫无真情、德行和理智。

所以，改革高考和其他考试，使之服务于创新国家的目标，并带领其他的措施，是当务之急。我们认为，至少高考改革要向这样的方向进发：

● 增加需要批判性思维阅读的考试题。

● 增加需要实际的分析和推理的考试题，比如用数学技能解决实际问题的题。

● 鼓励合理论证的答案，比如在多选题旁提供考生给出选择的理由的空白，即使答错，如果有其道理，可以考虑给分。

● 议论文作文，必须是批判性思维的辩证和实证的论文，强调清晰表达、运用实证例子和考虑不同观点三个最低要求。

还要注意，高考中的批判性思维能力测试，不要变成考知识，不要沦为另一个可以刷题备考的领域。考题要避免性质单一、去语境的论述片断，而是真实、完整的文章，以考查学生对它从前述“思维图”的各方面进行阅读理解和评价，而且还可以将这样的阅读和分析性写作结合起来。

一个令人欣慰的迹象是，2019 年的高考已经在政治、历史特别是语文中明确提出了考察批判性思维能力，在其他学科中也提到探究和解决问题的能力。这是观念的一大进步。高考作文中也出现一些较好的议论文题目。比如全国Ⅰ卷的“热爱劳动”演讲稿，议题明确，并列出几个不同观点，使得论证需要有辩证性，它的最佳状态应该是一个综合论证、情感、叙述、修辞和交流技巧的劝说文。不过要注意的是，理性论证必须是它的硬核，其他技巧是辅助。没有合理论证的主体，会流于空泛口号、非理性情绪和美丽辞藻的滥用。所以评分首先要按照论证文的三大最低要求来进行。这一点需要得到出题专家的共识。另外一些作文题也显示，具体的考试改革有很多工作要做，包括需要有大量的合格的出题专家、评分专家等，以确保考试真的在检验学生的论证说理能力，由此引导基础教育的改革。所以，考试改革和教师培训是重中之重。

近年来，基础教育领域的一些学校已经开始了有益的思维教育探索，比如华中科技大学附属小学、北京八一学校、北京市第十九中、潍坊新世纪（上海）学校、南京中华中学、上海师范大学附属中学等。这些探索取得令人兴奋的成果。但是，和数以万计的中小学相比，还远远不够。

我们期望，全国的基础教育能尽快向思维能力教育方向做出更大的努力。时不我待，我们等一天，就是耽误我们的未来一天。2015 年《角逐批判性思维》一文的“编者按”在最后，引用习近平总书记的话，并疾呼道：“在发展的机会和竞争的威胁并存的世界里，时不我待。坐而谈早该过去，起而行已经到来。进行批判性思维教育，让孩子成为创造者，是一件‘不能等待、不能观望、不能懈怠’的大事。”

编写和出版“批判性思维与基础教育课程教学”丛书，是

“起而行”的作为，它将对各科教学起到显著的指导作用，十分必要和重要。如果我们大家都像这样在各方面做实事，努力发展批判性思维教育，在下一个15年到来时，会有一个新一代人才高潮出现。

董毓

2019年7月

代序二

思辨性阅读，走向理性与清明

欧阳林老师的这本书，对批判性思维与思辨性阅读做了一些梳理，提供了一些案例，读来颇有启发。

一

《普通高中语文课程标准（2017 年版）》（以下简称新课标）推出“思辨性阅读与表达”学习任务群，该任务群的目标是“发展实证、推理、批判和发现的能力，增强思维的逻辑性与深刻性……提高理性思维水平”。这是新课标的一个亮点。但美中不足的是，对“思辨性阅读”的内涵，新课标并没有做出明确的界定——似乎思辨性阅读是一件不言自明的事情。这是一个缺憾。核心概念的模糊，必然带来理论与实践上的诸多混乱，也妨碍了人们的学术沟通以及更多共识的达成。

出于这样的考虑，笔者倾向于套用批判性思维的定义来界定思辨性阅读的内涵：思辨性阅读即理性的、反思性的阅读，目的在于获取知识或者解决问题。

这个界定主要强调三点：

一是，阅读目的是获取知识或者解决问题。阅读目的决定了阅读的方式与结果。有些阅读是为了娱乐、消遣、打发时光，或者为了满足个人的趣味，并不需要追求知识的确定性与准确性，因而也不需要思维的深度参与，不需要进行是非或效用的判断。这种休闲式的阅读是生活的重要部分，但它的意义是有限的。还有一些阅读，有着明确的目的，比如学术意义上的阅读、教学意义上的阅读等，这种阅读以可靠的结论为目标，因而必须借助充分的分析与论证，其结论可以而且必须进行是非或效用的判断。这就意味着，思辨性阅读必须追求合理性或有效性，再不能以“一千个哈姆雷特”为由，无限度地扩张读者的权利。这样的界定，对应的是批判性思维求真求实的宗旨。

二是，阅读状态是超越了感性与情感的理性状态。感性与理性本不可分，但在具体的场景中，人的心理与精神还是会呈现出某个主导倾向。譬如，解决日常生活事务，很多人常常凭感觉、靠感情，更多遵从个人意愿，可当我们面对生死、利益和尊严等问题时，还能跟着感觉走吗？正常的人都会借助知识与逻辑来进行必要的判断与选择。道理很简单，生死、利益与尊严，这都是关乎人的生存及意义的重大问题，主观上谁也不愿意受损，因而必然进入理性的思考状态。阅读也是如此，为了娱乐消遣，自然可以“潇洒走一回”，而如果涉及是非或效用的考量，譬如中高考的阅读测评，谁还会随性呢？显然，考生都会绞尽脑汁，挖空心思，始终保持着理性的紧张状态。感性与情感有助于我们走进作品，却未必能够让我们走向真知与真理。很多时候，个体感觉与情感恰恰构成了理解的障碍。所以，在考场上，考生们问得更多的问题恐怕是：我的感觉和情感，是否经得起知识与逻辑的检验？

三是，阅读过程就是一个反思和对话的过程。奔着娱乐与消遣而去的阅读，以情感的释放与感觉的解放为目的，谁愿意自讨苦吃，左思右想、苦思冥想？相反，追求真理或效用的阅读，反思与评价必然贯穿阅读的整个过程，唯恐思维的惯性与惰性给我们的认知带来偏差，给我们的实践带来损害。

批判性思维是理性的、反思性的思维，用来决定我们的信念与行动。显然，批判性思维关注的是认知和实践，它更适用于工作、学习、研究和公共领域；而在个人事务或者私人领域，批判性思维并不具有天然的介入权利。套用这个概念来界定思辨性阅读，我们也可以说，思辨性阅读主要是认知取向与实践取向的阅读，它超越了个体的趣味与偏好，而走向公共的理解与判断。读得对不对、准不准，不取决于自己的感受与经验，而取决于公共知识与逻辑的检验。

二

是强调个体的感受与经验，还是强调基于公共知识与逻辑的分析与论证，这是思辨性阅读区别于娱乐性、趣味性阅读的关键。

传统的阅读理论非常强调前者，虽然也并没有否定后者，但在很大程度上有意无意地忽视或者轻视后者。谈到阅读，人们津津乐道的是陶渊明的“不求甚解”、诸葛亮的“独观其大略”，而对那些穷尽心力进行爬梳、考证的读书之法，往往不以为然，甚至不乏讥笑嘲弄的心态。人们很容易联想到一个字——迂。似乎纠结于文本的挖掘与考辨，尊重文本的微言大义，就是不知变通，是死脑筋。这种传统的阅读观念，一遇到现代“多元解读”“接受美学”等理论，便迅速达成了卿好侬好的媾和。目下的阅读教学，多是以“多元解读”等理论包装的传统感悟体验那一套，是典型的“新瓶装旧酒”。看看课堂常用的这一套术语，便不难做出判断：感悟，体验，直觉，沉浸，移情，品味，咂摸，揣摩……学生回答问题，也常以“我认为”开场，而实际上，他可能连“它原本”都没理出个头绪来。问题在于，很多老师认为，“我认为”是学生独立思考、敢于表达的表现，常常给予过头的褒奖。

没有个体的感受与体验，当然谈不上阅读，但如果只强调个体的感受与经验，那么，阅读教学也就沦为了娱乐与消遣。而且，要读出有真实而独特意义的感受与体验，也必须经历一个质疑与建构同在的理性反思过程，否则，所谓的感受与经验永远停留在粗浅的感知与粗糙的印证的层面上。基于感知与印证的阅读，始终滑行在既有经验或惯性的轨道上，阅读的过程就是对自我和他人的简单复制，其认知意义是有限的，其建构价值也是值得怀疑的。

思辨性阅读不是这样。思辨性阅读要超越感性与感情，意思是说，要充分尊重个体的感受与体验，但必须超越它，以摆脱个体的认知局限，接受公共知识与逻辑的检验。这就要求我们对自己的感受与经验进行理性的反思与评价，以达成知识的更新以及认知结构的变革。

严格区分思辨性阅读与趣味性阅读，有助于我们厘清一些关于阅读的误解。譬如新课标推出之后，有人将阅读分为思辨性阅读、文学性阅读与实用性阅读三类，大概是因为新课标特别推举了这三类阅读。但新课标强调这三类阅读，并非出于严格的逻辑分类，而是出于现实的教学状况的考量。在逻辑上，思辨性阅读是无法与另外两种阅读并列的。事实上，这也不合乎文学阅读的规律。文学阅读并不排斥思辨。文学固然有娱乐、趣味的价值，但它更有认知与教育的价值。事实上，文学是我们认识世界与人生的重要路径，也是我们学习民族语言与文化的重要资源。在我看来，中小学的文学教育，其认知价值应该优于其他价值。既然有认知与教育价值，真伪辨别、是非判断就是题中应有之义了。

这样界定思辨性阅读，还有助于我们审视当下的阅读教学。教学意义上的阅读，无论其内容怎样、文体如何，主要目的都是为了获取知识或解决问题。可以说，教学意义上的阅读，思辨性阅读应该居于主导地位，旨在求真与求用。以此审视当下的阅读教学，以感受、体验为标志的趣味性阅读依然占据着主导地位。以趣味性阅读的方式来开展阅读教学，阅读教学的低效与无效自在情理之中。正是在这个意义上，我认为，“思辨性阅读与表达”远远超出了一个任务群的价值，它一定会给我们自以为是、习以为常的阅读教学理念带来持久和深刻的冲击。

缺乏思维的深度参与，是趣味性阅读的必然；而思辨性阅读的主要特征，就在于思维的深度参与。最近几年，阅读教学的改进越来越聚焦于阅读中的思维活动，这或许也是“思辨性阅读与表达”出台的一个动因吧。目前关注度比较高的群文阅读、思辨性阅读、专题性阅读等，虽然各有特点，但都致力于为阅读中的思考提供资源、创造条件。像群文阅读，其意显然不在于单纯的数量扩张，而在于通过文本之间的链接、群聚与组合，以文本的内在关联推动阅读中的思考与发现，以达成“提供多元视角，培养批判性思维和元认知”之目的。专题学习也是如此，专题的设置，价值就在于为学生的阅读与思考提供充沛的动力与资源。

聚焦阅读中的思维，说明阅读教学改革进入了真正的深水区。

三

从功能的角度界定思辨性阅读，也让我们摆脱将文体与思辨简单挂钩的做法。有人质疑，论说文能进行思辨，诗歌与散文能进行思辨吗？实用性文体可以思辨，虚构性的文学作品能进行思辨吗？显然，一切以求真或效用为目的的阅读，都应该是思辨性阅读，无论它是诗歌还是应用文。

基于思辨性阅读的界定，有三点共识是需要达成的。

一是，文本是根基。

人们喜欢说“读出我自己”，这句话当然没错，但如果只是强调“读出我自己”，阅读极易陷入趣味的窠臼。“读出自己”的前提是什么？当然是读出作品的本意。通过作品来发现自己，这才是思辨性阅读。钱锺书先生有个“鸡与蛋”的妙喻：“文本”相当于一只蛋，而作家相当于下蛋的鸡。一种人直接研究蛋，看它的颜色、成分、结构、营养等；另一种人呢，不去研究蛋，而是去研究那只下蛋的鸡，因为蛋是鸡生的，鸡身上隐含了蛋的秘密，或者去研究鸡生活的环境与成长过程，通过对这些因素的研究来推断蛋的状况。当然，还有人去研究人们吃蛋的感受，通过人们的感受来推断鸡蛋的味道与营养价值。不能说后一种研究没有意义，但显然，这样的研究是间接的，它的结论需要到文本中做进一步的验证。归根结底，文本才是思辨的根基。有了文本这个根基，思辨性阅读才有了客观的依据。否则，公说公有理，婆说婆有理，思辨还有什么意义呢？

二是，思辨即对话。

强调文本的意义，并不意味着否定读者的意义。恰恰相反，思辨性阅读对读者提出了更高的要求。缺乏思考力与判断力的人，难以开展真实的分析与论证。因此，思辨性阅读，培养的恰恰是与作品对话乃至对抗的能力。

阅读中最愉快的事情，莫过于与作品在价值理念与情感态度上达到了同声相应、同气相求、物我两忘的心灵感应状态。它的基本表现是爱作者所爱、恨作者所恨，与作品中人物同悲欢、共休戚。这是一种愉快的体验。但如果仅仅到此为止，或者只是追求这样的境界，那么，阅读的价值依然是有限的。因为，我们不能保证这种愉悦是建立在正确的理解与判断之上，还是源于我们自身或者作品的某种缺陷。因此，在阅读过程中，我们不能满足于感觉上的舒畅与感情的释放，不能让共鸣与共情遮蔽了我们的眼睛。

阅读中还有一种让人不愉快的体验，那就是受挫感与压抑感——价值判断、情感态度与作品存在着缝隙甚至尖锐的矛盾。这样的状态，往往让人感到沮丧和苦闷，难以释怀，倍感压抑。如果只是消遣，或者为了趣味，这恐怕是一种很糟糕的体验。但在思辨性阅读中，这恰好是思辨得以生长的重要契机。苦闷，往往更容易引导我们进入理性的反思状态。是作品的缺陷导致的苦闷，还是自我的缺陷导致的压抑？这样的思考，引导我们不断向文本的深处掘进，也不断向自我的深处掘进。

共鸣让人愉快，但在思辨性阅读中，却并非总是积极的。

在阅读中，一味追求与作品共鸣，可能会让人丧失独立思考与判断的意识；而在阅读教学中，一味要求学生体验作者的体验，理解作者的理解，追求所谓的共情与公理，强调沉浸与兴会，也可能会葬送学生的质疑与反思意识。特别是在经典与名著的阅读中。经典看起来高不可攀，具有强大的势能，读者往往自觉不自觉地将自己置于从属的、被动的位置，作为模仿者、练习者和体悟者而存在。很多人将共鸣当作经典阅读的最高境界。读《论语》《孟子》这些原典更是如此。一味追求体验与认同，缺乏质疑与对话意识，时间久了，自由精神就被消磨了。

经典肯定有其超越时代与民族的价值与意义，但任何经典都不可能放之四海而皆准。因此，包括经典的阅读在内，思辨性阅读才是合理的阅读之道。思辨性阅读强调读者以主体的姿态切入文本，不以共鸣为目标，而以平等对话为桥梁，追求个人理解的完善与超越。这必然是一个不断质疑、论证、反思和评估的过程，也是一个反复的、螺旋式发展的过程。

三是，要形成判断。

这也是趣味性阅读与思辨性阅读的本质区别。趣味性阅读在意的，常常是某种只可意会不可言传的感觉或体验。但思辨性阅读，追求的是理性而清明的理解，因而必须将混沌的感受清晰化，将隐秘的体验明确化。只有清晰化与明确化，才能开展公共的讨论，才能进行是非对错的判断。在这个意义上，思辨与表达有着天然的关联。

这就意味着，“一千个读者就有一千个哈姆雷特”这句话是不完备的，这依然停留在“读出我自己”的层面。事实上，再多的“哈姆雷特”，也还有个“最哈姆雷特”。每一个读者都有着人格、心理、知识、价值观方面的缺陷，这些缺陷一定会妨害自己的认知。自己看来是合理的，未必是真的合理。因此，发现“我的哈姆雷特”之不合理性，超越“我自己”，才是思辨性阅读的重任。

当然，人的理性是有限的，人的认知也是具体的，因而我们的判断也是有限的。理解这一点，对于文学作品的思辨性阅读具有更直接的意义。文学是人学，生命是理性的，生命也是感性的，知识与逻辑并不能穷尽生命的全部。理性不仅不能穷尽生命的全部，而且在非理性的生命现象面前，理性还要学会敬畏与礼让，恪守自己的边界。因此，思辨无边，而判断有限。

在文学作品的阅读中，既要充分发挥分析、论证等思辨武器的作用，又要为人的情感与感觉保留一点空间，谨防知识的狂妄和理性的僭妄，造成对文学的阉割与背离。

四

思辨性阅读有没有一个基本的教学范式？在我看来，杜威关于“完整思维行为”的框架，可作为思辨性阅读教学的基本范式。在具体的教学活动中，因为各种教学因素的变化，这些环节未必都能呈现，但它一定是存在的，只是暂且被搁置，或者以隐形的方式而存在。不妨对应杜威的论述，对课堂教学做些简要分析。

第一阶段：遭遇困惑

杜威所说的第一阶段，在阅读中，表现为阅读中的困惑、矛盾、疑虑、徘徊、苦闷、失落……或为情绪上的受挫，或为理性上的不安。总之，是读者的感受与作者的创作意图产生了冲突，或者读者的感受与作品中人物的情感产生了冲突。这是一种具有积极意义的冲突，往往是思考的起点。杜威打比方说，行走在通衢大道上的人们是不会焦虑的，只有在“岔道口”即前方情况不明的情况下，才会陷入徘徊和焦虑，他才不得不进入理性的思考与选择。

当然，对于那些处在共鸣状态的学生，或者不能发现问题的学生，执教者的驱动与引导就至关重要了。

读《三国演义》，说到刘备时，很多人都会有一种奇怪的感觉。显然，罗贯中想塑造一位仁爱信义的君王形象。但从阅读感受看，刘备的言行举止总给人以虚伪、矫饰与狡诈的感觉，让人不快。譬如他三次拒让徐州，在荆州与益州的问题上也是摇摆不定，反复无常。在称王称帝的问题上，刘备更是躲躲闪闪，欲迎还拒。

第二阶段：定义问题

阅读中的苦闷感受，稍纵即逝；而理性的不安，也极容易被惯性思维所控制。缺乏反思习惯的读者，轻而易举就会放弃这些思考与发现的机会。而真正的阅读者，在出现了苦闷或不安的时候，会自觉进入第二个阶段，即确定问题之所在，定义问题的范畴、性质和探寻的方向。

为什么刘备让人感到不舒服？有意思的是，奸雄曹操是个坏人，他的坏众所周知，阅读时反而酣畅淋漓；恰恰是满口仁义道德的刘备，心口不一，前后不一，让人别扭。难怪易中天都戏谑说“宁要真小人，不要伪君子”，他断然将刘备归为“伪君子”。

综合上面列举的现象，我们大体可确定，刘备在行为上具有两面性，人格上具有虚伪性，品德上具有伪善性。总之，他的行为举止具有欺骗性。这就是读者感到不快的原因。而这一点，恰恰与罗贯中的初衷是矛盾的。这正是让人困惑和不安的地方。而曹操，本来就是作者极力贬损的人物，无论他多么坏，都是顺理成章的事情。

这只是大体的联想与推断，是基于感受、经验或以往的知识、思维惯性所做出的初步断言，尚需要进行分析与判断。有些事情看起来很“虚伪”，但实际上可能是读者的误读与误解，甚至是某些非文本因素的误导，这就需要分析与甄别。比如“刘备摔阿斗”，民间谚语的传播很容易诱导读者。如果回到文本的具体情境，或可做出不同的解释。综合考虑刘备奔逃夏口时九死一生的情境，以及赵云死里逃生的惨状，刘备的“摔”完全可能是极度紧张状态下的一种情感反应，未必真的是为了收买人心而刻意设计与表演的动作。这样的理解不合人之常情。很难设想，在那生死悬于一线的时刻，刘备还有心思去设计与表演这样的桥段。

第三阶段：推测因果

刘备为什么虚伪？一般说来，学生的推测主要有三种。归纳如下：

（1）刘备品格低下，虚伪成性，处处虚伪，一生虚伪。

（2）在客观环境与特定情势之下，刘备有所顾忌，不得不装扮伪饰，所以，言行不一，心口不一。

（3）为了牟取更大的权力与利益，刘备主动地、刻意地把自己伪装成圣人，欺世盗名。

这样的推断，往往都是基于文本阅读的感受，基于已有的知识与经验，容易被感性所左右，被惯性思维所诱导。因此，进一步的反思与论证不可缺乏。而日常教学中，我们的思维训练往往到此即告结束。

第四阶段：分析论证

刘备为什么虚伪呢？必须对刘备的言行举止进行分门别类的研究，一一澄清，才能发现看似一样的“虚伪”，可能在内涵与意义上存在很大的差别。

有人将刘备的虚伪归结为他的品德问题，似乎刘备一生下来就是虚伪的，做任何事都是虚伪的。这是一种典型的惯性思维。它的错误，在于它的前提假设是错误的，它假定人性是抽象的、固定不变的，曹操天生奸雄，刘备天生虚伪。事实上，刘备的野心与他的虚伪一样，并不是天生的。

刘备在徐州、荆州、益州等要地的取舍上，言行之间确实矛盾重重，但也要一一分析与澄清。刘备两次谢绝陶谦的善意，最后接受了陶谦的馈赠，看起来还有点勉强。这是虚伪矫饰吗？还有没有其他原因？如果细读文本就会发现，刘备的矛盾更多出于两个方面的考虑：一是道义上的合理性，二是实力上的匹配性。换句话说，不能简单冠以“虚伪”了事。刘备受孔融之邀来救徐州，本来就具有强烈的仗义行侠的色彩。孔融称“吾闻刘玄德乃当世英雄”，让刘备颇有受宠若惊的感觉。小说写刘备“敛容”答曰：“孔北海知世间有刘备耶?”孔融乃孔子后裔、当世名士，他的评价激发了刘备的英雄主义情怀。当刘备说自己“兵微将寡，恐难轻动”的时候，孔融一句“公岂独无仗义之心耶”，又激发了刘备的正义感与担当意识。所以，刘备助陶谦、打曹操，事前绝无借机夺占徐州的想法，他以正义之师自居，心里燃烧的是正义之火。

还有一层考虑，徐州是军事要冲，曹操想要，袁术想要，吕布想要，刘备当然也想要。但此时此刻，徐州却是个烫手的山芋。而刘备，兵微将寡，实力薄弱，跟徐州这样的军事地位完全不匹配。刘备这样的枭雄，岂不明白“接盘”的风险？风险的评估与权衡，是政治家的基本素质。与其说刘备推让徐州是虚伪，倒不如说是明智。

在徐州的取舍上，刘备的虚伪更多是一种假象；而在荆州与益州的取舍上，虽然刘备的言行看起来与此前差不多，但性质已经发生了悄悄的变化。刘备入川，远方作战，殊非易事，贸然出击并不明智，他需要最佳的战机。刘备希望以益州作为立足之地，他不能不考虑自己的道德形象与民心向背，这就决定了他的言行的表演性与欺骗性。连“拥刘贬曹”的毛宗岗都看出了刘备的虚伪：他之所以不杀刘璋，主要不是因为同宗兄弟的情谊，而是因为“初到蜀中，恩信未立”，如果初来乍到便贸然动手，必将“上天不容，下民亦怨”。可见，刘备不仅虚伪，而且老谋深算，这原本就是刘备“枭雄”的本色。

随着年龄的增长、政治经验的积累、力量的强大，越到后来，刘备越明确地意识到，道德、正义、仁爱恰恰是他的优势，是他独有的政治与道德资源。

刘备的善，归根结底是一种伪善，本质上他依然把道德当作利用的工具。特别是在称王称帝的问题上，刘备已经能够娴熟地利用这个工具了——看刘备的操作流程，与曹操称王、曹丕称帝颇有异曲同工之妙。曹操用刀剑逼迫皇帝下诏封自己为王，曹丕用刀剑逼迫皇帝下“禅国之诏”，把皇位让给自己，然后假意再三推辞，以此来掩盖自己的野心与阴毒，也借此来彰显称王称霸的合法性。而刘备呢，也是一番推让，直到被臣子们“逼”到无路可走，方才“勉强”称了王、做了帝。其实，刘备何尝不知道，自己称王称帝的合法性是饱受质疑的。他焦虑的，不是该不该称王称帝，而是如何体面地称王称帝，如何将称王称帝的政治风险降到最低。这当然也可归为帝王之术，有智商含量，但在道义上，刘备的伪善却已暴露无遗。

第五阶段：反思确证

通过联想、推断、比较、归因等思维过程，确立了刘备虚伪的多种类型与复杂内涵，总体上确定了刘备的“虚伪”。但不能到此为止，必须对这个结论所隐含的意义做进一步的探寻，以完善与校正关于刘备的断言。

此前的分析表明，刘备的确虚伪，刘备的虚伪也得到了合理的解释。但确证刘备的虚伪，并不是为了确证刘备是个投机小人，品格低下。对一个虚构的文学人物进行道德审判有什么价值呢？重要的是，通过这个讨论，探究导致刘备虚伪的个人原因、社会原因与文化原因。如果不能在更广阔的社会与文化背景下，对刘备的虚伪做出合理的解释，而仅仅局限于对刘备的理解或鞭挞，文本解读就失去了应有的伦理与文化意义。而且，关于刘备的虚伪，我们依然难以做出合理的判断与评价。

刘备的虚伪有被迫的因素，我们有必要追问哪些因素迫使刘备走向虚伪；刘备的虚伪更有主动投机的因素，那么就要追问这样的欺诈与投机为什么能够给他带来利益。

与曹操不加掩饰的“恶”相比，对刘备的伪善不能简单否定与嘲弄。毕竟，刘备是个有底线的人、有所敬畏的人。毫无底线的人，不屑于道德包装，才会肆无忌惮地作恶。正是在名声、民意、舆论等多重压力下，刘备才选择了善待百姓与臣民，才克制了许多作恶的欲念。

刘备的尴尬在于，他既想要功名，还想要道义。这既是他优于曹操之处，也是他劣于曹操之处。优，在于刘备始终对天下有一种精神与道德的感召力，民心所向，纷纷归附；劣，在于做事时总是牵手掣肘，顾东忌西，不能像曹操那样为所欲为。刘备的很多“虚伪”由此得到解释，而刘备的仁爱信义，也可由此得到解释。

刘备的焦虑，在于功名与道义难以两全。一个人，若能光明正大地追求功名，而他的追求又能得到道德的褒奖，他为什么要虚伪呢？这说明，在刘备的时代，实现功名与维护道义之间，存在着尖锐的矛盾。再如野心，野心意味着僭越等，所谓野心，必然与等级观念、血统意识联系在一起。倘若人人平等，都有自由发展的权利，也就无所谓野心了。那么，刘备还有必要到处唠叨他是“汉室宗亲”以抬高身价吗？他还需要拼命地遮掩自己的野心吗？这样追问下去，就可超越对刘备的个人道德纠缠，而在更广大的文化与社会环境中，思考虚伪的道德与文化意义。

由刘备的虚伪，而延伸到对社会与文化的追问，由对社会与文化的追问，而到对文化的反思与社会的批判，思辨性阅读的教育与文化价值也就实现了。

而在这样的追问与反思中，关于刘备的评价，就可能趋于理性与公正，既不是粗暴的道德审判，也不会是罗贯中式的先验式辩护。局限一隅的论证可能在逻辑上也能自洽，但只有在更宏大的社会环境与文化视野里，论证才具有更高的可信度与穿透力。

这五个环节，构成了一个“完整思维行为”，也构成了一个思辨性阅读教学的完整行为。

五

在一个崇尚趣味的阅读环境里，鼓吹和践行思辨性阅读，往往意味着风险与压力。因此，必须说明一下，依照个人的趣味读书，读出个人的趣味来，这是阅读的高境界。在这个意义上，培养学生读书的趣味，提高他们读书的品位，培养读出趣味的能力，的确是阅读教学的重要任务。但是，如果我们的阅读总是冲着趣味而去，或者对着缺乏生活经验与知识积累的孩子空谈趣味，最后能否养成高品位的阅读趣味呢?

我对此表示怀疑。事实上，我们一直在这样做，学生的阅读素养已经证明了这个疑虑。

思辨性阅读，虽然不以趣味的培养为直接目标，但并不否定作为非智力因素的趣味在阅读中的价值。读书而缺乏趣味、缺乏乐趣，这书是读不好的；但读书就是为了取乐，就是为了趣味，恐怕这书也是读不好的。思辨性阅读也是有趣的，但那是一种基于感性而又超越感性的理性快乐，那是一种基于体验而又超越了体验的智慧快乐。

同样，阅读也是个性化的，但那是基于知识与逻辑的个性化，而非基于肤浅的感受与体验的个性化。

最近几年，思辨性阅读受到越来越多的关注。而在前几年，思辨性阅读还饱受质疑，这估计与对批判性思维的误解相关。少有人反对思辨性阅读，但若将思辨性阅读与批判性思维挂钩，恐怕有些人就开始反感了。直到现在，还有人望文生义，认为批判性思维就是否定一切。这里不妨再一次回顾批判性思维的定义：理性的、反思性的思维，用来决定信念与行动。这不就是要求我们理论联系实际、具体问题具体分析吗？这不是一个人在工作中、在决策中、在研究中应有的思维方式吗？

将批判性思维的原理、策略与方法引入阅读教学中，开展真实的思辨性阅读教学，这是一条光荣的荆棘路。但毕竟开了头，这是《普通高中语文课程标准（2017年版）》的重大贡献，但更需要扎实的落地与推进，这就需要我们这些一线教师脚踏实地的探索。

欧阳林老师是较早意识到批判性思维的价值并致力于阅读探索的人。我对他的教学探索早有耳闻，2015 年在汕头大学结识，才发现这是一位年轻而又沉稳的老师。后来读了他很多教学案例，发现我们的探索殊途而同归。这也难怪，既然都以批判性思维为理论依据，那么，尽管大家起点不一样，路径不一样，思考与实践的方式也不尽相同，但总会有一些共同的发现，有一些共同的疑惑，当然也会有一些相通的解决办法。正是在这样的交流中，彼此的探索与发现才得以确证。在这个意义上，我要感谢本书作者欧阳林老师。

必须要说明一下，读者将这篇小文看成是本书的小小补充。当初，丛书主编、四川师范大学林胜强教授希望我借此机会表达一下对批判性思维与中学语文课程教学，包括对思辨性阅读的理解，本书作者欧阳林老师希望我多谈谈文学作品的思辨性阅读问题。盛情之下，却之不恭，于是就将自己的一点想法呈现在这里。也算是我阅读欧阳林老师著作的一点体会与交流吧。

余党绪

2019 年 6 月 7 日

目　录

第一章　批判性思维阅读教学理论探索

在以知识为中心的教育观念下，学生为掌握知识点而形成了一系列行之有效的学习方法。但是，我们太重视知识教学了，简单地把教育等同于知识的传授。而教育价值应该还有超越知识的另一个维度，即思维。在这个维度上，中国教育是薄弱的。批判性思维是人的思维发展的高级阶段，国外对批判性思维的研究与教育已有了几十年的历史，我们的研究起步比较晚，教学中的运用还比较少。《普通高中语文课程标准（2017 年版）》明确指出“思维发展与提升”是语文学科四大核心素养之一。因此，我们有必要学习和借鉴国内外批判性阅读教学的理论与成果，发展适合中国语文阅读教学的批判性思维教学策略。

第一节　国内外批判性思维研究概况

一、批判性思维的早期哲学渊源

历史上哲学家们关于批判性思维问题的分析中，并没有正式提出“批判性思维”这一术语，批判性思维并不是一种专门的学说，只是他们的相关思想论述与今天的批判性思维概念有密切关系，是批判性思维研究的早期形态。不同时期的哲学家们对此有不同的看法，在观念上从来没有形成过一致的意见。但是，如果仔细分析，我们还是不难看到，哲学家们对批判性思维早期形态的哲学思考遵循着某种轨迹在不断发展。

1. 巴门尼德的存在论

巴门尼德的存在论将“真理”与“意见”加以区分，反对凭感官对自然现象做观察。他认为：凭感官得来的知识是不可靠的，那不是真理而是意见，真理必须通过理性才能获得；尽管意见不包含真理，但是，只有经过与意见的比较才能获得真理。他初步看出了思维与现象、思维与感性存在之间存在对立，通过相对立观点的对比、争论、否定才能消除这种对立，感性具体需要通过批判、否定才能上升到理性。巴门尼德在哲学史上开创了一种逻辑论证的方法，但是这种论证还很不完整。他的学生芝诺将这种论证进一步发展成为一种论辩的方法。由于巴门尼德和芝诺强调思维的否定性作用，以及通过逻辑推理来论证其主张，我们认为他们的思想具有“批判性思维”的含义。

2. 苏格拉底问答法

苏格拉底问答法是一种典型的揭露矛盾的论辩方法。这种方法通过揭露对立观念、意见的矛盾和冲突，寻找概念的定义。苏格拉底问答法主要包括三个环节：从自知无知开始，从人们感兴趣的问题开始，与别人谈话，向别人请教；在谈话过程中，通过“讥讽”，使人们对自己原来的认识产生怀疑和困惑，意识到原来认识的矛盾；引导人们提出新的事例，通过归纳产生出新的普遍性观念。苏格拉底问答法是一种归纳法。从生活中的观念出发，通过归纳寻求概念的含义，形成普遍概念，使人们的思维从不清晰到清晰、从非理性到理性、从没有经过检验到经过检验、从不一致到一致，是苏格拉底问答法的典型特点。苏格拉底问答法开了当今批判性思维教育与学习者学习内容及生活相结合的历史先河，到现在，这一教学方法仍然为众多教育工作者所使用。苏格拉底问答法初步确立了批判性思维的对话形态。

3. 笛卡尔的普遍怀疑论

该理论立足的基点是，现有的许多观点是极其可疑和极不确实的。在真假难分的情况下，人们将错误的东西作为知识演绎的大前提，建立在这种前提下的知识体系则只能是极为可疑和极不确实的。在这种情况下，最好的方法就是对现有的观念和认识一律加以怀疑。在对一切事物进行怀疑的过程中，笛卡尔提出了一个不可怀疑的并可作为知识基础的真理——“我思故我在”。普遍怀疑论揭示了一种批判性思维的方法，即从审视、批判前提的正确性开始，通过否定一切可以怀疑的因素，产生正确的科学体系。笛卡尔倡导了一种批判性精神，怀疑是思维的新起点，没有怀疑就不会有问题，有了怀疑，人们才会去发现问题，才会去想办法解决它们，从而促进知识的发展。笛卡尔对前提与知识体系间关系的看法，以及对理性演绎方法的重视，影响了康德对批判性思维的看法，对当今的批判性思维产生了重要的影响。

4. 康德的批判哲学

康德提出：“现代尤为批判时代，一切事物皆需受批判。”在他看来，只有先确定我们认识事物的能力，才能确定我们能否确切地认识事物。康德哲学第一个提出要对认识能力、认识的可能性进行批判，对主体本身进行批判，拓宽了批判性思维的范围。康德还提出要批判人的认识能力，批判认识的可能性和界限。要全面把握客观事物，就不能脱离主体的认识能力，对主体认识能力的批判，保证了主体对事物的认识在其可能的范围内进行。康德所倡导的批判精神，对知识的进步产生了重要的影响。康德的批判哲学涉及批判性思维的自我意识批判，确立了批判精神的概念，康德对人的认识能力的批判成为批判性思维早期哲学形态研究发展的一个重要转折点。

5. 黑格尔的反思论

黑格尔认为，在人们把握“绝对精神”的过程中，人的认识总是从最低级、最抽象的方面开始，认识其内容的直接性、片面性，然后经过一系列的发展，使认识不断提高，最后逐步揭示概念的内在本质。在这个过程中，必须借助反思才能把握事物的本质。黑格尔认识到思维过程中反思的重要性与复杂性，他第一次把辩证法上升为思维的普遍规律。他认为最初的概念是尚未展开或显露的东西，是一种潜在的形式存在，经过不断的反思和否定，后概念吸收了前概念的积极因素，充实了自己的内容，因而后概念包含了前概念的某些特征，比前概念更为丰富，是它和它的对立面的统一。黑格尔认为反思是创造的起点，这一思想极大地影响了当今人们对开展批判性思维教育、培养社会成员批判性思维能力的认识，也为当今培养创新型人才奠定了理论基础。今天，人们在论述批判性思维与创造性思维的关系时，在一定程度上受到黑格尔思想的影响。

二、批判性思维在心理学领域的发展

批判性思维在心理学领域的发展在不同的时期呈现不同的特点，并且每个时期都有代表性的心理学家及论著产生，如杜威、格拉泽等。

1. 初级萌芽时期（1910—1939）

这一时期，批判性思维的心理学研究主要以杜威为代表，杜威（1910）在《我们怎样思维》一书中系统地论述了批判性思维的问题。在该书中，批判性思维被称为反省思维（reflective thinking），杜威明确提出必须把反省思维作为教育的目的，并强调思维训练的必要性和思维活动对生活的重要性，积极倡导在学校中开展反省思维教育。他认为反省思维使人们的行动具有自觉的目的，可以促进知识创新的形成，有助于人们更好地理解事物的意义和价值，因而具有重大的社会价值。

杜威的理论初步明确了反省思维的性质和结构，他把反省思维等同于科学的方法，将它看作一个解决问题的过程，初步区分了反省思维与形式逻辑和语言之间的关系，把概念、分析、综合、判断、理解、推理、假设、检验作为反省思维的基本要素。此外，杜威对学校中反省思维训练的三种主要形式，以及反省思维训练的迁移等重要问题均进行了研究。杜威对反省思维的分析形成了批判性思维研究的一种系统框架，确立了批判性思维在很长一段时期内基本的发展方向。

今天，批判性思维研究领域的许多工作，如批判性思维的教学迁移、批判性思维的教学方法、批判性思维与逻辑和语言的关系等，都是杜威相关研究的延续。杜威的反省思维理论是批判性思维在心理学研究领域的第一个系统理论，因此，许多研究者把杜威有关反省思维的论述视为批判性思维心理学研究的重要起源之一。

2. 逐步发展时期（1940—1960）

这一时期具有代表性的心理学家是爱德华·格拉泽，他于1941年出版了《批判性思维发展实验研究》一书，该书主要从儿童心理学出发研究批判性思维。格拉泽是较早使用批判性思维（critical thinking）概念并对它进行科学研究的心理学家。他认为批判性思维是由态度、知识和技能组成的，包括：（1）质询态度；（2）有效推理、抽象、概括的知识；（3）应用以上态度和知识的技能。之后，格拉泽等人在该理论的基础上，设计了一套批判性思维评价测验工具，用于评测大学生的批判性思维。格拉泽较早地提出批判性思维包含知识成分在内的概念，他及其同事的研究有力地推动了批判性思维研究的发展，从时间和理论架构的完整性看，格拉泽的研究成果是批判性思维领域重要的知识体系之一。这一时期，批判性思维研究领域出现的新变化有："批判性思维"这一术语正式出现及意义有所拓展，更重要的是，批判性思维研究的成果开始在人文教育、阅读与写作等领域得到应用，并受到有关机构的重视。如费希尔（1956）的《批判性思维与人文学科》，帕尔默（1955）等人的《阅读与写作中的批判性思维》，美国教育委员会（American Council on Education，ACE）于1954年出版的《社会科学中的批判性思维》（*Critical Thinking in Social Science*），强调在社会科学中发展学生批判性思维的重要性。这一阶段，研究者主要通过研究推理来研究批判性思维的发展，批判性思维被视为问题解决和决策的一个重要部分。

3. 进一步发展时期（1961—1980）

20世纪六七十年代，批判性思维研究有了进一步的发展，有关批判性思维研究的论文和著作的数量进一步增加。这一时期的批判性思维心理学研究有两个主要特点。一是受皮亚杰儿童心理学和认知发展理论的影响，用认知发展阶段的方式研究批判性思维。皮亚杰认为逻辑思维是个体经历感知运动、前运算、具体运算和形式运算四个阶段之后认知发展成熟的标志。

但是，到 20 世纪 70 年代初，不少研究者（佩里、金和基钦纳等人）发现，这种理论并不能说明，成年人因为生活经验的不断增加，对事物的矛盾性和相对性就能够更加成熟地进行逻辑认识。为了弥补皮亚杰认知发展理论的不足，佩里等人开始从反省判断的发展着手研究成年人的批判性思维。二是批判性思维的技能理论研究初露锋芒，代表人物有罗伯特·恩尼斯、巴迪门、阿伦、罗特。恩尼斯于 1962 年在《哈佛教育评论》发表了《批判性思维的概念》一文，对批判性思维技能的性质做了进一步的阐述，这是批判性思维技能运动发展的一个重要标志。

4. 初步繁荣时期（1981—1990）

这一时期，批判性思维作为一种理性思维，继续受到人们的重视。以恩尼斯等人为代表的批判性思维技能研究在这一时期的研究中占主体地位。信息加工理论开始渗入批判性思维的技能理论当中。

发展社会成员批判性思维的重要意义受到人们的进一步重视，研究者从信息时代、未来社会的发展分析批判性思维教育的重要性。批判性思维的教学实践逐步在各个领域进行，如数学、物理、化学、艺术、文学、图书馆教育、法院审判等，与此同时，人们也开始对批判性思维教学的效果、方法和测量工具进行研究。

5. 空前繁荣时期（1991— ）

批判性思维教学在以美国为代表的西方国家受到高度重视。1991年美国国会发表题为《2000年目标：美国教育法》的报告，提出要培养更多的具备批判性思维、能够有效交流与解决问题的大学生，这一报告有力地促进了西方批判性思维研究的发展。越来越多的学者认识到开展批判性思维教育是21世纪社会发展的基本要求，它为每一个社会成员的日常生活、专业发展奠定基础。这一时期有关批判性思维的性质、结构、教学、测量的研究开始变得更为多样化。批判性思维成为当代教育的一种核心技能，在美国等西方国家的众多大学，甚至一些中小学，纷纷设置批判性思维课程来加强学生批判性思维的培养，许多学校把批判性思维课程纳入教学计划。与这种趋势相对应，批判性思维的教学方法成为人们关心的一个重要课题，主要围绕批判性思维能否教、如何去教做了大量的研究。

以上，笔者主要概括了批判性思维在哲学、心理学领域的形态与发展特点。由于在不同领域、不同时期有学者就批判性思维给出了不同的概念，为了避免造成混乱，笔者没有在上述论述中给出具体的概念界定，以下将专门进行批判性思维概念的界定。

三、批判性思维概念界定

“critical thinking”这一术语中，“critical”源于希腊语的两个词根：一个是“kriticos”，意为“有眼力的判断”，另一个是“kriterion”，意为“标准”。其含义是“运用恰当的评价标准，进行有意识的思考，最终做出有理据的判断”。对于批判性思维的概念，国内外众多学者给出了不同的定义。“critical thinking”这一术语在西方被广泛使用，我国学者对其也有不同的翻译，如“批判性思维”“审辨式思维”“思辨能力”“高层次思维”。由于“critical thinking”中包括思维技能和思维倾向，因此本书采用“批判性思维”的译法，“critical thinking skill/ability”则采用“批判性思维能力”的译法。

1. 国外学者的定义

（1）沃森-格拉泽在1980年提出：批判性思维是态度、知识和技能的综合体，一个批判性思维者必须要有质疑的态度、阐明引起深思问题的知识，以及分析、综合和评价结果的认知能力。

（2）儿童发展哲学的奠基者马修·李普曼倾向于把批判性思维定义为“帮助形成好判断的、娴熟的、合理的思维。因为第一，它依赖于规范；第二，它自我校正；第三，它注意语境”。论证是一种经过批判性思维考验而被接受的东西，而如此思考倾向于产生好论证。

（3）加拿大批判性思维和非形式逻辑研究代表人物之一R. H. 约翰逊给批判性思维下的定义是：“以适当的标准或规范为基础，判断一个智力产品，包括信念、理论、假说和论证。”

（4）美国批判性思维运动的开拓者、测评专家罗伯特·恩尼斯 1991 年对批判性思维的表述为：批判性思维是“为决定相信什么或做什么而进行的合理的、反省的一种思维”。具体说来，批判性思维包括两个方面：一是认知技能，二是情感意向。前者又称批判性思维技能，后者又称批判性精神。根据他的观点，论证的分析和澄清，以及其前提和推论的评价，在批判性思维中是必要和主要的成分，但它们并不是充分的。为了能教授和检验它们，他以可操作的细节描述了批判性思维者的构成能力和人格特质。

（5）国际公认的批判性思维权威、美国批判性思维研究中心主任理查德·保罗 1992 年也给出了相似的定义。批判性思维，简言之，“就是通过一定的标准评价思维，进而改善思维。批判性思维是积极地、熟练地解析、应用、分析、综合、评估支配信念和行为的那些信息的过程。这些信息通过观察、实验、反省、推理或沟通收集或产生”。

(6) 鉴于学术界对于批判性思维定义的纷争，美国哲学协会（American Philosophic Association，APA）1987 年委托著名的哲学家、作家彼得·法乔恩召集了美国和加拿大 45 位有名望的哲学家、科学家与教育专家，经过两年严格的多轮共同探讨，完成了“特尔斐项目”（The Delphi Project），并提交了一项研究报告（APA 1990）。报告采用了 46 位不同领域专家对批判性思维的一致意见，把批判性思维定义为“有目的的、自我调控的判断。这种判断表现为解释、分析、评价、推断以及判断赖以存在的论据、概念、方法、标准或语境的说明”。批判性思维者的气质是：寻找真相，开放思维，具有分析能力和系统化能力，具有自信心和好奇心。

上述国外学者给出的定义中，保罗等提出了三元结构模型，即思维元素、标准和智力特征，法乔恩则提出了双维结构模型。

此外，特尔斐法指用书面形式广泛征询专家意见以预测某项专题或某个项目未来发展的方法，又称专家调查法。特尔斐（Delphi）是希腊历史遗迹，为阿波罗神殿所在地，因此特尔斐有聪明智慧之意。20 世纪 60 年代，美国兰德公司的 O. 赫尔墨和 N. 达尔基在意见表决和汇总评述研究工作中首先提出这个方法，随即得到广泛应用，并出现了多种改进形式。特尔斐法最初应用于技术预测，后来推广应用于各个领域的预测，特尔斐法对预测时间没有严格规定，在实践中一般不短于 5 年，不超过 50 年。

2. 国内学者的定义

我国关于批判性思维的研究始于 20 世纪 80 年代对国外著作的译介。因此，我国现有的关于批判性思维的定义主要来自哲学和心理学领域。批判性思维这一概念经常出现在哲学、心理学领域，后逐步出现在护理学、教育学等领域当中。进入 21 世纪，国内研究批判性思维的学者增加，到现在已逐步形成多个正式的研究队伍和机构，如北京外国语大学中国外语与教育研究中心的文秋芳团队、华中科技大学的董毓团队。

(1) 杨武金（2007）认为：批判性思维能力包括对各种信息的理解、识别、分析、综合、比较、判断等方面的能力，但是推理和论证能力在其中最为重要，要善于使用批判性思维，首先要擅长推理和论证。从根本上说，批判性思维是一门逻辑学科。

(2) 王习胜（2006）认为：人们为了达到对世界的理性把握而主动地对他人或自己思想的合理性进行反思性审查，以求得出理智性的判断。概括地说，批判性思维就是一种自觉地对某种信念和行为进行合理性评判的思维。

（3）谷振诣（2007）认为：从广义上理解，批判性思维就是发展和完善人们的世界观并把它高质量地应用在生活的各个方面的思维能力。具体一点说，批判性思维是面对相信什么或做什么而能做出合理决定的思维能力。从世界观形成、发展和应用的模式中可以看到，提出恰当的问题与做出合逻辑的推理是其中的核心环节。因此，从本质上来说，批判性思维就是提出恰当的问题和做出合理论证的能力。

（4）朱智贤、林崇德（2002）认为：批判性思维是指思维活动中善于严格估计思维材料和精细地检查思维过程的智力品质，是思维活动中独立分析和批判的程度，批判性思维应作为问题解决和创造性思维的一个组成部分。

以上是国内外学者给出的批判性思维的定义，概括起来讲，批判性思维并非怀疑一切或否定一切，而是一种有扬有弃的辩证思维形态，其主要特征是批判和继承，否定和肯定互相包含和统一；在思维过程中，要善于实事求是地批判是非与正误，严格地估计思维材料，精细地检查思维过程，缜密地进行独立分析和评价，在否定错误中引导科学发现；批判性思维是思维的逻辑性、灵活性和创造性等思维品质的综合。它是在人类的认识活动中，特别是在各种评价活动中最基本和最富有创造性的思维形式。

四、国外批判性阅读研究概况

20 世纪 80 年代美国教育界兴起批判性思维运动，辐射到世界各国教育领域，批判性思维成为国际教育改革的焦点。培养学生的批判性思维通常有三种方案：开设单独课程，融入学科课程，建设跨学科课程。第二种方案在基础教育阶段最为流行。批判性阅读在这场教育改革运动和课程变革中诞生，成为许多国家母语课程的重要内容。

很多国家从 2000 年开始修订语文课程标准，“批判性阅读”是各国课程文件中的关键内容。① 加拿大鼓励每个学生学会批判性、创造性地思考，在阅读活动中搜集信息、质疑探究，表达个性化观点；澳大利亚要求学生在欣赏文学作品时，学会批判性地分析不同文学体裁、不同语言风格的特征，运用推论、解释、分析、综合、评价等策略回应他人观点；英国把“批判性理解”作为核心能力维度，引导学生学会分析和评价文本的信息、事件和思想，从不同文本中选择、比较、总结和

① 转引自徐鹏．批判性阅读的域外视界：借鉴与反思．中学语文教学，2017（9）.

综合信息，用来形成自己的观点和意见，评价文本对读者的影响，识别其中微妙、含混、有暗示、有偏见的地方；美国期待学生成长为热情而富有批判性的读者，建议学生学会引用完整、明确而又具有说服力的论据支持自己的观点，分析文本主题之间的联系和影响，独立阅读、熟练把握多样的复杂文本；芬兰要求学生在阅读时能够概括文本核心观点，判断作者意图和立场，以批判性的态度交流，展开具有建设性的评价；日本也要求学生比较多种文本，评价其思想内容和表现手法，阐述自己的感想，主动分享独特见解。

可见，多国语文课程都自然渗透批判性阅读理念，引领学生学会批判性思考，保持理性而深刻的认知，独立自主地实践、创新。

同时，各国从教材、教学、评价等多个维度落实批判性阅读课程目标。以美国为例，引导学生学会批判性阅读是语文教材编制的核心目标之一。首先，编者在教材开篇就呈现编写理念，明确告诉学生要在阅读中提高批判性思维能力。其次，在组织教材内容的过程中，编者利用丰富的资料介绍批判性思维及其能力提升策略。比如，在文学教材中提出热点议题或者争议观点，要求学生各抒己见；建议学生运用维恩图、表格等方法归纳信息，表达看法。再次，围绕单篇或群文设计多样的学习活动，提高学生的批判性阅读能力。这些活动包括问题研讨、文本回应、观点比较等。最后，单独设置“批判性思考”活动，引导学生开展批判性阅读。比如，美国霍顿·米夫林出版公司编制的高中《文学语言·世界文学》教材，编者为《论语》设置了多项学习活动，这些活动覆盖了整体感知、归纳概括、观点评论、解决问题等多种批判性阅读能力。

在教学维度，美国语文教师通常依托批判性阅读展开课堂活动。教学目标围绕学生需要提升的批判性阅读能力来确定。在具体表述目标时使用与批判性阅读相关的核心词，如识别、分析、诠释、比较、评价。教学方法往往综合运用阅读工作坊、主题教学、文学圈、角色扮演等方式，鼓励学生沉浸到文本之中去理解和探究。大部分教师喜欢采用圆桌式研讨，充分利用问题带动学生批判性地思考文本。问题基本由学生提出，教师在研讨过程中追问、点拨、归纳、总结。比如，华盛顿州公立高中的梅拉妮·阿格纽老师给学生讲解诗歌《和锄者》(*The Man with a Hole*)，整体上遵循了批判性阅读流程，善于鼓励学生提问，循序渐进地发展学生高水平的批判性理解能力。

在评价维度，美国学术能力评估测试（SAT）、大学入学考试（ACT）都把批判性阅读作为重要版块来设置题目。比如，

SAT 在 2005 年就将原来的“言语”版块修改为“批判性阅读”，设置 67 个题目，包括 19 个完成句子题和 48 个文章阅读题。

第二节　国内阅读教学现状及分析

一、传统阅读教学法

（一）几种典型的传统阅读教学法

在语文教学改革领域，许多语文大家做出了非常可贵的探索，不断推动着语文教学的改革与发展。从 20 世纪 60 年代到 21 世纪初，段力佩、魏书生、钱梦龙、宁鸿彬、于漪等教育名家在全国范围内产生了广泛的影响。

1. “读读、议议、练练、讲讲”教学法

20 世纪 60 年代，上海育才中学段力佩校长提出在教师指导下的“读读、议议、练练、讲讲”教学法，他主张“课堂应该是学生的学堂，而不应该是教师的讲堂”。

“读读、议议、练练、讲讲”教学法的基本精神是让学生成为学习的主人，变被动地学习为积极主动地学习。

读，是指在课堂教学中，让学生读教科书。阅读前提出要求，使学生带着要求去读，阅读时教师来回巡视，及时了解学生的阅读情况。

议，是指在课堂学习间的议论，是这一教学方法的关键。学生通过阅读，每人对课本内容的理解和领会可能不同，针对同一问题会有不同的见解。议论是为了开阔学生的思路，拓展他们的思维，培养他们的能力，进一步调动他们学习的主动性和积极性，使他们各抒己见，相互交流，明辨是非，以求得正确的结论。

练，在教法上称为应用，语文课的练，偏重在写杂记、写少数命题作文、写书评等。

讲，在课堂教学里是贯穿始终的。读时有讲，练时少不了讲。最重要的是教师要根据学生读、议、练中产生的问题有的放矢、画龙点睛地讲。

2. 六步教学法

六步教学法是魏书生老师在教改实践中，以培养学生自学能力为中心，重观科学与民主而创造出的一种教学方法。操作程序包括六个步骤，具体做法如下。

（1）设疑定标，创设探究情境。在学习新课之前，通过有意识地创设问题情境，激发学生探究的兴趣，确定学习目标，使学生带着明确的目标进入探究过程。教师和学生一起讨论、筛选问题，为自主探究打基础。

（2）自主探究，培养探究能力。引导学生带着问题并通过阅读、查阅工具书和资料、动脑筋思考等自学程序，进行自主探究和发现，寻求问题的答案。教师当好学生的组织者和合作者，及时给予方法的点拨、示范和帮助，如鼓励学生从不同的角度进行思考，通过各种各样的方法查找资料，运用资料。

（3）合作交流，开放探究环境。在学生自主探究的基础上，开放探究环境，适时引导学生组成各种各样的学习小组，开展合作，互相交流，实现资源共享。

（4）创新引导，挖掘探究潜能。在学生自主探究学习过程中，引导学生在学习的方法、思维的形式上进行归纳、整合，对学习达成的阶段性目标进行深度的质疑、挖掘和引申，促使学生进行举一反三和由此及彼的联想、想象等发散性思维或迁移性训练，培养学生的求异思维和创新素质。

（5）多元评价，享受探究乐趣。灵活运用多元化立体式的评价形式，引导学生对学习方法、学习过程、学习效果进行自我评价、生生评价和师生评价，鼓励学生对别人的评价进行再评价，充分发表自己的见解，明确自己的优点和不足。

（6）课外延伸，拓展探究空间。把语文课堂上未尽兴的“节目”延伸到课外进行，一些来不及实施的实践活动，拿到课外完成，实施综合性学习。

3. “三主”“四式”导读法，“六步自读法”

钱梦龙老师的“三主”“四式”导读法在20世纪八九十年代影响比较大。“三主”是以“学生为主体，教师为主导，训练为主线”的教学指导思想。“三主”思想体现在“自读、教读、作业、复读”四种基本课式之中。

学生为主体，就是确认学生在教学过程中是学习的主体、认识的主体、发展的主体，也就是把学习的主动权交给学生，让学生在教师的指导下自己阅读，自求理解，试图解决教学中单纯由教师灌输知识、越俎代庖的教法。

教师为主导，就是在确认学生的主体地位的同时，规定教师在教学过程中的作用和活动方式主要是“导”。导，指引导、指导、辅导、因势利导，也就是根据学生的认识规律、思维流程、学习心理，正确地引导学生由未知达到已知的彼岸。

训练为主线，是把训练作为贯穿整个教学过程的基本线索——学生的知识在训练中获得，能力在训练中培养，智力在训练中发展。训练，是指语文教学过程中以语言训练和思维训练为核心的读、听、说、写训练，不是单指做习题（做习题仅仅是训练的一种方式）。

“六步自读法”分为六个步骤：认读，辨体，审题，发问，质疑，评析。其中“发问”“质疑”两个环节意在引导学生思考。“发问”环节可就文章内容、文章表现形式、作者构思意图分别提出“什么”“怎样”“为什么”几个问题，自问自答，逐步理解文章；“质疑”环节要求学生思前顾后，统观全篇，发现问题，提出问题，可以有疑而问，也可以无疑而问，“于无疑处生疑”。

4. 五步阅读教学法

宁鸿彬老师也特别注重学生的自学与质疑，提出了“通读—质疑—理解—概括—实践”五步阅读教学程序教学法，包括四个环节：一是认真读书，提出问题；二是分析研究，解决问题；三是归纳总结，掌握知识；四是加强练习，运用知识。他认为，在教学过程中，“文章要由学生自己读懂；疑问要由学生自己提出；问题要由学生自己分析解决；知识要由学生自己发现获取；规律要由学生自己去概括掌握”。教师只在“指导”上下功夫，在打开学生各个学习实践环节的“思路”上做文章。学生在独立阅读中，要“善于思考、敢于质疑、精于分析，能通过自己的发现获取规律性知识，又能触类旁通、灵活运用”。

5. 培养学生的思维能力

于漪老师特别强调培养学生的思维能力，尽力开发他们的智力。她认为语文教学要通过启发式教学，让学生在主动、活泼的学习中，逐渐成长为聪明有为的人才。她曾写过不少专论，如“谈语言和思维的训练”“谈观察训练”“谈想象力与创造力的培养”“谈把握记忆的支撑点”，等等。

于漪老师更从社会大背景和文化传承的角度认识到了培养学生思维能力的重要意义。她认为，现在的学生面临着丰富而复杂的文化现象，文化判断力教育不能停留在使学生接受与积累知识的水平上，要使学生正确认识、判别、取舍各种文化现象，就必须引导他们重视学习先进文化，培养他们的文化判断力。因为“随着各种文化思想相互激荡，学生的文化信息渠道已经远非书本和课堂所限”，所以“要教会学生在接受与体验文化的过程中善于对文化信息识别与取舍、评价与更新，引导学生成为理性地利用和发展人类的思想文化去改造主客观世界的实践主体”。

（二）贡献与不足

上述语文大家从自己的教学实践出发，都普遍重视学生的主体性，力图通过各种可操作的行为来强化、落实学生的主体地位。他们都强调学生的讨论，魏书生老师和钱梦龙老师都强调学生的质疑和多元互评，强调教师要给学生思维方法的指导，这些都是很可贵的。他们在教学内容、教学流程、教学行为、教学组织结构、教学评价等多方向、多维度，对语文教学进行了全方位的思考与改革，推动了语文教学的发展与进步。

他们都构建了一套对他们来说行之有效的教学模式，试图以“讲堂”为“学堂”。然而，这恰恰又是他们的不足。因为这些教学模式都是外显的教学流程，虽然强调学生质疑和互评，但是还是缺少具体、系统的思维策略的指导。教师怎样讲、讲什么，往往依靠教师个人的经验和能力。

21世纪初开展的新课程改革，其课程理论认为，教师要成为课堂教学的诱发者、组织者、指导者、检查者、总结和评定者，在班级里形成师生双方积极的双向交流、讨论。这给了课堂教学以方向性的引领，但是，教师如何达到这样的要求呢？

从课堂教学的组织结构来看，如今课堂讨论形式多样，有同桌讨论、邻座前后四人讨论等，叶澜认为归根结底讨论要回到两大问题上来：如何提高提问的质量，如何提高学生交流讨论的质量。她还进一步从学生活动层面提出了指导性意见。她认为，学生的主动活动表现在：积极思考，提出问题，回答问题，参与讨论，发表自己的意见和对他人的意见做出评价、纠正，独立或与他人合作完成作业。

通过梳理这些名家的教学思想，我们渐渐发现，语文教学的核心问题在指向一个方向——思维的方法与策略。

二、传统阅读教学现状

许多教学名家对语文教学法的研究做出了很大贡献，推动了语文教学的发展，但是从整体上来看，当前灌输式教育和接受式学习依然占据统治地位，学生未能真正成为学习的主体。

批判性思维专家董毓先生认为，中国学生欠缺三种能力：一是深度分析，中国学生的分析很多时候是浮光掠影、似是而非的；二是合理论证，中国学生的许多论证常常是不符合逻辑、有偏见的，自以为很理性、很合理，但实际可能偏离了理性的轨道；三是理性建构，中国学生缺少深度分析和合理论证的能力，因此也常常难以用恰当的语言分析论证、建构自己的观点。

学生这些能力的欠缺与语文教学缺少思维教学内容密切相关。

一是片面强调感悟式教学。让学生在阅读文本后泛泛地谈感受，似乎只要能自圆其说，这个阅读就是有效的。但是这种所谓的“自圆其说”常常大而无当、空而不具体，缺少真实的、符合逻辑的理由支撑，并不能认为都有道理。这样易形成简单、随意、粗暴的阅读习惯。

二是以单篇文本的理解、赏析式教学为主。学生对文本的解读常常停留在理解与赏析的层面，没有质疑它的权利，任务就是找到它的优点。理解与赏析式阅读是必需的，但除了理解与赏析之外，还应该有对话，去知道作者为什么会这样写，有没有缺点。这种教学方式注重重点课文的精讲精练，抠得很细，但缺少不同观点的碰撞；灌输意识依然浓厚，“我告诉你应该怎样理解和感受”，权威意识依然占据主导地位。

三是重知识教学。教学中也会传授一些文体知识和阅读方法，但文体知识和阅读方法是陈述性知识，一般难以自动转化为阅读能力。教师缺少思维能力培养的意识和有效措施，很少教学生通过一定的思维方法对信息进行同化和建构，结果是学生所获得的知识多是一种点状结构，各信息点浅显而散乱，缺少联系，以致容易遗忘，在以后的阅读中难以迁移和运用。教师缺少系统的思维训练，不具备相应的思维策略，因而也难以在阅读教学中融入思维教学，使得课堂的思维含量偏低，学生依然难以成为学习的主体，学生的思维浅智化。

四是重标准答案的教学。教材中有很多经典选文，选文历经几十年的教学也形成了一些经典解读。于是教师偏向文本的一元解读，传授的常常是这些已成定论的解读，是教参里的说法、专家们的研究成果。这种教学常常对多元解读不能采取有效措施。如果学生质疑或者提出了新的观点，有的被老师认为偏离了教学的主题而搁置（或者引导向老师预设的方向），有的被认为荒唐而直接否定，有的被认为观点新颖而盲目赞扬。这些做法显得片面而武断，使学生丧失了思维进一步发展的机会。阅读教学演化为应试化的训练，让学生习惯于等待答案，或者说，被“驯化”为要去猜测什么是“标准答案”。学生变得没有问题，不会问问题，觉得不需要问问题。但是，阅读是常读常新的过程——时代和读者的不同，使创新阅读成为可能和必需，否则，经典就成了僵化的系统，开放性就不能体现。

三、批判性阅读教学的萌芽

近几年来，批判性思维开始成为中学语文界的热词，越来越多的人开始关注批判性思维在语文教学中的运用。几年前部分语文期刊零星发表了一些批判性思维的研究论文或案例，近年来语文期刊则纷纷开设批判性思维专栏，发表了一大批相关文章。但是真正开展教学实践的老师并不太多。一方面是因为批判性思维没有进入考试评价的内容中，教师缺少动力；另一方面是由于掌握批判性思维并熟练运用的老师还太少，许多老师还未真正认识到批判性思维的意义和价值。下面介绍两位较早开展批判性思维阅读研究和实践的老师。

余党绪老师早在十几年前就开始了思辨读写的研究和教学实践。他认为，思辨性阅读（也称为批判性阅读）的目的是获取真知，或者解决问题，个人的好恶与体验都要退居其次，阅读的准确性、明晰性与合理性，则成了判断阅读效果的首要标准。此外，思辨性阅读不排斥个体的感受与个人的趣味，但在承认“一千个哈姆雷特”（多元解读）的同时，更要追求“最哈姆雷特”（最佳解读）的理解。因而，读者的思维应始终处在“思辨”的理性状态，自觉地分析与论证，审慎地权衡与判断。

多年来，余老师进行了大量的思辨性阅读的文本分析。他强调基于文本的实证与分析、论证与反驳。比如，《廉颇蔺相如列传》中的“秦王”，有人认为是“外强中干”，从“完璧归赵”一节看，这个秦王看起来倒有点虚弱与怯懦。但余老师从历史中去探寻这个秦王的真面目，发现历史上的秦昭襄王并非如此怯弱。秦昭襄王 19 岁继位，在位 56 年。他“明而熟于计”，城府很深，有忧患意识。他起用范雎、白起等文臣武将，采用“远交近攻”的军事战略，各个击破，为秦统一六国奠定了基础。“完璧归赵”这一年，秦昭襄王 42 岁，在位已 23 年，无论是看年龄，还是看其政治履历，都已经是个成熟的君王了。这样一位雄才大略的政治家，面对区区一个蔺相如，怎可能表现得如此不堪？因此，余老师认为“外强中干”的判断难以立足。但是秦王的“虚弱”又如何解释？余老师认为，以十五座城池交换赵国的和氏璧，应该是秦王的讹诈与试探——秦王原本就没想打这个仗。如果秦王已经下了开战的决心，一个和氏璧并不能阻挡他的战争步伐。更何况蔺相如还欺骗了他，等于给了他名正言顺的开战借口。而秦王“明而熟于计”，恰恰就表现在这里：不管你蔺相如怎么刺激，我自方寸不乱。这正表现出秦王的成熟与自信。后文也说到，秦王把“秦赵之欢”看得很重，可见他是个理智而隐忍的君王。

在整本书的阅读教学中，余党绪老师将思辨性阅读分为三个环节[①]：问题设计，文本细读与思维训练，读写活动。问题设计是“整本书阅读”的关键，即“找到具有‘生发性’与‘整合性’的‘问题’，以‘问题’切入作品，以‘问题解决’来引导和推动整本书的理解和思辨”。文本细读与思维训练，就是基于文本内容的分析与论证。文本细读与思维训练聚焦文本的要素、结构与意义倾向，要求在深度分析与合理论证的基础上做出断言。在文本细读与思维训练的基础上，设计必要的读写活动，以助于反馈和反刍阅读所得，也借此训练读写能力。

陈兴才老师也在教学实践中不断探索思辨性阅读的方法。

---

① 余党绪．整本书阅读：读经典、学思辨、练读写——《鲁滨逊漂流记》“思辨读写”实践．语文学习，2017（6）．

他认为思辨性阅读的过程可分为理解、判断、搜集、辨析、评估、质疑、反省、包容八个阶段，在操作层面，陈老师认为思辨的对象包括三个方面的内容①。

一是对附着于文本的“成见”展开思辨。比如，说《药》反映的是辛亥革命者不发动群众，那么，如何解读夏瑜在狱中对红眼睛阿义也要发动革命宣传——“这大清的天下是我们大家的”？

二是对文本价值本身展开思辨。比如，《过秦论》里贾谊要得出的结论是“仁义不施而攻守之势异也”，但通篇并无多少说理，基本是以叙代议，那么，那些事与结论之间的逻辑缺失是否被遮蔽了——六国没有不施仁义的问题，为何也灭亡了呢？我们今天的说理文写作是否可以这样不讲理？

三是对文本细节展开思辨。比如，《祝福》里，鲁四老爷一直被看作自私冷酷的卫道士形象，对他的“可恶！然而……”的解读偏重于后者，即通过“然而”的含义表现他的冷酷与对旧风俗、旧礼教的维护，但如果从他对祥林嫂婆家行为做出的“可恶”的评价，则看出读过一点书的乡绅对道德底线的遵守——起码，他觉得把祥林嫂绑回去是个恶劣的行为，

---

① 陈兴才．思辨性阅读，以什么为思辨的对象．教育研究与评论（中学教育教学版），2017（5）．

是不是比鲁镇的其他人更文明一些？四婶的身上是否也同样有这样的特征？

第三节　批判性阅读教学的策略及意义

一、什么是批判性阅读

批判性思维是一种以逻辑思维为基础的、理性的、反思性的思维策略，其根本指向是真实、公正与合理，其根本目的在于辩明事理，不断修正自我的信念和行动。

那么，批判性阅读是怎样的一种阅读？

中外许多专家学者对批判性阅读进行了定义或阐释说明。

达齐（Darch）等人认为，批判性阅读是一种阅读能力，主要包括对文本展开判断和推理，区分事实和观点，识别作者的写作目的和观点。①

皮罗齐（Pirozzi）指出，批判性阅读是对文本的高层次理解，主要包括释义和评价技能，它可以使读者辨别信息的重要

---

① Darch C., &Kameenui E. J.. Teaching LD Students Critical Reading Skills: A Systematic Republication. Learning Disability Quarterly, 1987, 10 (2).

性，区分事实和观点，确定作者的目的和语气；通过推理读出言外之意，填补文本的信息空白，得出富有逻辑性的结论。①

董毓老师将批判性阅读分为两个阶段：理解的读与批判的读。理解的读侧重于分析，批判的读侧重于发展。

叶黎明老师认为批判性阅读有四个过程：怀疑并证实（为一个判断找到根据），有限赞成（发现一个判断的漏洞），否定（推翻一个判断），重建（重新判断）。

余党绪老师认为，批判性阅读，就是借助批判性思维的基本原理、策略与技能开展的文本细读。在阅读教学中，批判性思维体现为通过多元对话，通过自我反思、判断与完善，来达成“合理性”的理念共识或行动方案，其基本技能包括解释、分析、论证、评估、权衡和构造等。②

综上所述，我们发现对批判性阅读的定义与阐释各有侧重，综合起来看，批判性阅读包括对文本的理解和发展两个方面。

此处的“理解”不同于传统教学中的理解，而是对文本的高层次理解，它要求我们能分辨重要和非重要信息，区分事实

---

① Pirozzi R.. Critical Reading, Critical Thinking. New York: Longman, 2003: 325.

② 余党绪. 批判性阅读：一条“光荣的荆棘路”. 中学语文教学，2017 (9).

和观点，通过解释、分析、论证、评估等思维方式，根据事实论据得出结论，明确作者的目的或情感态度，或者通过推理推导出言外之意，填补信息上的空白部分，得出符合逻辑的结论，做出个人的判断。

要注意的是，我们不能把批判性阅读理解成对他人或原有的观点挑刺，或者是提出与他人或已有观点完全不同的新的观点。这是一种简单化的误解，批判性思维并不等同于单纯的求异思维或逆向思维，批判性阅读也并不只是一味求新、求异或翻案式解读。脱离文本的拓展、讨论，缺少逻辑和依据的表达，没有分析和思维碰撞的对话，这些也不是批判性阅读教学。

批判性阅读需要质疑，但更要有基于文本的证据、解释与分析、质疑与推理、比较与评估等思维策略，来理解、阐释和评价文本，从而得到有意义的结论。以实证与逻辑为基础，不能脱离文本而任意发挥，这是批判性阅读的基石。

同时，批判性阅读是一种积极的阅读活动，强调在阅读过程中的自我意识和自我控制，将个体的知识积累和经验融入阅读过程，通过阅读过程中的主体参与，独立探究，反思质疑，分析与评价，对文章和作者形成自己的观点和看法，从而让学生的认知得到意义上的建构。因而，阅读主体的能动性、阅读过程的对话性、阅读意义的建构性是其核心特征。

当然，在这里必须强调的是，批判性阅读并不是包揽一切的阅读行为，它只是阅读的一种方式，批判性阅读教学也只是阅读教学的一种方式。提出批判性阅读并不要取代其他的阅读方式，而是对原有阅读方式有益的补充与发展。

在阅读教学中，我们可以把批判性思维的发展与提升作为目标专门设计一节课，也可以把它与其他阅读目标（如审美、语言运用、文化理解等）糅合在一起来进行教学设计，或者是把批判性思维作为一种工具以达成其他的目标。

二、批判性阅读的基本策略

1. 理解文本

批判性阅读首先是理解文本。这里的理解，较之传统的阅读理解，其内涵更加丰富，是指辨识、分析、比较、归纳、概括、阐释文本中的语言现象和文学形象，以文本为依据，通过实证与逻辑的深度分析理解文本的逻辑思路或结构框架。

理解文本需要引导学生进行文本细读，进入所读的文本内部，看清楚作者所构造的文本世界。在理清结构和事实的基础上，再提出观点，有效地论证观点，这样才能形成与作者的有效对话。

不同的文本，有不同的特点和思路结构。偏向论述类的文本，有它的逻辑推理思路，阅读中需要分析它的逻辑框架。具备一定的逻辑思维知识就成为必需，否则难以明白其中蕴含的逻辑推理，难以真正理解文本内容。

例如，《渔父》是一篇对话体的文章，屈原被流放，最终决定投江自尽，一方在劝说，一方在反驳。那么，把握对话双方的思维流程和逻辑框架是理解这类文章的起点和重点。

引导学生理解这类文章的思维流程和逻辑框架，可以用这样的问题来引导：

屈原为什么会投江自尽？渔父的劝说为什么没有成功？他们各自的逻辑推理是怎样的？

渔父见到屈原，问“子非三闾大夫与？何故至于斯？”表示对屈原的处境感到困惑、惊讶。也可能是明知故问，是说：你作为朝廷重臣，怎么让自己变得这么落魄和憔悴呢？

屈原的回答是：因为天下人都浑浊不堪，只有我清澈透明（不同流合污）；世人都迷醉了，唯独我清醒。隐含的前提是清高的人不被污浊的世人所容纳，表明自己与众不同，有不苟合、不妥协的孤傲，或许还有悲愤。

面对屈原的清高，渔父就劝他，怎么劝的？用了演绎推理的形式。

大前提：圣人不会死板、机械地对待事物，而是随着世道一起变化。

小前提：世人皆浊，众人皆醉。

结论：你应该随着世道一起变化，随波逐流（搅浑泥水扬起浊波，既吃酒糟又喝酒），保全自己。

隐含的意思是应该像圣人一样，何必想得过深而做一个清高人呢？这样就不会为自己招来流放之祸。

这个推理在形式上没有问题，很有道理。屈原是怎么反驳的呢？“新沐者必弹冠，新浴者必振衣”，这是两个比喻，新沐者、新浴者比喻高洁的人，意思是说高洁的人不会受世俗的污染。他实际是提出了一个新的大前提，完整的推理是：

大前提：高洁的人不会受世俗的污染。

小前提：世上的人都肮脏，众人都迷醉。

结论：我应该投江自尽。

这里省略了一个东西，那就是隐含的支撑条件——“我要做的是一个高洁的人”。意思是我不做什么圣人，这就把渔父的大前提给否定了，形成了一个新的演绎推理。两人价值观不一样，自然结论就不一样。在这种推理下，屈原就为自己的投江自尽找到了一个看似合乎逻辑的理由。逻辑的力量是强大的，屈原只能投江自尽了。

面对不同的价值取向，渔父还能说什么呢？知道不能强求，只好“莞尔而笑，鼓枻而去”，但还唱着歌。这个歌也是比喻，意思是政治清明的时候，可以保持高洁的品质；社会黑暗污浊的时候，就应该与世推移，随波逐流。

2. 质疑探究

批判性阅读就是要拓宽学生思考的空间，使思考从一维走向多维，从浅表走向深层，从碎片化走向链条化，让他们思维的全部过程得以展现，寻求对文本更深层的理解与认知。若要拓宽思维空间，就需要运用一定的方法引导学生发现疑点和矛盾，形成认知冲突，激发学生的思考。

发现了问题，随后要有对问题的分析与论证，包括构建假说、寻求证据、推出结论、预测后果等。

我们常常说在别人看起来没有问题的地方发现问题，到底什么地方可以质疑、什么地方无须质疑，这是需要训练的，批判性阅读训练的根本目的就是让读者能发现有价值的问题。

质疑探究至少表现为两个不同层面的问题：一是对文本本身的逻辑进行思辨，提出疑问；二是辨别自己和他人观点背后的假设、立场、视角或逻辑谬误，提出疑问，并对假设进行理性（有依据、有逻辑的）论证。

（1）质疑文本本身的逻辑

理解与质疑的关系如下图所示：

理解 { 概念、观点、情感、态度 / 理由（依据、推理、论证） } 质疑

掌握文本的基本结构和逻辑框架，有助于提出真正有意义、有价值的问题，以便跟文本进行深层对话。我们应当从以下几个角度质疑：一是概念是否阐释清楚，观点是否明确；二是观点中是否隐含了某种前提；三是理由是否成立，包括逻辑推理中大前提是否正确或合理，是否还需要支撑条件，小前提是否是事实，是否能推出这个结论，等等；四是是否还有新的大前提，或者是否有反面的事实，如果有不同的大前提，那么哪个大前提更合理，如何比较，等等。

如阅读《渔父》一文，理清了它的逻辑框架之后，还应该从不同角度质疑二人的逻辑推理。

其一，屈原的推理一定成立吗？他认为，高洁的人不会受世俗的污染，而世上的人都肮脏，众人都迷醉，那么就一定能推出“应该投江自尽”的结论吗？并不是只有这一个结论，还可以远离世人隐居，或者浊者自浊、清者自清，不受世人的影响就是了。为什么一定要投江呢？因此，这个逻辑并不

能成立。

其二，渔父和屈原各自提出了不同的大前提，是不同的价值取向。那么，这两个大前提是不是可以比较哪一个更好？或者，可不可以提出新的大前提，推出新的结论？

因此，在理清结构和事实的基础上，从以上角度进行质疑，提出有价值的问题，与文本对话，才能真正读出更多东西。

（2）质疑他人或已有的观点

我们应对学生的观点提出质疑，引导学生进行合乎逻辑的推理。

如《李将军列传》中有李广被活捉一事，“广暂腾”，飞身跳上胡儿马而逃脱。有同学说李广有勇有谋，有同学说不是有勇有谋，只是随机应变。为什么？这需要澄清有勇有谋的概念以作为推理的大前提。有勇有谋是既有胆量又有谋略或计谋，谋略是指通过对眼前和长远的问题思考而制定的解决对策和方案，这是大前提。李广抓住转瞬即逝的机会逃脱，是随着情况的变化灵活机动地应付，也许是在刹那间的反应，并没有进行计划，这是小前提。结论是：所以这不是谋略或计谋，而是随机应变。

在备课与教学设计环节中，教师应该以质疑与探究的开放心态去解读文本，去思考有没有其他的理解，而不是只去印证教参或权威给定的答案。

文本解读时，许多老师常常不愿放开，或者不敢放开让学生思考，似乎文本只有一种理解，或者只有一种理解是最好的，于是教学设计只朝着一个方向前进，放弃了让学生与文本对话的过程。

再比如人教版九年级教材《孤独之旅》一文，许多老师都认为主人公杜小康是勇敢面对苦难的典范，《语文学习》2015年第7—8期合刊《镜头》栏目中五个教学镜头都为杜小康的“孤独之旅”唱赞歌，认为杜小康的“孤独之旅”让他成长起来，孤独之旅也是成长之旅，意图用这篇文章来告诉学生，人需要在艰苦的条件中锤炼，需要在孤寂中磨炼，必须学会面对“孤独”，坚持将忧伤化作音乐的节奏，冲破孤独的茧壳，这样才能长大成人。

《孤独之旅》只能这么理解吗？这种理解是最好的吗？

我们可以从多个角度对《孤独之旅》的主题进行分析。

第一，因果分析。事情的前因后果常常不是单一的一因一果，可能是一果多因，可能多因多果，原因中又有主要原因与次要原因之分。成长有多种方式，不是一定要通过这种“孤独之旅”才能成长。在正常的学习生活中，他同样也有孤独的情况需要面对。而且，如果没有辍学，杜小康也完全会成长起来，而且可能成长得更好。因为他在班上学习成绩最好，并且担任班长。在学习上取得成功，不断进入更高一级的学校学习，这不正是我们现在的孩子所走的成长之路吗？

第二，利弊分析。某件事情有好处，也可能有弊端，我们不能只看到好处而忽略了其危害。我们可以承认正确面对孤独是人成长的一种方式，但也要看这种“孤独之旅”会不会超出孩子正常的承受能力。当其他同龄的孩子都在上学时，他却跟父亲来到芦荡长期过着孤独的生活，这会给他带来怎样的心理影响？他“直至夜里做梦看到母亲，哇哇大哭起来”，这种本不该他承受的孤独对他的心理又会产生怎样的影响？当前，农村的留守儿童已经成为一个巨大的社会问题，孤独给这些孩子带来了巨大的伤害。

第三，可行性分析。某种行为从结果上来看有利有弊，除了进行利弊分析之外，我们还要看这种行为是否应该实施或推广。这种“孤独之旅”是杜小康必须应该承受的吗？从《草房子》第八章我们可以知道，是杜雍和命令杜小康“一起去放鸭”，当杜小康表示“要读书”时，得到的回答是“你只能放鸭”和“一记耳光”。杜小康的辍学是专横霸道的父亲逼迫的结果，是一个不负责任而又专横的父亲人为造成的，何必把它当作孩子成长必须经历的孤独（苦难）呢？孩子的成长是要学会面对孤独，但不应该是这种以非正常原因辍学为代价的“孤独之旅”。

通过以上分析，我们得到的结论是：不应该赞美这种“孤独之旅”，而是要赞美杜小康面对非正常的“孤独”与“苦难”时表现出的镇定与坚强；不是要否定杜小康战胜孤独的成长，而是要批判和否定这种本不应由他承受的“孤独之旅”，苦难本身并不值得赞美。

综上所述，我们可以知道，质疑并不是单纯的否定，质疑之后是对文本进行深度分析和探究。质疑只是提供了一种假设，并没有得到验证。很多人常常到此为止，因此教学不能深入进行下去。为自己的假设寻找理由，这是训练批判性思维的一个关键环节，也是深入分析和理解文本的关键。

在教学环节中，教师需要运用批判性思维策略来指导学生，一是通过设疑来激发学生的疑问；二是鼓励学生勇于提出自己的疑问和观点，引导教学朝不同的方向前进，在不同观点的论证与比较中去寻求最佳答案。提出问题，常常需要一定的知识背景和文本细读的能力，也许也需要一种直觉能力。鼓励学生提出问题并形成自己的观点，是批判思维的一个起点，而不是唯一环节。

3. 评估与判断

提出新的观点并对新观点进行论证，并不意味着观点一定成立，还需要对论证进行分析和评估，判断这种解读是否合理。

因此，质疑与探究之后是辩驳与评估，包括：对基于文本的论证质量进行理性评估判断，比如理由是否充分、假设是否成立、证据是否准确有效、推理形式是否正确等；寻找替代方案，辨别自己和他人观点背后的假设、立场、视角和逻辑谬误，寻求和对比不同观点，比较它们的依据和优缺点，进行比较，综合评估各方面因素，审慎得出结论。

批判是对判断的再判断，是对否定的再否定，即使它永无止境，即使我们永难达到真理与公正的高度，但我们可以尽可能地接近它。

那么，分析评判的标准是什么呢？一般情况下是以无争议的或者具有科学性或普适性的准则作为判断好坏的标准，比如逻辑准则、科学准则、法律准则、道德准则等。

下面我们以《愚公移山》的教学案例来说明。有老师教学此文时提出了新的观点：

愚公解决了自己“惩山北之塞，出入之迂也”的麻烦，但“山阻碍人的出路”并未从根本上解决。换句话说，原来阻挡自己的山，如今阻挡别人去了，愚公只是“利”了自己。

要做到“子子孙孙，无穷匮也”，要有“双重的要求”：第一，血缘的不断；第二，思想的不变。显然，愚公无法保证。再者，根据现代科学的研究，发现山并非“不加增”。

愚公贻害子孙，因为愚公“把个人的意志强加给了他的子孙，剥夺了子孙生活的自由”，导致后人“不能去实现自己的想法”，因此断言愚公是“害群之马”。

“愚公移山”不过是演给天神看的一出“苦肉计”，甚至也不排除他与天神还有“更多的不可告人的东西”，借此“帮助建立帝的秩序”。由此得出愚公狡猾、毒辣、可怕，是阴谋家等结论。①

下面运用相关原则对上述观点进行评析。

观点 1：“愚公只是利了自己”这一观点从何而来？有没有依据？愚公的做法是“投诸渤海之尾”，因而愚公应该是考虑到了这一点，并不想给别人造成出行的麻烦。因此“愚公只是利了自己”这一观点推不出来。从结果来看，“一厝朔东，一厝雍南”，这是“帝”的安排，并不是愚公本人的想法。“如今阻挡别人去了”不能怪到愚公头上。此外，山搬到别处并不意

---

① 转引自《愚公移山》教学实录//王荣生．听王荣生教授评课．上海：华东师范大学出版社，2007：127－145．

味着一定会阻挡别人，可能是搬到了无人的地方。观点要有以文本为基础的论据支撑，脱离文本、没有根据的想象不能作为论据。

观点 2：愚公无法保证“子子孙孙，无穷匮也”，确实如此，因而这样做无法保证山会在无穷远的未来继续被搬走。要实现目标，需要支撑条件，如果支撑条件难以达到，则目标难以实现。现在做项目常常要进行可行性论证，分析需要哪些支撑条件，这些条件达成的可能性有多大，然后决定这个项目是否可行。移山这个项目按照这种可行性分析来看，真的完成的可行性不大。

可是，我们要知道这是一个寓言，移山不是指一个具体的项目，而是比喻一种远大的事业或理想。“子子孙孙”也不是指一定要具有血缘关系的人，而是指继承了某种思想观念或信仰的人。在这项事业的开端，谁能用事实论据来证明它的可行性有多大呢？而且，这样的事业常常具有开创性的特点，无前例可循，无事实论据或概率分析数据来支撑，那是不是就不去做了呢？思想信仰传承千年以上的不在少数啊，儒家思想、佛教、基督教、伊斯兰教，都有千年以上的历史了。历史上许多开创性的事业或理想在最初常常被证明是不可能实现的，但后来很多都实现了。

例如，2012年，英国生物学家约翰·格登获得诺贝尔生理学或医学奖。60多年前，这位生物学最高奖项的得主总分全班排名倒数第一，生物课排名全年级倒数第一，并且被授课老师评价为“非常愚蠢”。评语上写道：“我相信格登想要成为一名科学家，但从他的表现来看，这个想法简直是痴人说梦……无论对于格登本人以及教育他的老师，（让他学习生物学）都是在完完全全地浪费时间。”但获奖评语说，格登的研究成果“革命性地改变了我们对细胞和组织发育的认知”。博士后研究期间，他开始关注“细胞核移植”，试图证明，细胞在分化成不同的组织器官之后，并没有丢掉那些“没用上”的遗传信息。而在此之前，已经有不少研究证明了截然相反的结论。很多人不明白这一研究的意义，在当时看来，这个结论没有任何价值。直到半个世纪后，随着克隆技术和干细胞治疗技术的发展，人们才真正体会到了这一研究的开创性意义，“它让基本的科学研究看到了光亮”。

所以，这种可行性分析是否在任何情况下都适用呢？是否应该根据不同的情况灵活运用？再来评价“愚公移山”这一寓言，是否应根据可行性分析这一原则彻底否定其意义和价值？

当然，这一观点的提出也有重要意义：让我们认识到了寓言类文本与事实类文本的不同，认识到了评价某一事件或人物行为的不同标准和可行性分析的方法，并且通过反例的比较分析，可以认识到事物的复杂性——可行性分析未必适用于所有的事件，需要具体情况具体分析，灵活运用。

观点3："愚公贻害子孙"这一观点同样在文中找不到依据。文中并没有提到子孙被强迫和受害，我们看到的是团结一心、众志成城的奋斗精神。观点3只是反对者的凭空想象，缺少事实的支撑。

这是一则寓言，我们要把握寓言的特点，不能把它当作现实的故事来看。既然是寓言，那就要找到比喻的对象，确实有贻害子孙的事实，才能使观点成立。那我们就要看现实中有无类似的事件，同时要注意进行整体类比，不能把寓言切割成碎片进行部分类比。整体类比，一是某一家庭的长者或某一事业的开创者是否有一个理想化的目标或追求，二是领头人是否强迫本家庭的成员或事业的跟随者从事这一事业，三是家庭成员或追随者是否自愿从事这一事业。寓言中没有愚公强迫家庭成员的描述，家庭成员也没有反抗或被迫的表现。在现实世界中，无论是家族事业还是其他事业，确实有约束与被约束的关系，也有因追求自己的兴趣爱好或理想而离开这个团队的成员，但这些不是这则寓言要讨论的问题。如果想继续讨论，那要找到其他类似的寓言故事进行佐证，有的寓言可能反映了中国家长的权威与专制。但这应该是另一个文本的教学了。我们不能以存在某种可能性就对愚公这个高度抽象的人物形象完全否定甚至丑化。这不是一种负责任的理性态度。

当然这个观点的提出同样有意义。通过分析和评估，我们明白解读一个文本，并不是任何一个角度都是合适的方向。更重要的价值在于，我们只有在试错中才会明白正确的方向是什么，不试怎么会知道呢？如果教师只往正确的方向引导，没有试错的机会，没有分析、辨别错误的训练，那么学生不会真正形成思维的能力。真正的思维能力是在不断地试错、分析、论证、比较和评估中形成的。

观点4：“愚公狡猾、毒辣、可怕，是阴谋家”这一观点，犯了论据与论点不相关的错误，或者是质疑动机谬误。《罗伯特议事规则》中谈道：“不质疑动机——不能以道德的名义去怀疑别人的动机。”因为动机不可证。既然动机不可证实，一切揣测都将无意义，并且可能会折射自身内心的阴暗。

寓言的寓意就在那儿，关键是现实中如何运用，是机械照搬还是灵活运用。持上述观点的教师在求新和求异上有突破和发展，但缺少对观点与论证的评估意识，并且将寓意与现实中的运用混为一谈，这又何尝不是将自己的所谓新的看法灌输给学生？学生可能只是知道了要有不同的观点和看法，要求新求异，但没有学会理性的分析、评估和判断。这会给学生带来怎样的影响？

真正的批判性思维，不能等同于所谓的“求异思维”，批判性阅读也不是追求轰动效应的“翻案式”解读。批判性阅读，本质上应该是一种学术性的阅读，正如余党绪老师所说，无论是为了“立”，还是为了“破”，首先要尊重文本自身的要素、结构与逻辑，基于客观的文本说话，基于文本的事实说话，基于文本的逻辑说话。批判性阅读需要合理质疑，更要合理求证，并综合评估各种解释的关系与合理性。

也要注意的是，否定了新观点，并不意味着新观点就没有了意义和价值。质疑与求证是批判性思维的两个必然的环节。求证观点、排除错误观点是批判性思维训练必须经历的过程，而且，合理的新观点常常隐藏其中。

4. 理解作者的再思考

通过质疑探究及其评估，我们对文本有了更深入的认识，从而更好地理解了文本，或者是激发了自己的思考，进行了新的认知建构。然而，对于有的文本，我们还有必要进一步去探究作者为什么这样写，即从理解文本到理解作者，从知其然到知其所以然。

比如《祝福》的教学中，老师一般都会引导学生探究祥林嫂是怎么死的。小说中有个短工说祥林嫂“还不是穷死的”，老师一般都会抓住这句话问学生，这个答案对不对。既有此问，学生自然会说是错的，因为站在今天的阅读者角度而言，这很简单，祥林嫂的死并非因为“穷”，而是因为一个强大的无形的悲剧命运笼罩在旧时妇女的身上，杀害祥林嫂的凶手既可以是一个具体的人或有一个直接推手，也可以是每一个人，短工的回答体现了人们对祥林嫂的冷漠。到了这一步，我们的学生在老师的引导下达到了“有见识”。

那么，什么是“能识见”呢？就是不急于用自己认为正确的答案去代替别人的错误答案，而是先想想短工为何这样说——“他们”除了这个答案，不可能有更好的答案，“他们”只能这样回答，并非仅仅是“冷漠”。再者，鲁迅为何这样写？文学理论中有个“意识形态隐含问题”——鲁迅写这个情节时，其视角是放在祥林嫂以外的人身上的，那么就需要以别人的立场来进入情节，而短工，以其“智力”，只能这样回答。

同样，在阅读《药》时，我们很容易带领学生梳理出小说的两条线索：明线是吃药、谈药的人们；暗线是夏瑜的牺牲。两条线索交织起来，把本来看起来不相干的人物的命运放在一起去展现一个时代的悲哀，这是小说中的高明表达。学生知道了这点，可以说是“有见识”，但我们还可引领学生思考，小说为何不以夏瑜为明线，而要以华家及谈客们为明线呢？这就有个隐含问题在内：在当时，所谓革命和革命者的悲凉、孤独，根本不是一般人所理解甚至所知道的，鲁迅选取了一般人即普通市民的生活视角来表现主题。当学生探讨到这个层面，就不仅仅是学习了小说的内容、主旨、人物，还从小说的表达艺术上获得了一个“所以然”。我们日常的语文教学，有很多是现象分析而忽视了现象后面遮蔽或隐含的意识形态。

批判性思维并不神秘，在阅读中培养批判性思维能力离我们的教学并不是很遥远。它只是更多地关注了其他的可能性，而不是一味地强调解读的求新与求异；更强调了分析与论证、评估与判断，而不是不加分析与评估地盲目多元解读。在阅读中培养批判性思维能力，是带领学生进行系统的思考、广泛而深入的探索，既形成阅读的思维策略，又养成实事求是、理性、开放与公正的态度。

三、批判性阅读的意义

中学语文学科核心素养中有一条为“思维发展与提升”，过去的语文教学（也包括任何一个学科）都会提思维问题，但常常是伪思维，或者是低层次思维，就思维的品质来说，批判性思维可以为这个核心素养找到一个“定向”。说了多少年的“自主、合作、探究”，更多的是讲究形式，至于自主是什么、合作干什么、探究什么问题，都缺少可靠的品质保证，那么，如果有批判性思维介入呢？这些疑问将变得清晰起来。

1. 从理解走向认知结构的建构

上述有关《愚公移山》的观点被否定了，并不意味着这些观点没有意义。从知识角度讲，通过思辨，我们认识到了寓言类文本与事实类文本的不同。

从认知角度讲，学生认识到愚公移山的正面意义，比如持之以恒的精神、当时人们与大自然抗争的精神、变革大自然的雄伟气魄。当我们将寓言与现实联系起来时，可以发现现实世界的问题不是只靠愚公的这种精神就能解决的。只按照这种原则去做事，常常会碰得头破血流。因为，现实世界中不会有天神来帮忙把山搬走。如果没有天神怎么办？后面可能会有怎样的发展？这时，我们要回到问题的原点，即愚公为什么要搬山？因为山挡住了大家出行的路，也就是最终目的是出行方便。那么，为了实现出行方便的目的，并不是一定要搬山。开山洞、修栈道等也可以，还比搬山的工作量小了很多。由此，我们可以认识到移山实在不是一种科学的做法。

由此，通过思辨，我们可以深入地明白一个道理，搬山其实不是愚公的目的，其目的是出行的方便。为了实现目的，我们应不断寻找科学的方法，而不是拘泥于原来的那一种。隐喻到现实中，那就是仅有坚持不懈的精神还不行，还要探索科学的方法。我们可以坚守理想和目标，但也要讲究方法的灵活性。正如鲁迅要救国，最初是进了矿务铁路学堂，然后改学医，后来弃医从文，他的理想始终没变，但是通向理想的路径和方法在不断变化。

学生在认知结构上，对《愚公移山》的认识就不是只停留在坚持不懈的精神上，而是形成了更深刻和更全面的认知。

2. 从知识走向思维策略的建构

通过思辨阅读，在思维策略上习得了分析与论证、辩驳与评估的思维方法。既看到它在原有语境下的内涵，也看到的它的片面之处；既看到它在现世的意义和价值，也看到它的弊端。当面临现实的问题时，就有可能将其迁移过来，去发展和创新，寻找解决当代现实问题的方案。

如果我们缺少思辨，机械照搬，将移山这种不科学的做法粗暴地运用到现实的生产或经济活动中，甚至不恰当地组织到政治资源中去，就会使之充当浮夸政治的工具，变成破坏自然和经济发展的工具。其危害不仅表现为对自然无所畏惧的非理性态度（砍伐森林），而且体现在对成功、胜利快速到来的不切实际的狂热幻想以及由此所带来的破坏性行为（比如“大炼钢铁”），或者形成依附性、期待性、盼望他者拯救的错误态度。

3. 从传授知识走向育人

经典文本常读常新，在于其内涵的丰富性与多元性。而人的认知常常是有限的，每个人都只是一个“摸象”的“盲人”，只能在特定的层面和角度上认识真理。批判性思维有助于人们摆脱知识的自负与浅薄，走出个案的、经验的、常识的、本能的认知层面，拓展认知的深度和广度；批判性鼓励多元思维，也有助于人们纠正单纯求异思维的误区，养成探究意识，培养求真的品质和理性精神。

因此，批判性阅读培养的是理性、开放、自主、创造的人，是独立思考、敢于质疑、善于求证的现代公民，是自我监控、主动修正、积极建构的当代中学生。批判性阅读教学不仅给学生提供思维的路径，还尽可能地给学生提供多元阅读、主动思考的环境和文化氛围，让学生在直面文本的冲突与矛盾中学会思考、学会辨析、学会判断、学会选择，积极建构公正、合理、创新的思维方式，形成尊重、包容、理解、开放的现代人格。

通过上述分析，我们可以发现，批判性阅读并不是对传统阅读教学的彻底反叛，它也不是凭空产生的，不是完全从国外移植而来的，而是对中国传统教育及魏书生、钱梦龙、于漪等教育大家教育思想的继承与发展，是为了进一步贯彻、落实叶圣陶先生“教是为了不教”教育思想的教学实践，是为了培养正确的价值观，形成文化判断力，自觉继承和发展中国传统文化。

四、批判性阅读教学对教师的要求

没有系统学习过批判性思维以及缺少教学经验的教师，在阅读教学中会出现一些误区。

一是问题主导的教学方式变成了问答式教学。教师运用批判性思维的流程设计问题，要求学生回答问题，而教师的问题设计停留在单一的“是什么”和“为什么”的层面，而不是激起学生的疑问；学生只是被动地回答问题，自己不会产生疑问。此种教学法，学生的批判性思维未被真正激活，学生只是被动地接受教师的安排，教师代替学生在思维。

二是机械的教学设计扼杀了课堂的生成。当学生的回答与教师自己预设的答案不一样时，教师往往会生硬地扯回自己的答案上，而想不到不同的答案正是激活学生的思维，将学生的思维引向深入的契机。

三是用教师的思考代替学生的思考，学生被动接受教师的灌输。

因此，批判性思维阅读教学对教师有基本的要求：一是教师本人具有较好的批判性思维能力；二是能够基于批判性思维原理设计好的问题以激活学生的思维；三是在教学中能够随机应变，引导学生进行深入思考，结论由学生自己得出，教师只是起到助产师的作用。

批判性思维是一种科学的思维方法，我们必须在教学中贯彻批判性思维的正确方法，激活学生的思维，比如：启发式提问、追问，或提供反例，制造矛盾情境，激发学生主动进行批判性思维，学生自己提出问题（质疑），自己给出理由（论证），学生之间相互评估理由是否合适或完备。

第二章　小说的批判性阅读教学

传统的小说阅读教学依据的是包含情节、人物、环境的“小说三要素”理论，存在“贫乏”与“陈旧”两大弊病，已远不能满足课程教学需要。我们需要拿出新的、更高水平的、更有价值的教学内容来充实已趋于空洞化的小说课堂。对此，教师一方面要充实新的文学理论知识，另一方面需要将批判性思维理论引入小说的阅读教学，为小说的阅读教学提供思想武器。

第一节　小说的审美特征

一、小说的审美观

根据目前的文献资料，“小说”一词最早出现于庄子笔下。

《庄子·外物》中说：“饰小说以干县令，其于大达亦远矣。”意思是凭借琐碎的言论来追求美好的名声，和高深的大道相比，就差得远了。这里的“小说”和后世作为文体之一的“小说”只是字面上一样，意思并不相同。这里的“小说”是两个实词合在一起，即琐碎的言论。

到了东汉时期，班固在《汉书·艺文志》中对“小说”作了重要界定：“小说家者流，盖出于稗官，街谈巷语，道听途说者之所造也。”他认为，小说是街头巷道传说的故事，与占据主流地位的经史著作相比，“小说”是为“小道”。此时，小说的本体特征才逐渐浮出水面。作为“小道”的小说，一方面地位极其卑微，另一方面它在不受重视的时期又赢得了自身发展的自由空间。因为其地位低下，不受统治者的重视，限制和束缚会更少一点；因为其来源于街道巷尾，具有更强的社会现实性，其象征意味更浓；同时，街头巷尾的谈论也更具趣味性。

到了清代，因为时代变革的需要，小说的社会功能被无限放大，更加强调其政治效用。梁启超在《论小说与群治之关系》中说：“故欲新道德，必新小说；欲新宗教，必新小说；欲新政治，必新小说；欲新风俗，必新小说；欲新学艺，必新小说；乃至欲新人心，欲新人格，必新小说。何以故？小说有不可思议之力支配人道故。”梁启超迫切地强调小说的社会功能，认为小说是拯救社会的良药，小说可以解决一切问题。这种认识虽然将小说从“小道”的卑微中解脱出来，但又迈上了另一条高估小说社会价值的极端之路。我们必须承认，小说不是一切，小说只是小说而已。无限地夸大小说的社会价值，反而不利于小说自身的完善，过多的外在负担会削弱小说自身的审美价值。

众所周知，小说是以刻画人物形象为中心，通过完整的故事情节和环境描写来反映社会生活的文学体裁，这是“小说”最经典的定义。通俗地理解，小说是在一定的环境和背景下讲故事的一种文学样式。某种意义上，一个好的故事等同于一篇好的小说。作者构思一个故事时往往受到小说审美观的影响。

纵观小说发展史，我国小说的审美观主要有两种倾向。

一是警世倾向。警世主要是指小说注重道德教化功能，通过讲故事向人们传递一定的社会道理，希望人们从中获得启迪。比如唐代传奇小说《霍小玉传》，讲述了才子李益因为畏惧母亲的威严而违背当初诺言，抛弃艺妓霍小玉的爱情悲剧。这个故事启示我们门当户对的封建爱情观占据主流地位的现实性。如果门户不对等，或者没有遵从“父母之命，媒妁之言”，始乱终弃的悲剧很有可能会不断上演，这就要求人们恪守封建礼教和等级制度，维护封建婚姻的正统性，警世的意味浓厚。

二是娱乐倾向。小说自诞生以来，就带有娱乐的影子。道听途说的故事、街头巷尾的谈论都是小说的重要来源，虚构和改编是小说成型的重要路径。人们讲述这些故事、谈论这些故事，更多的是因为这些故事有趣，能给我们带来一种精神享受。这是一种超越功利的、源自文学本身价值的审美定位。

西方现代小说的审美观发生了较大的变化，它们不再渴求对外部世界的模仿和再现，而是挖掘人的内在真实，揭示人内心的犹疑、困惑、漂浮、潜意识，反思在工业文明时代人的生存和异化问题。《墙上的斑点》《骑桶者》《追忆似水年华》等现代小说不再拘泥于一个完整的故事情节，它们凭借无意识的流动，形成一个发散的结构，常常让人摸不着头脑，却又真实地反映人的内心。在这些小说中，作者从文本中隐退，其创作意图也变得难以厘定。隐喻、夸张、荒诞、变形、意识流、内心独白是现代作家常用的手段，关注人本身的困境是他们最根本的目的。

二、小说的审美特征

1. 虚构：小说的本质

刘俐俐认为，小说是作家话语施为的产物。[①] 作家根据自

① 刘俐俐．小说艺术十二章．上海：上海教育出版社，2014：54.

己或者别人的经验，创造出一个有别于现实世界的虚构时空。在这个虚构时空中，作家将自己的思想和意图隐藏在故事之中、文字背后，巧妙地完成对现实世界的艺术再现。从这个角度来看，虚构不是漫无目的地胡乱编造，相反，虚构带给人们更为广阔的想象空间。

阿·托尔斯泰说："没有虚构，就不能进行写作。整个文学都是虚构出来的。"① 可见虚构对于文学创作的重要性。如果每一篇作品都是纪实作品，我们的生活像史书一样被记载，人们的生活将是多么无趣。进一步来讲，如果没有虚构，人们进行审美活动的一个重要的文学通道将被关闭。对小说而言，虚构是其本质特征。小说家通过虚构一个故事来刻画一个别具个性或者拥有共性的主人公，读者从他身上看到未来，也看到自己的身影。曹文轩打过一个比方，他说，小说家是骑士，是堂吉诃德式的骑士，他们骑在虚构的马背上，不仅走遍了现实，还走进了现实疆域之外一个无边无际的虚空。② 在曹文轩看来，虚构是对现实的艺术创造，也是对虚空的虚构。对现实的艺术创造可以通过改编、重组来弥补现实的缺憾，而对虚空的虚构

---

① 阿·托尔斯泰．论文学．程代熙，译．北京：人民文学出版社，1980：252.

② 曹文轩．小说门．北京：作家出版社，2002：101.

则在现实主义的基础上建构一个完全的精神世界，让读者能够“非功利地、非物质性地精神遨游”。[①]

2. 典型人物形象的塑造

小说是以刻画人物形象为中心的，经典小说往往会塑造经典的人物形象。阿Q、祥林嫂、祥子、翠翠、福贵、堂吉诃德、约翰·克利斯朵夫、玛蒂尔德、安娜·卡列尼娜、娜塔莎、贝尔曼、于勒……一个个经典的小说人物在我们的脑海中鱼贯而出。这些人物之所以给我们留下深刻印象，就是因为他们比“在现实世界里的那些兄弟姐妹更加难以捉摸，他们是由数以百计的小说家从各自的头脑里杜撰出来的”。[②] 其一，一些小说人物非常鲜活，具有鲜明的个性，他们的言行方式是独特的，在其他人物身上很难发现，如阿Q的精神胜利法、祥林嫂的“我真傻”等；其二，作家塑造的一些人物形象极为复杂，他们往往不是现实中的某一个人物的真实反映，而是从一个个人物身上聚合起来的、具有某种共性的典型代表。这些人物往往更加复杂多变，他们的性格不刻板，心理有时也是矛盾的，行为前后会有犹豫，面对生活也会产生不同的人生态度。这样

① 曹文轩．小说门．北京：作家出版社，2002：105.

② 福斯特．小说面面观．朱乃长，译．北京：中国对外翻译出版公司，2002：145.

的人物更加真实，更贴近生活本身的面目，从他们身上我们往往能读出自我。

这有点类似福斯特关于小说人物的分类。福斯特曾经把小说中的人物分为“扁平人物”和“圆形人物”两种。“扁平人物”主要指那些类型化、概念化的人物，读者一眼就可以看出来，他们的一生往往可以用一句话来概括。如《西游记》中的沙僧，一路上任劳任怨，兢兢业业，认认真真，尊敬师父，性格稳定单一，“大师兄，师父被妖怪抓走了”这句话足以概括他的一生。“圆形人物”则是比较复杂的存在，他们有爱有恨有愁有怨，喜怒哀乐样样俱全，他们并不总是说同一句话，也并不总是同一种面部表情，他们具有旺盛的生命力，让读者洞察真实的人性。娜塔莎原先是一个天真善良、活泼可爱、爱慕虚荣、渴望关注、对爱情充满幻想的少女，随着战争的来临，加之人生阅历的丰富，尤其是被阿那托尔诱骗后，娜塔莎逐渐成熟起来。她不再热衷舞会，不再天真幼稚，爱情并不是她生命的全部，相反，她主动照顾伤员，承担起战时的责任，成为一名出色的家庭主妇。性格和行为的转变是圆形人物的重要特征，圆形人物的性格往往随着时间的推移和空间的变化而发生改变。无论是“扁平人物”，还是“圆形人物”，他们的作用都是不可替代的。二者相辅相成，互相补充，共同构成丰富多彩的小说世界。

3. 场面：小说的构成单位

人类的绝大部分活动都要发生在空间里，空间是故事发生的重要场所，“小说的写作无非是在空间的改变之中寻找悲哀和欢乐，寻找种种主题与种种美学趣味”。[①] 构成空间的基本要素是场面，小说中往往出现大量的场面。据说，契诃夫在创作时会随手记下一些空间，如咖啡厅、车站、河边等，这是在为营构场面做准备。场面的营构是小说重要的审美特征之一。如《边城》里营构的场面：

> 小溪流下去，绕山岨流，约三里便汇入茶峒的大河。人若过溪越小山走去，则只一里路就到了茶峒城边。溪流如弓背，山路如弓弦，故远近有了小小差异。小溪宽约二十丈，河床为大片石头做成。静静的水即或深到一篙不能落底，却依然清澈透明，河中游鱼来去皆可以计数。小溪既为川湘来往孔道，水常有涨落，限于财力不能搭桥，就安排了一只方头渡船。

小说的开头运用大量意象，如小溪、山、大河、茶峒城、游鱼、渡船等，构造了一个诗意的世外桃源。这些意象源于自然，又为自然增添了一份宁静与安详。在这里，自然是美的，

---

① 曹文轩．小说门．北京：作家出版社，2002：168.

人性也是美的。一切都似乎没有经过世俗污染，一切都似乎晶莹剔透。美好的场面奠定了故事发生的基础，环境与人交相辉映，故事将在和谐安宁的氛围中缓缓展开。

场面的确定，既可能是真实的场景再现，也可能是艺术的巧妙构思。无论是前者还是后者，表达主旨是其不变的方向。场面对小说的讲述至关重要，人物、情节、主题都要聚焦场面。离开场面，人物活动的舞台也就消失了，读者也就无法观看人物的表演了。

4. 摇摆：情节运行的重要方式

曹文轩认为，摇摆是小说运行的动力所在。一个故事一旦平铺直叙地从头讲到尾，便会大大地削弱其吸引力。讲故事是需要技巧的。情节安排方面的一个重要技巧便是摇摆。推进故事的时候，有回旋，进两步，然后退一步，再进两步，在如此反复的过程中，人物的形象逐渐丰满，主题意蕴变得更为深邃多元。如《清兵卫与葫芦》中多次出现情节的“摇摆”：小说的开头便说清兵卫与葫芦的关系断绝了，一是设置悬念和障碍，二是让人心生可惜，但是作者笔锋一转，写到清兵卫的兴趣转移到绘画上了。这不仅和结尾一起构成完整的结构，更重要的是增加了情节的延展性，拓宽了主题的多重理解。后来，清兵卫买了老婆婆的葫芦，带到学校去，结果被老师当场没收；课后，老师来家访，清兵卫即将面临严重的责罚，而此时父亲恰巧不在家；清兵卫终究没有躲过一劫，父亲回家后将清兵卫一顿暴揍，并且砸碎了老师家访时未曾留意的葫芦；老师把从清兵卫那里没收的葫芦当作垃圾，校役拿到古董店却卖了大价钱，而古董店老板又把葫芦卖给了富商，获得了数百倍的利润。整个情节波澜迭起，枝节横生，充满了巧合、偶然、矛盾，极大地丰富了故事。每当情节按照常规思维推进的时候，结果都跟预设有些不同，情节推进有否定，故事发生有转折。读者的心被悬置起来后，很快又被重重摔下，提起→摔下→再提起→再摔下……波浪线式的推进，情节的多次摇摆，是出于技巧的需要，更是情节运行的重要方式，有助于读者敏锐地发现更加丰满的人物形象，多角度多层次地理解小说的主题。

5. 叙述的视点

第一人称是常用的叙述人称，行文中常常会出现“我”，“我”的所见所闻构成叙事的线索，小说讲述的是“我”耳闻目睹的故事。这种叙述带给人强烈的真实感和现场感，故事的讲述者和见证者是“我”，便于抒发感情，发表评论。但是，“我”的耳闻目睹是有局限的，听到的与看到的也并不一定是事件的全部，因此，有人称之为“有限视角”。另一种叙述视点被称为“全知视角”，类似于叙述中的第三人称，主人公发生的一切都在掌握之中。两种叙述视角的切换与配合，可以使叙述更加自由、自然。既能补充揭示事件的真相，又能增加小说叙事的魅力，更为重要的是增加了事件的模糊性，提供了事件真相的多种可能性，启发读者更为深入地思考与建构。芥川龙之介的名篇《竹林中》采用了独特的叙述视角，让每一个当事人都站在自己的视角去叙述同一件事情，产生了意想不到的效果。武士、多襄丸、真砂、行脚僧、捕手、老妪、樵夫等多个事件关联方的叙述都能自圆其说，却又相互矛盾；指向同一个结果，但又基于自我的立场。在互相比较与验证的过程中，人性的弱点与罪恶被撕裂开来，真相被建立，又被推翻，最后达成共识。小说叙述的意义便在于探索与思考的过程。

第二节　小说的批判性阅读策略

小说的批判性阅读，在遵循批判性阅读的共同原则之外，也需要根据小说文本的独特性，灵活处理。因此，这一节就根据小说文本的独特性来谈小说的批判性阅读策略。

一、探究小说的逻辑

小说家毕飞宇常说，小说不是逻辑，但是小说讲逻辑。为什么小说会讲逻辑性？

他说，成名的儿子一下子把促织弄死了，成名的第一反应是什么呢？不是悲伤，而是愤怒，把孩子打死的心都有。当他去找孩子的时候，蒲松龄说："怒索儿。"从逻辑上说，这是不能少的。这不是形式逻辑，也不是数理逻辑，更不是辩证逻辑，它就是小说逻辑，实际上是生活中的心理逻辑、情绪发生的自然逻辑。等真的从井里把孩子的尸体捞上来之后，成名才产生悲伤的情感，"化怒为悲"。

孙绍振先生也非常强调中国古典小说情节逻辑的严密性，并且他还指出了金圣叹在发现古典小说情节逻辑严密方面的功劳，特别是细节之前后照应方面。因此，我们在教学时，应当引导学生去探究一些小说中情节发展的逻辑性，一是培养学生思维的逻辑性、严密性，二是欣赏小说情节构思的艺术美。

因此，我们在教学这类小说时，要善于质疑、激疑，引发学生的思考。比如《林教头风雪山神庙》一文，读完小说我们知道，烧掉草料场的大火是陆谦和富安放的，目的是烧死林冲——即使没烧死，也落个死罪。这里就有了疑问：为什么林冲能躲过这场祸事？有道理吗？为什么前面多次写到"火"？这些"火"与最后的大火有关联吗？

通过阅读前文，我们可以发现，林冲能躲过这场祸事，并非凭空而来，而是有依据的，依据就是文中对大雪的多次描写。

第一次是初到草料场，“彤云密布，朔风渐起，却早纷纷扬扬卷下一天大雪来”。金圣叹于此处，评注曰：“一路写雪，妙绝。”

第二次写林冲出门去买酒，“那雪下得正紧”。金圣叹又评注曰“写雪妙绝”。

第三次是林冲买了酒回来，“看那雪，到晚越下得紧了”。金圣叹又评注说：“写雪妙绝。”

三处都说“妙绝”，妙在何处？去草料场的路上和沽酒回来的路上，还以诗语对雪加以渲染。其中之一是这样的：

> 凛凛严凝雾气昏，空中祥瑞降纷纷。须臾四野难分路，顷刻千山不见痕。
>
> 银世界，玉乾坤，望中隐隐接昆仑。若还下到三更后，仿佛填平玉帝门。

看到“那两间草厅，已被雪压倒了”，这时读者恍然大悟，正是由于雪大，压倒了草厅，林冲无处安身，只好躲到古庙中，正好听到了陆谦等人的谈话。这说明了雪在情节发展中的功能。

不仅仅是雪，林冲初到草料场，“仰面看那草屋时，四下里崩坏了，又被朔风吹撼，摇振得动”，他还想“待雪晴了，去城中唤个泥水匠来修理”，这又为草屋被大雪压倒埋下了伏笔。

既然火是陆谦等人放的，那为何在林冲到了草料场后多次写到与林冲有关的火呢？“火”隐藏着危机。先写林冲生火，要出去买酒了，又写他“将火炭盖了”，待回来，发现大雪将草房压塌，特地写林冲“恐怕火盆内有火炭延烧起来，搬开破壁子，探半身入去摸时，火盆内火种都被雪水浸灭了”。当听到火起时，不禁让人疑心：这火从何而来？上述那些描写说明，后来的火“不是失火”，而是人为放火，为陆谦等人的出场做了铺垫。

这篇小说情节的逻辑性不只是通过“雪”“火”表现出来，事件本身也隐含着内在的逻辑。比如，管营让林冲去管理草料场，小二说“这个差使，又好似天王堂……往常不使钱时，不能勾这差使”，林冲自己也起疑：“却不害我，倒与我好差使，正不知何意?”为何会让林冲去草料场？前面通过小二之口说出陆谦来到这里，然后就消失了，直到后面草料场着火，陆谦再出现。前后联系起来，我们能够推想出陆谦消失那段时间所做的事情，那就是与管营勾结，让林冲到草料场，然后放火烧死林冲，并嫁祸于他。这就形成了一个完整的逻辑链。

二、质疑小说的反逻辑

并不是所有的小说都存在上述所分析的正常的逻辑，有的小说情节恰恰违反日常生活的逻辑。为什么会这样呢？从小说情节的反逻辑处切入，也是小说鉴赏的一种有效的方法。

小说《促织》中，成名把儿子从井中捞出来后，“化怒为悲”，然后“夫妻向隅，茅舍无烟”，后来发现孩子活过来了，可是变傻了，成名“亦不复以儿为念”。这句话有些无情，却是正常的逻辑，是现实“苛政猛于虎”的反映。成名一家似乎陷入了彻底的绝望。

为了生存下去，成名又去捉促织了。还会再有希望吗？后来发现了一只促织，成名行动非常迅速，可是它太小了，绝望之后再次陷入失望。正当这时，“壁上小虫忽跃落襟袖间”，看到成名不喜欢自己，小促织主动地跳到成名的袖口上去了。毕飞宇说“这太吓人了，只有天才的小说家才能写得出”，因为这个动作是“反常识的，反天理的”。常识告诉我们，无论是小鸟还是小虫子，都是害怕人的，你去捉它，它只会逃避。但是，这只小促织太特殊了，当它发现成名对自己没兴趣的时候，它急了，做出反常识的事情来了。而且后面还所向披靡，战无不胜，甚至当公鸡出现时，瘦小的促织最终不但能从鸡爪下逃脱，还让公鸡大受挫折，这更加离奇，违反了常识。詹丹老师说："如果作者仅仅是这样写，就有可能导致一种非理性的神秘主义。"

小说情节推进到最后，作者揭开了谜底："后岁，成子精神复旧，自言身化促织，轻捷善斗，今始苏耳。"似乎对上述那些不可思议的内容给出了合乎因果逻辑的解释。也就是说，瘦小的促织之所以能够战无不胜，是因为在它的躯壳里面有着人的灵魂，是成名的儿子灵魂出窍，化身为一只瘦小的促织。这样，人与促织合二为一，才使那只小促织有了超凡的能力。然而，这就更加匪夷所思了，促织是成名的儿子变的，这更加违反常识、违反逻辑了。

如何理解这种反逻辑的写法？

詹丹老师认为："成名之子在离奇的传奇世界通过变成他物而完成的奇功，在现实世界里，常常是借助儿童幻觉中的自居心理来获得的。当儿童借幻觉自居于促织时，促织的脆弱、不堪一击，显然被超越。这是人对促织的拯救，也是对自己的心理拯救。用现代心理学解释，拍死青麻头的手掌成了成名之子的心理阴影时，摆脱这种阴影就成了人物以后行为的原动力，让这只手掌在后续的情节中呈现出种种变相，让促织从中逃逸，让这片阴影彻底散去，这是连接情节貌似断裂的内在逻辑，也是‘天意’之所在，具有不以人的意志为转移的规律性。”①

詹老师从儿童心理的视角解读了反逻辑情节的合理性。我们联想到卡夫卡的《变形记》，主人公格里高尔变成甲虫，那充满象征和隐喻的世界，成名之子变成促织是不是另一种变形？是不是也象征或隐喻着什么？从社会学的角度来分析，成名一家否极泰来，最终获得荣华富贵，似乎有了人的尊严，但其实是以儿子的异化为代价的，也就是让一个人的灵魂化为促织，蜷缩在一个小动物的体内为代价的。这又是怎样的一种悲哀啊！

三、探究小说语言隐含的情境

小说艺术本质上乃是“可见的语言生命”。这种被称为语言生命的东西，体现为它的丰富性、含蓄性、空白性。在小说艺术的表现中，常常有许多只可意会不可言传的东西。

1. 发现小说语言的悖谬处，探寻语言背后的情境

小说中情节有不合常理之处，小说中的语言也常常有不合情理之处。其实正是这不合情理的语言背后，体现着人物独特

---

① 詹丹．神秘情节中的因果逻辑——重读《促织》．语文学习，2016（7）．

的情感或感受。

萧红的《呼兰河传》中有："呼兰河这小城里住着我的祖父。我出生的时候，祖父已经六十多岁了。"

"呼兰河小城"为什么只"住着祖父"？这不合逻辑，但其实是由说话人潜藏在文字背后的目的所决定的，为了体现祖父在"我"生命中的重要，而其他人都不重要。这是情景语境。

再如，小说中有这样一段描写："一切都活了，要做什么，就做什么，要怎么样，就怎么样，都是自由的。倭瓜愿意爬上架就爬上架，愿意爬上房就爬上房。黄瓜愿意开一谎花，就开一谎花，愿意结一个黄瓜，就结一个黄瓜。玉米愿意长多高就长多高，它若愿意长上天去，也没有人管。"

这些植物似乎有了人的意志，因为这其中暗含着"社会文化语境"。倭瓜、玉米疯长、不结果实，黄瓜开谎花、不结瓜，但都能在祖父的园子里生存，反映的是"自由"的主题。

又如，残雪在《山上的小屋》中有这样一段心理描写："我心里很乱，因为抽屉里的一些东西遗失了。母亲假装什么也不知道，垂着眼。但是她正恶狠狠地盯着我的后脑勺，我头皮上被她盯的那块地方就发麻，而且肿起来。"

"我"的头皮怎么会被她盯得"肿起来"来呢？这个叙述显然不符合客观现实，再厉害的目光也不会使被盯的"那块地方”“发麻”且“肿起来”。这种情况在现实中不可能出现，这就迫使我们从客观层面向主观层面思考，明白这其实是主观心理感受的表现，反映“我”被母亲盯着的强烈不适感。

2. 探究人物语言背后不同的背景

同样的词语，在不同的语境中，或者由不同的人说出来，它的内涵或者外延会有不同。探寻这些不同，才能更好地深入文本，发现文本叙说背后丰富的意蕴。

《红楼梦》里有一段刘姥姥吃茄子的故事。贾母对刘姥姥说：“你们天天吃茄子，也尝尝我们的。”刘姥姥吃一口笑道：“别哄我了，茄子跑出这个味儿来，我们也不用种粮食，只种茄子了。”刘姥姥所说的茄子，是田地里自然生长出的茄子，而贾母所说的茄子，是要十几只鸡来配制的，自然与刘姥姥的茄子意义不同。在这两人的对话中，对茄子的不同理解，反映的是两人地位与贫富的巨大差异，当贫苦人家在为温饱而挣扎的时候，贵族家庭却把普通的茄子吃成了天价。

比如，《祝福》里有个短工说祥林嫂“怎么死的？还不是穷死的”。他说的对吗？真的是“穷”死的吗？站在今天的阅读者角度来看，这很好回答，并不是“穷”的问题。祥林嫂的死不是某一个人的责任，而是一群人所拥有的一种或者几种观念使其走向了死亡。短工的回答体现了人们对祥林嫂的冷漠。

但短工为什么会这样说？因为他在那个时代根本认识不到上述这些内容，在这个答案之外，不可能有更好的答案。短工的话，反映了那个时代人们的愚昧与麻木，展现的是一个时代的悲哀。祥林嫂死了，但与祥林嫂同样地位的人并不知道她是怎么死的，甚至连自己成为帮凶也不自知，用《狂人日记》中的话说，就是成为“吃人的人”而不自知。当学生探讨到这个层面，就不仅仅是学习了小说的内容、主旨、人物，还真正获得了一个“所以然”。

3. 探究小说情节上的空白

小说不仅是说话的艺术，有时也是沉默的艺术。此处无声胜有声，这是充满意味的无言，是以无言方式进行的言说。小说艺术上的含蓄性，常常在于有许多逻辑上的空白。因此，要赏析小说含蓄的言外之意，就要有质疑、探究的意识，用想象加入文本的创造。

比如汪曾祺《大淖记事》中，写十一子和巧云在沙洲上幽会，正是情至极浓处，却以极简笔墨出之：

> 他们在沙洲的茅草丛里一直待到月到中天。
>
> 月亮真好啊！

这其间有许多未及说出的滋味，就要依靠读者的生活经验和想象去补充。

契诃夫的小说《万卡》中，鞋铺的小学徒给爷爷写信，讲述他辛酸的遭遇，并热切地请求爷爷把他接回乡下去。但作品结尾却没有写出事情的结果，出现了空白。作者从万卡寄出的信封上的“乡下爷爷收”，作了暗示。从这里，读者尽可以充分地想象、补足空白中本已存在的结局，体味农奴社会中劳动者惨淡无望的生存处境。

四、质疑与评估已有的观点

小说的语言或主题常常具有丰富性、含蕴性的特点，因而对其的理解也会因读者的立场、学识等差异而出现不同。那么，对他人观点的质疑与评估则是批判性阅读的一种重要方式。

例如，《项链》是常读常新的一篇小说，语文教材编写者最初认为它的主题是通过玛蒂尔德这个形象，尖锐地讽刺了虚荣心和追求享乐的思想。①

有同学也这么认为，他说：

> 我认为她是一个很爱慕虚荣的人。她出身不是很好，

---

①　参见人民教育出版社1990年版高中《语文》第二册《项链》“预习提示”。

却很向往贵妇人的生活，崇拜有钱的同学。那有钱的同学是她的好朋友，但是她除了在借项链这件事情上去跟她见过以外，别的事情上却没有去和她进行过交流。而她之所以不敢去，是因为她感觉自己和同学有身份的差距。正是因为这个原因，她后来白白辛苦了十年。因而是讽刺了虚荣心和追求享乐的思想。

这个论述有没有问题？

这个论述确实有一定道理，他讲的是基于事实的推理。但是他只看到了玛蒂尔德的一个方面，从小说中我们还可以看到她诚信的一面。她弄丢了项链后，买了一条一模一样的项链还给了佛来思节夫人，然后再去慢慢还债，而且是用自己的劳动来还债。这也是一种可贵的品质。

诚信背后又可看出玛蒂尔德的单纯。她成了路瓦栽夫人，想做一件新衣服，只能用眼泪去求得丈夫的同意；没有首饰又想得到，显出一副无可奈何的苦恼样子，丈夫出了借首饰的点子后，“她发出了惊喜的叫声，‘真的！我倒没有想到这个！’”借到项链后又跳又搂又亲又跑，活脱脱地写出了一个单纯女子的形象。当她买了真项链归还女友时，还担心女友把她当作贼，这种单纯几乎到了“迂”的地步。十年后，她把归还项链的真相告诉女友时，“带着天真的得意的神情笑了”，依然那么单纯。

单纯，还表现在她的思想中丝毫没有“假”的概念，更不用说去辨别首饰的真假了。或者说，正是因为单纯，她在无力购买真首饰时，既没有想到如实相告，也根本想不到去买价廉的仿真首饰冒充；她在挑选女友的首饰时根本没有想到还会有假首饰；等等。单纯，还说明玛蒂尔德的浅稚，如山中的溪水，清澈却不免浅显；如暖房中的花朵，美丽却显得嫩弱。

还有勇毅。在失项链、赔项链之后，玛蒂尔德为了还清债务，面对着残酷的困境，“她一下子显出了英雄气概”，不气馁，不悲观，不走歪门邪道，更不出卖自己美丽动人的容貌，而是依靠自己的一双手，“一个铜子一个铜子地节省她那艰难的钱”。十年还债，锤炼了女主人公，使她成熟、坚强，使她在性格层面上迸发出了新的特性——勇毅。

因此，主题分析如果仅仅停留在批判“爱慕虚荣”的层面，显得太片面、太肤浅，还要看到主人公性格中美好的一面。但是，这些品质固然是美好的，可终究付出了十年时光的代价，付出了青春美貌的代价，这种美好品质与结局的矛盾形成了巨大的张力，引发我们继续探索这背后更深层的内涵。

可以说，小说通过玛蒂尔德借项链而失项链的悲剧，向爱美的女性发出了严肃的警示：仅凭单纯的爱美之心，而缺乏经验，缺乏涉世能力，缺乏辨识真善美和假恶丑的眼光，只看外表不识本质，是要付出惨痛的代价的！

或者，也可以说，《项链》表现了小人物对命运的抗争和毁灭，表达了作者对他们在命运面前无能为力的境遇的深深同情；[①]《项链》表明人的命运是由意料不到的“造化”安排的。[②]

第三节 小说文本的课例分析

一、《骑桶者》教学案例

（一）教学背景

当时正值高三，学生在复习过程中接触到的大多是现实主义小说，渐渐地便有了审美疲劳。为了让学生接触到不同风格的作品，也为了使学生改变单一的、模式化的阅读小说的方式，我选择了卡夫卡的《骑桶者》作为教学内容。

在教学之前，我也曾纠结过是否需要给学生介绍作者及其作品的问题，毕竟“知人论世”是经典的文本解读方式；而对于这样一篇“特殊的”文本，学生如果暂时抛开作者等信息，

---

① 参见王吉明.《项链》主题的再讨论.甘肃联合大学学报，2008 (1).

② 参见钱理群.名作重读.上海：上海教育出版社，2006.

没有了先入为主的想法，能更加尊重、重视文本本身，或许能解读出更丰富的主题，碰撞出更激烈的思维火花。

因此，综合考虑之后，我认为作者的生平及其创作是需要介绍的，只是并不需要放在教学的导入阶段，不妨在教学过程中或进行课堂总结时相机进行扼要介绍，也能收到“奇效”。

（二）教学过程

1. 从整体上感知小说的主题

（因为在课前就要求学生独立阅读文本，所以设计这一环节的目的一方面是检测学生的文本熟悉程度，另一方面也是想听一听学生读完小说后最直观、最真实的感受。）

师：初读卡夫卡的这篇小说，你的直观感受如何？能否用简要的一个词语或者简短的一句话来概括？

生 1：艰涩。

生 2：不知所云。

生 3：感觉很高端，考试应该不会考这样的小说吧？

师：那不妨大胆地揣测一下，这篇小说想反映什么样的主题？

生 4：社会黑暗。

生 5：人情冷漠。没有人愿意把煤借给“我”。

生 6：第一次世界大战后（应该是）欧洲人民遭受的创伤。

师：大家的回答多少都有一些道理，但并不全面。关于“主题”上的难题看来是无法迅速解决，那还是回到文本中，从作者精心设置的人物和场景中寻找线索。

（从学生的回答不难看出，学生基本还是按照原先的分析现实主义小说的“套路”来看待这篇小说，思维的惯性和局限性暴露无遗。因此，学习这篇小说的意义不仅仅在于了解卡夫卡的小说创作风格，拓宽视野，更多的是为了打破学生固有的阅读模式，培养学生的批判性阅读与思考的能力。）

2. 关注小说中的“人”

（这虽然是一篇理解难度颇大的现代主义小说，但并非没有“突破口”，它同样具备小说的基本要素。因此，在理解、分析小说时，不妨从相对“好懂”的人物入手，目的是理清不同人物的身份和相互关系。）

师：小说中出现了哪些人物，他们的身份分别是什么？

生7：分别是“我”——一位贫穷得要去借煤的人，还有煤店老板夫妇。

师：“我”和煤店老板夫妇之间的关系如何？

生8：关系应该是比较紧张的。因为“我”渴求着煤，甚至近乎在乞讨了，但老板夫妇最后并没有借给“我”煤。

生9：我觉得应该分开来说。老板本人对“我”还是有些同情的，他认为来的是一位老顾客，知道用话打动自己；而他的老婆对“我”则非常冷漠，认为根本不存在“我”这样一位顾客，甚至以照顾丈夫为由，亲自出去查看虚无的顾客。

师：也就是说老板夫妇之间存在分歧。那么是不是由于老板妻子的阻挠，导致“我”最终没有借到煤？

生 10：我觉得是的。老板娘的冷漠和阻挠，致使“我”在那样贫穷的处境下不可能借到煤，反映出当时社会的冷漠、缺少温情。

生 11：我觉得并不是这样。老板妻子虽然表现得很冷漠，甚至有些恶毒，但这些特点都是通过“我”的主观感受表达出来的，客观上这位妻子是什么形象有待商榷。

生 12：我仔细体会了一下，觉得老板夫妇之间是在进行正常的对话，但“我”和老板夫妇之间的对话比较奇怪，似乎在“各说各话”。正常的交流都没有发生，所以自然就借不到煤了。

师：同学们在关于“我”为什么借煤失败这件事上产生了不同看法，这很正常，这篇小说本来就存在着多义解读的可能性。那么究竟哪一种说法更有道理，同学们不妨三人一组，分角色进行朗读，再做出自己的判断。

3. 设身处地，体验小说中的情境

（设置这一环节的目的，是希望学生能把抽象的文字还原成生动的生活场景，找到代入感，能站在人物的角度考虑问题，细心体会人物的语言、动作、神态等。学生自己在阅读原文的时候，常常会为了追求速度而粗枝大叶地跳读、略读，这对于需要精读的文本来说是非常有害的。所以，要想深入理解《骑桶者》中的人物内心和深刻主题，要想把“角色”“扮演”好，就必须耐下性子，认真揣摩词句。）

生（组1）：“煤店老板！”……（对话过程略。）

生（组2）：“煤店老板！”……（这一组学生与第一组差异明显，其中一人拿着一只水杯当作煤桶，另一人拿着笔和书当作针线和毛衣，在对话过程中增加了一些较为夸张的动作和表情，如有意提高音量、增强语气等。）

（在两组同学示范的过程中，台下的同学反应热烈，常常发出“会心”的笑声。笑声过后，同学们给出了自己的评价。）

生13：我觉得第一组同学的朗读更好一些，因为他们忠实于原著，以声音取胜。

生14：我更欣赏第二组同学的“朗读”，因为他们的“朗读”已经加入了鲜明的个性化解读，有自己的特色，比第一组更有创意，也更有表现力。

师：第一组学生的朗读忠实于原文，用声音诠释了人物背后的心理状态，如“我”的卑微、可怜，老板妻子的无动于衷，整体上值得肯定。第二组学生的“表演”更具有观赏性，有较强的舞台感，已经超越了一般意义上的课文朗读，非常生动、立体地呈现出人物的形象特征。看了这两组同学的示范，大家对“我”借煤失败的原因是不是有了新的想法？

生 15：我从第二组同学的表演得到了启发，我觉得“我”去借煤的方式挺奇怪的，明明可以走着去，为什么非要骑着桶去呢？而且桶又怎么可能无缘无故飞起来呢？所以我认为这极有可能是“我”幻想出来的一次借煤行动，实际根本没有发生。

生 16：我认为是交流障碍带来的结果。在整个借煤的过程中，“我”始终骑在桶上没有下来。这应当是一种象征，表明“我”害怕与人交流，甚至可能有自闭的倾向。

生 17：我认为除了“我”自身的原因之外，从煤店老板夫妇来看，他们的冷漠、无动于衷是造成“我”借煤失败的直接原因。

师：大家的思维比较发散，也关注到了文中的情节和象征意义。的确是这样，现代主义小说常常不按套路出牌，有别于现实主义小说的明确主题。现实生活中那些不可能发生的行为、举动都可能被运用到现代主义小说中，而现代主义小说不再以情节取胜，呈现出来的往往是非常简单的情节，主题却耐人寻味。所以我们在阅读这样的小说时，不宜“坐实”人物身上发生的事件，而应仔细揣摩这些看似怪异、陌生的举动背后的象征意义。人物身上所承载的早已不是单一个体的意义，而是在引导我们思考人类自身的、共同的生存困境。从这个意义上来说，“我”骑着桶去借煤这一荒诞、反常的行为便具有了现实意义：在日益物化的世界面前，人的内心被异化，分明很孤独，却又对交流产生出恐惧心理。

这样的创作倾向，卡夫卡在他的许多作品中都有表现：

《变形记》中的格里高尔·萨姆沙醒来后发现自己竟变成了一只甲虫，他的父母、同事都厌恶他，甚至连一开始同情他的妹妹最终也厌倦了。他虽然还能像人那样思考、感知，但是自身的行为举止、生活习惯都已经完全“甲虫化”了。他最后等来的结局是被锁在房中，在孤独中死去。《变形记》正是典型地采用了荒诞、离奇的手法，把现实变得虚妄起来，又加以具体的细节描写和冷漠的叙述，从而充分暴露出人和人之间只剩下了利益关系。

《审判》常常被认为是代表卡夫卡创作风格成熟的作品。其中的银行职员 K 毫无缘由地被法院逮捕，而法院既没有起诉他，也没有限制他的人身自由。气恼的 K 本以为可以忘掉这件事，但无形的压力使得他主动去关心案情，得来的却是律师和法官的敷衍。直到最后，他在一位神甫那里明白了人在法面前只能选择低头认罪，一切申诉都是无效的，而他的生命也在郊外的采石场终结了。卡夫卡在小说中极尽夸张和象征手法，并且有意识地将时空打乱，让小说显得不合逻辑、充满神秘感和压迫感，展现出人物对社会的绝望。

《城堡》则延续着卡夫卡的个性化创作倾向。土地测量员 K 在城堡附近的村庄工作，他始终没有见到自己的上级，收到的信件内容也是相互矛盾的，最后只能与城堡断绝了联系，在村庄中越陷越深；即使是弥留之际，得到的命令依然是不准进入城堡。在这里，城堡俨然成为一个象征物，象征着混乱、荒唐的现实；而 K 从头至尾，无论采取什么办法，都没能进入城堡。现实在 K 面前既遥不可及，又近在咫尺，让人难以捉摸，更让人陷入深深的煎熬之中，人的生存困境在这里便可见一斑。

（在这里给出作者相关作品的介绍，较为自然、顺畅。学生已经对《骑桶者》的主题有了一定程度的理解，及时地引入对卡夫卡代表作的扼要说明，能够让学生对作家本人的创作风格拥有整体上的把握，也能引导学生有意识地去阅读这些作品，将课堂效益延伸到课外。）

4. 引导学生进行批判性思维：如果能进行有效交流，能否借到煤？

生 18：应该能借到。“我”会努力地展现自己的贫穷，来博得老板妻子的同情。这位妻子对丈夫还是挺关心的，说明她并不是一个完全冷漠的人，那么也就有可能借给“我”煤。

生 19：我认为借不到。作者想要表现的就是一个悲剧式的人物，在性格上存在缺陷。如果有效交流后就能借到煤，这会严重削弱小说的深刻主题。

生 20：我虽然希望“我”能借到煤，但理性告诉我，“我”不可能借到煤。之前说到过，骑桶这一方式的荒诞性象征着这极有可能是“我”臆想出来的一次借煤事件；而“我”骑着桶始终在“二楼那么高，从未降到大门那么低”也充分反映出“我”的傲娇、自以为是，带着这样的态度，即使进行交流了，“我”也是不可能借到煤的。

师：三位同学分别从人物形象、小说主题等方面谈了自己的看法，各有千秋。从我个人的感受来看，我更倾向于第二位同学的看法：悲剧的深刻性就在于表现生活中的残酷和丑恶，这既是伟大小说家的责任和担当，也是读者在阅读作品时必须直面和思考的方向。

（对小说中的主题、人物等，经过师生的共同努力，已经讨论、分析得比较深入，但课堂如果在此打住，就会显得余味不足，留下遗憾。所以，本着提升学生批判性思维品质的目的，也是为了使教学更加充实、有深度，设计了这样一道思考题。）

（江苏省常州高级中学 钱云凯）

二、“看/被看”下的黛玉进贾府：《林黛玉进贾府》教学课例

1. 角度选择

师：人生中有很多重要的见面，黛玉进贾府也有几次重要的见面，那么，她见到了哪些人呢？

生：贾母、王夫人、三姐妹、王熙凤、贾宝玉。

师：黛玉见到贾母、众人、王熙凤、宝玉，是以自己的眼光去看他们，在“看”的同时，也被他们“看”，也就是“被看”。这里面存在着这样一组关系——“看/被看”。我们今天主要解决两个问题：第一，黛玉眼中的他人是什么样的？第二，他人眼中的黛玉又是什么样的？

（本环节意在选择一个教学角度，黛玉进贾府会见到很多亲戚，这些亲戚也在观察黛玉，从“看/被看”的角度切入是

一个较好的选择。）

2. 黛玉眼中的他人

师：黛玉眼中的他人是什么样的？

生：黛玉眼中的三姐妹，第一个肌肤微丰，合中身材，腮凝新荔，鼻腻鹅脂，温柔沉默，观之可亲；第二个削肩细腰，长挑身材，鸭蛋脸面，俊眼修眉，顾盼神飞，文彩精华，见之忘俗；第三个身量未足，形容尚小。

师：这分别是哪三个人？

生：迎春、探春、惜春。

师：各有什么特点？

生：迎春温柔沉默，探春比较能干，惜春还很小。

师：迎春憨实可亲，她有个外号叫"二木头"；探春神采飞扬，比较灵动，具有管理才干；惜春还是个小娃娃。黛玉眼中的众姐妹各具特色，大不相同。再看看这里的描写，有什么特点？

生：很简略，不是具体详细的描绘，没有使用大量的笔墨。

师：为什么呢？

生：她们不是主要人物，以免喧宾夺主。

师：很好，那黛玉眼中的其他人呢？

生：黛玉眼中的王熙凤，在文章的第5段。

师：你能不能把描写王熙凤外貌、服饰的部分给我们朗读一遍？

（生朗读“头上戴着……笑先闻”。）

师：她服装上有哪些颜色？

生：红色、豆绿色、金黄色、翡翠绿。

师：还有珠宝白。这说明了什么？

生：说明她穿的衣服五颜六色，十分艳丽，花枝招展的。

师：而且这些色调都是暖色调，大红大紫，炫目多姿。她服饰的材质方面有什么特点呢？

生：有珠宝、翡翠、玛瑙、黄金等，都是价值昂贵的材料。

师：那你能从中读出什么？

生：她的富贵逼人、华丽雍容。

师：很好。你们再看描写她眼睛和眉毛的部分，说她是“丹凤眼”和“柳叶眉”，知道什么是“丹凤眼”和“柳叶眉”吗？

生：“丹凤眼”就是眼角向上微翘起，“柳叶眉”是眉梢斜飞入鬓的样子。

师：这位同学关注到了注释，很好。请大家看PPT（展示“丹凤眼”和“柳叶眉”），“丹凤眼”就是眼角靠近鼻梁的地方向下尖，眼尾的部分向上微微翘起，像飞扬的凤凰一样，是古代美女的一种标准眼形。此外还有“杏仁眼”“桃花眼”等。“柳叶眉”指眉毛像柳叶一样细长、美丽，也是古代作品中经常出现的一种美女眉形。其实，我觉得这里写王熙凤用“一双丹凤眼”“两弯柳叶眉”就可以了，为什么要说“一双丹凤三角眼，两弯柳叶吊梢眉”呢？

生：我觉得这是一种强调，强调王熙凤的漂亮。

师：是强调王熙凤的漂亮吗？“吊梢眉”是指眉毛尾部飞起来的样子。我们再看一下什么是“三角眼”。（展示 PPT）什么感受？

生：丑，还有点恐怖。（生笑）

师：看看影视剧中的王熙凤，再对照课文的描写，你能读出什么？黛玉眼中的王熙凤还有什么特点？

生：不仅漂亮，还有些心狠手辣，令人畏惧。

师：狡猾，精明干练。你来小结一下。

生：黛玉眼中的王熙凤富贵华丽，美丽漂亮又精明能干，心狠手辣。

师：是一朵带着刺的玫瑰，美中带刺。黛玉眼中的贾母呢？

生：一位鬓发如银的老母。

师：我们可以用几个词概括一下贾母的形象。

生：白发苍苍，慈祥可亲。

师：那黛玉眼中的宝玉是什么样子的呢？我们看他们刚见面时的情景。在文章的第13、14段。你找到了吗？黛玉的心理描写和宝玉的话。

生：黛玉一见，便吃一大惊，心下想道："好生奇怪，倒像在哪里见过一般，何等眼熟到如此！"宝玉看罢，因笑道："这个妹妹我曾见过的。"

师：你能从中读出什么？

生：似曾相识，感觉很熟悉。但黛玉是第一次进贾府，是一个陌生的身份，本来不应该熟悉的。二人竟然有同样的感受，或许这就是一见钟情，心有灵犀一点通。

师：一见钟情是有可能，两个人心心相印，是一种默契，大概就是缘分。那你们看这样改行不行？

（展示PPT）①黛玉看罢，因笑道："这个哥哥我曾见过的。"②宝玉一见，便吃一大惊，心下想道："好生奇怪，倒像在哪里见过一般，何等眼熟到如此！"（生笑）

生：不行，不符合两个人的性格特点。黛玉是以"步步留心，时时在意"的心态走进贾府的，比较小心谨慎，宝玉是比较直率的，有什么说什么。

师：宝玉是贾府独一无二的存在，地位特殊，是贾府的宝贝。黛玉眼中的宝玉是什么样子的呢？文中有刻画宝玉面色、眉毛、眼睛、唇色的两处描写。能找出来吗？

生：一处是："面若中秋之月，色如春晓之花，鬓若刀裁，眉如墨画，面如桃瓣，目若秋波。虽怒时而若笑，即瞋视而有情。"还有一处是："越显得面如敷粉，唇若施脂；转盼多情，语言常笑。天然一段风骚，全在眉梢；平生万种情思，悉堆眼角。"

师：那黛玉眼中的宝玉是什么样子的？

生：是一个眉清目秀、英俊潇洒、风度翩翩的年轻公子，一出场就自带男主角光环。

师：从"看"的角度出发，黛玉眼中的他人都一样吗？

生：黛玉眼中的贾母白发苍苍、慈祥可亲，三姐妹形态各异、各具个性，王熙凤美中带刺，贾宝玉英俊多情、似曾相识。

师：为什么不一样呢？

生：跟人物的身份有关。贾母是至高无上的，众姐妹是平辈，王熙凤是权力的实际掌控者，宝玉才是心中的白马王子，才能一见钟情。

师：所以，见贾母叫什么"见"？在"见"前面填一个字。

生：拜见。

师："见"众人叫——？平等的这种，比如总统和主席见面叫——？

生：会见。

师："见"王熙凤呢？书上有个词，找到了没？

生：接见。

师：这里的"接见"跟我们现在的"接见"不大一样，现在一般指上级见下级，在这里"接"是迎接的意思。我们姑且称之为"迎见"。"见"宝玉叫——？

生：邂逅。（生笑）

师：是一个美好的遇见。只有宝玉跟她似曾相识，温暖着一个陌生的、敏感的、小心翼翼的姑娘。

（此环节主要比较黛玉眼中的众人之间的差异，黛玉眼中的贾母、三姐妹、王熙凤、贾宝玉各自都有自己的个性特征，通过黛玉的视角表现众人之间的不同，背后隐藏着身份、地位的巨大差异。而黛玉眼中的宝玉和其眼中的其他人并不一样，启迪学生通过比较、分析，既发现每个人的个性，又洞察黛玉和宝玉之间的微妙关系。）

3. 他人眼中的黛玉

师：他人眼中的黛玉又是什么样子的呢？

生：贾母眼中的黛玉在第2段，"方欲拜见时，早被他外祖母一把搂入怀中，心肝儿肉叫着大哭起来”，是贾母的心肝宝贝。

师：疼爱有加、内心产生怜悯，在第3段里也有。

生：“我这些儿女，所疼者独有你母，今日一旦先舍我而去，连面也不能一见，今见了你，我怎不伤心！”

师：这句话怎么去理解？

生：贾府非常疼爱黛玉的母亲贾敏。因为黛玉是贾敏的女儿，贾敏又死了，所以贾母睹人思人，看到黛玉就像看到自己的女儿一样，岂能不伤心？

师：黛玉就成了她母亲的替代品，这是某种意义上的角色转移。其他人眼中的黛玉呢？

生：王熙凤见到黛玉的时候说的话：“天下真有这样标致的人物，我今儿才算见了！况且这通身的气派，竟不像老祖宗的外孙女儿，竟是个嫡亲的孙女，怨不得老祖宗天天口头心头一时不忘。只可怜我这妹妹这样命苦，怎么姑妈偏就去世了！”从这里可以看出黛玉的美，夸赞黛玉。

师：还有吗？为什么要说“况且这通身的气派，竟不像老祖宗的外孙女儿，竟是个嫡亲的孙女”？

生：实际上是在讨好贾母，因为有贾母的气质，才有黛玉的气质。

师：对，是在奉承贾母，讲话非常伶俐，还安慰了迎春三姐妹，夸赞了这些嫡亲孙女。你接着来。

生：众人眼中的黛玉在第 4 段："众人见黛玉年貌虽小，其举止言谈不俗，身体面庞虽怯弱不胜，却有一段自然的风流态度，便知他有不足之症。"能够看出黛玉的言谈不俗。

师：其实，这句话最重要的信息不是前半句，而是后半句。

生：黛玉有不足之症，身体虚弱，气血不足。

师：所以，众人看到的是黛玉的身体状况，属于物质范畴。而宝玉眼中的黛玉自是不同。

生：宝玉眼中的黛玉是这样的："细看形容，与众各别：两弯似蹙非蹙罥烟眉，一双似喜非喜含情目。态生两靥之愁，娇袭一身之病。泪光点点，娇喘微微。闲静时如姣花照水，行动处似弱柳扶风。心较比干多一窍，病如西子胜三分。"

师：你能从中读出什么？

生：黛玉与其他人是不一样的。

师：请你根据这段描写具体说说。

生：黛玉的眉毛很清淡，是说她营养不良，脸上带有忧愁是说她充满愁思，"病如西子胜三分"是说她有病。

师：能从她的眉毛看出她的营养不良吗？还是其他什么特征？

生：黛玉的眉毛似皱非皱，像轻烟一样清淡，是一种美，还带着点愁思。

师：嗯，也是一种美女的眉形。还有吗?

生：眼睛里似喜非喜，脉脉含情，“心较比干多一窍”是说她聪明。

师：所以，在宝玉眼里，黛玉是一个脉脉含情、体弱多病、多愁善感、聪明灵秀的女孩子。她跟其他姐妹不同的是什么，比如说，跟王熙凤比?

生：王熙凤是华丽雍容、美中带刺的，黛玉是多愁善感、温柔多情的。

师：你看，宝玉眼中的黛玉都没有关于服饰方面的描写，不像王熙凤有着色彩斑斓的服饰。

生：黛玉的美是一种内在的美，美在心灵；王熙凤的美是外在的美，美在服饰。

师：很好。宝玉看到的是黛玉身上“与众各别”的气质和神韵，是一种内在的气质，浸润在骨髓里，流淌在血液里。这就是“气质之美”和“世俗之美”的差别。

生：我感觉，黛玉其实并不美，身体还不好，全身都是病。

生：黛玉的美其实是一种特殊的美，是一种病态的美。

师：是的，黛玉的美是一种忧郁的美，是一种精神的美，她确实不像王熙凤那样具有一种身材之美。贾母、众人、王熙凤、宝玉这些人眼中的黛玉有什么不同？

生：贾母眼中的黛玉是女儿的化身；众人关注的是她的身体状况；王熙凤借赞美黛玉奉承贾母；唯有宝玉认为黛玉“与众各别”，似曾相识。

师：贾母看到黛玉就像看到了女儿的影子；众人是场面上的应酬与寒暄，问问她身体状况；王熙凤眼里的黛玉是讨好贾母的工具；只有宝玉注意到了她的神韵和精神，突破了物质范畴的关心，更多的是精神上的相通，所谓“心有灵犀一点通”。比较他人眼中不同的黛玉，这样写有什么好处？

生：能够突出黛玉的性格特征，每个人眼中的黛玉都是不一样的，他们关注的点不同。

师：多视角地再现一个立体的、“圆形”的黛玉。异中见同，同中有异，比较之间见差异，人物更加丰满，更突出黛玉的内涵和神韵。还有吗？

生：还能看出不同的人有不同的态度，比如，王熙凤、众人对待黛玉和贾母、宝玉对待黛玉就不一样。

师：如何不一样？

生：王熙凤、众人对待黛玉是假的，贾母、宝玉对待黛玉是真的。

师：对，王熙凤、众人对待黛玉是虚情假意的，或是讨好，或是寒暄，贾母、宝玉对待黛玉则是真心实意的，是出自内心的关心和默契。

板书设计：

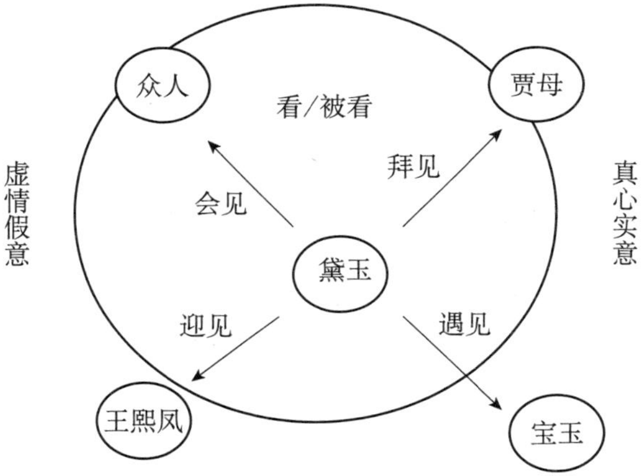

（此环节学生进一步分析、讨论，发现众人眼中的黛玉形象的差异性。众人对黛玉可以分为三种情形：第一种是礼貌性的寒暄，如王熙凤等；第二种是真心实意的关心、爱护，如贾母；第三种是精神的天然耦合，如宝玉。比较三种不同情形，强化学生思维的批判性与深刻性。因此，读小说文本不能仅仅看到“见面”，还要发掘“见面”背后的秘密。）

4. 视角延伸

师：到这里，我们可以小结一下：黛玉看他人，他人看黛玉，形成一种交互式叙事视角。黛玉处于“看/被看”的转换中，这是非常高明的一种视角转换艺术。《红楼梦》中还存在其他的一些叙事视角，比如：（1）第二回“贾夫人仙逝扬州城，冷子兴演说荣国府”，通过冷子兴的视角观察荣国府，从旁观者的角度，演说贾府的人物关系、兴衰转变；（2）刘姥姥三进荣国府，通过刘姥姥的视角，观察贾府，又是另外一个模样。（展示 PPT）这样写有什么好处呢？

生：每个人的感受可能是不一样的，可以形成对比。黛玉是一个官宦家的孩子，是一个大家闺秀，刘姥姥是一个农村的妇女，看到的贾府自然不一样。

师：身份和经历不同，看法也不同。冷子兴有没有去过荣国府？

生：没有。

师：那跟去过的黛玉、刘姥姥有什么不同？

生：没去过或许听说过，冷子兴的说法就像是道听途说，是贾府外面的传言，黛玉和刘姥姥是验证冷子兴的说法是否准确。

师：由外及内，内外互补，既有冷子兴这样的旁观者，又有林黛玉、刘姥姥这样的亲临者参与事件的发生，不同的视角、多维度、分层次，交叉错杂地写出贾府的兴衰荣辱、悲欢离合，塑造出一个个栩栩如生的人物形象。跟我们传统的古典小说，如《三国演义》的叙事不大一样，有什么不一样呢？（展示 PPT）

> 榜文行到涿县，引出一名英雄，这人姓刘名备，字玄德。因家里贫寒，靠贩麻鞋、织草席为生。这天他进城来看榜文。
>
> 刘备看完了榜文，不觉感慨地长叹了一声。忽听身后有个人大声喝道："大丈夫不给国家出力，叹什么气？"
>
> 刘备回头一看，这人身高八尺，豹子头，圆眼睛，满腮的胡须像钢丝一样竖着，声音像洪钟，样子十分威武。那人对刘备说他姓张名飞，字翼德，做着卖酒、屠宰猪羊的生意。他愿意拿出家产作本钱，与刘备共同干一番大事业。
>
> 刘备、张飞两人谈得投机，便一起到村口的一家酒店饮酒叙话。
>
> （《三国演义》第一回）

中国传统的小说多像上面《三国演义》的叙事，以"话说"开始。能不能比较一下视角的差别？

生：《三国演义》的叙述更加单调一些，每一回都是"话说”什么，就像第三人称，主人公做了什么做了什么，主人公都是被作者说出来做了什么；《红楼梦》不仅仅讲主人公怎么做，有的时候还像使用了第一人称，好像主人公自己在做。

师：嗯，一个是站在事件外去描述，一个是参与到事件里。让主人公参与到事件里，使小说叙述不单调，使事件发生更真实，增加代入感，能够丰富人物的心理，见证人物性格的转变，有利于小说从传统的、僵化的叙事表达中解脱出来。视角的转换是小说叙事艺术成熟的表现，是小说由传统走向现代的重要标志。所以，鲁迅说：“自《红楼梦》出来以后，传统的思想和写法都打破了。”（展示 PPT）读小说不仅要读出小说写了什么，还要读出小说是怎么写的。曹雪芹采用的高超的叙事艺术已经具有现代性特征，在以后的阅读过程中我们或许会发现其他更多的方法。

（此环节是提炼小结阶段，比较各种不同视角之间的差异，总结小说的叙事特色，带领学生努力从小说的本体特征去读小说，教给学生思维方法，提升学生的思维品质。）

（江苏省常州高级中学　孔小波）

第三章　散文的批判性阅读教学

什么是散文？一般认为散文的特征是“取材广泛，笔调灵活”，“形散神不散”，但这只是其外部结构特征，散文的本质特征是什么呢？一直没有定论。

因此，有人认为，散文并不是一种严格意义上的文体概念，它只是在文学实践过程中约定俗成的文类概念。在散文的大家族内部，亚种类繁多，差异性巨大，这使得我们对散文特征无法进行准确的概括和描述，给散文教学设计带来一个大难题。但是，对散文文体特征的把握是教学设计的前提，散文的批判性阅读也必须建立在散文文体特征的基础之上，离开了对文体特征的把握，批判性思维也失去了根基。

第一节　散文的审美特征

一、散文的审美观

两千余年以来，中国的散文受不同的审美观的影响，走过了多种不同的道路，表达内容受不同审美观影响而表现出不同的特点。

一是“文以载道”的审美观。三国时期的曹丕在《典论·论文》中曾提出：“文以载道。”唐朝韩愈倡导古文运动，提出了“文章合为时而著，歌诗合为事而作”的主张。宋代周敦颐在《周子通书·文辞》中说：“文所以载道也，轮辕饰而人弗庸，涂饰也。况虚车乎？文辞，艺也；道德，实也。美则爱，爱则传焉。贤者得以学而至之，是为教。故曰：‘言之不文，行之不远。’然不贤者，虽父兄临之，师保勉之，不学也；强之，不从也。不知务道德而第以文辞为能者，艺焉而已。”这里所说的“道”，是指儒家的传统伦理道德。周敦颐认为，写作文章的目的，就是要宣扬儒家的仁义道德和伦理纲常，为封建统治的政治教化服务；评价文章好坏的首要标准是其内容的贤与不贤，如果仅仅是文辞漂亮，却没有道德内容，这样的文章是不会广为流传的。

“五四”新文化运动以前，“道”的核心内涵主要是以儒家思想为基础的政治、文化、伦理、道德等方面的观念，作家个人的思想感情被压抑和扭曲了。“五四”以后，以鲁迅为首的“载道”派，把传统的“道”转换成新的革命文学的内容，强调更多地关注社会人生，批判愚昧落后的国民性，进行自我解剖和反思，试图进行人性改造，重塑个人灵魂的价值观，重建民族心理结构。

二是“表现自己”的审美观。中国古代文学传统中有一支表现“人本”思想的流派。明代李贽提出“童心说”，他强调文学都必须真实坦率地表露作者内心的情感和人生的欲望，割断与道学的联系。清中叶以袁枚为代表的性灵派，在文学创作上主张“性情”。在其论诗著作《随园诗话》中，他提出“诗人者，不失其赤子之心也”，“作诗不可无我”。也就是说，作诗要“真”，“真诗”是心性、性灵的贯注。核心是强调诗歌创作要直接抒发诗人的心灵感悟，表现真情实感，认为诗歌的本质即表达感情，是人的感情的自然流露。

20世纪新文化运动“个人本位主义”思潮催生出了“表现自己”的新散文审美观，“在文章中真实抒写自我的秉性、气质、灵感、情思、习惯、生平经历、身边琐事、人生体验等，生动展示作者率真的思想、率真的感情与率真的精神个性”。[①]它承担的是“言志”“缘情”的审美功能，把作家自身直接作为审美对象，是对“自我”的发现。茅盾在《关于创作》中说：“人的发见，即发展个性，即个人主义，成为‘五四’时期新文学运动的主要的目标。”作品意在表现自己，以“人”的价值标准替代“道”的价值标准，表现个人的思想、性格、精神、情感的人格色彩。散文中的“我”通常是作者自己。

比如以林语堂为代表的“论语派”，把幽默、性灵、闲适作为小品文的审美标准，反对表现社会和人生，用艺术性和娱乐性对抗“载道”的要求。这种作品“是对一种超然古典境界的向往，是安静平和、追求优雅趣味和风格的‘文人’精神的表现，是边缘和独立的、隐士式的境界的体验”。[②]

因此，散文的典型特点是纪实的抒情性感受。[③]散文要写到一些人或事，其最大特点是对自我的叙述，也就是重在叙述作者自己的所见、所闻、所感，是作者内心的独白。作者应该是饱蘸着情感去写作。情感因素概括起来有两方面的共性：其

① 吴周文．散文审美与学理性阐释．广州：广东人民出版社，2016：60.

② 张颐武．闲适文化潮批判——从周作人到贾平凹．文艺争鸣，1993(5).

③ 徐默凡．文体、文体标准和文体适用．语文学习，2009(9).

一，无论写人还是记事，都是写人物的片段或事件的片段，是用生活中的片段来反映人物或事件的特点；其二，无论写人还是叙事，都不忘抒情。散文写人、叙事与小说写人、叙事的区别也就在这儿。小说写人要写全形象，写事要写全过程，要给出一个完整的描述对象。但是在散文中就不是这样，散文是在作者强烈的情感流动过程中给出所描述对象的“一鳞一爪”。

作者以两种方式存在：一是直接呈现，或直接述说自己的经历，或直接抒发自己的思想感情；二是自己隐藏在这些述说中，隐藏在字里行间，隐藏在语言的细节中。散文阅读，就是直接聆听作者的心声，就是与作者直接对话，读出文中的作者。因此，散文阅读教学以“贴近作者”为纲，组织起世界、文本、读者的教学。

三是“言志”与“载道”的交融。“文革”之后，大量作家的作品，以批判“四人帮”罪行和反思“文革”而行载道之旨，并以言志的姿态进行个人情感的抒发。再后来，余秋雨、史铁生、刘亮程、贾平凹等作家的散文，在言志中载道，以言志的方式表现载道的主旨。韩小蕙说：“我要求在自己的文章中，力求跳出小我，获得大我的人类意识，或者更准确地说，是以一己的倾吐表现出人类共同的情感与思考。”许多作家关注社会生活，面对新时期拜金主义盛行、人欲横流的世俗，以及诸多文化悖论的现象，进行反思与批判，表现了他们对国家与社会的强烈责任感与使命感。

二、散文的审美特征

1. 个体特征的精确感受

散文与诗同样都要表达真情实感，但二者又有不同。诗中的事物特征常常是以类的概括性的方式出现，而散文则不是概括的，而是特殊的、客观真实的。

例如写春天，诗中的春天是“春风又绿江南岸”（王安石），概括了春天“由枯黄变绿”的特征；是“天街小雨润如酥，草色遥看近却无”（韩愈），概括了春雨细滑润泽的特征，春草刚刚发芽时，若有若无、稀疏、矮小的特点。而朱自清的《春》则是：

> 一切都像刚睡醒的样子，欣欣然张开了眼。山朗润起来了，水涨起来了，太阳的脸红起来了。
>
> 小草偷偷地从土里钻出来，嫩嫩的，绿绿的。园子里，田野里，瞧去，一大片一大片满是的。坐着，躺着，打两个滚，踢几脚球，赛几趟跑，捉几回迷藏。风轻悄悄的，草软绵绵的。
>
> 桃树、杏树、梨树，你不让我，我不让你，都开满了

花赶趟儿。红的像火，粉的像霞，白的像雪。花里带着甜味儿；闭了眼，树上仿佛已经满是桃儿、杏儿、梨儿。花下成千成百的蜜蜂嗡嗡地闹着，大小的蝴蝶飞来飞去。野花遍地是：杂样儿，有名字的，没名字的，散在草丛里，像眼睛，像星星，还眨呀眨的。

…………

雨是最寻常的，一下就是三两天。可别恼。看，像牛毛，像花针，像细丝，密密地斜织着，人家屋顶上全笼着一层薄烟。树叶儿却绿得发亮，小草儿也青得逼你的眼。傍晚时候，上灯了，一点点黄晕的光，烘托出一片安静而和平的夜。在乡下，小路上，石桥边，有撑起伞慢慢走着的人，地里还有工作的农民，披着蓑戴着笠。他们的房屋，稀稀疏疏的在雨里静默着。

诗所描写的客观生活特征是概括的特征，省略了事物的特殊过程、差异和变化，是普遍的共同的特征，没有时间和空间上的差异，是一种抽象的类的特征。而散文中事物的特征并不是普遍的、统一的，更加客观写实，更加鲜明形象，更加精确，它有空间和时间上的变化，是一种个体的特征。比如对视觉的描写，王安石概括了春天“绿”的特点，韩愈抓住了春天绿色若有若无的特点，朱自清则写出了各种色彩。不仅从色彩上写，还从形象、神态、触觉、嗅觉、空间等角度来写。

2.“真情”的本质特征

所谓真情，是指作者绝对真实地抒写自己的思想和感情，并且绝对真实地抒写自己的内心体验和对客观事物的感悟与思考。①

这种“真”的本质，一方面有中国的传统渊源，上可以追溯到孔子的“修辞立其诚”和庄子的“法天贵真”（直率自然），中可以上溯到明清时代的“童心说”与“性灵说”；另一方面是“五四”新文化运动时期，深受西方人本主义思想和英式随笔的影响。

蒙田的“怀疑论”从文化传统与客观世界的审视转向人的主观世界，强调率真、坦诚地描写和剖析真实的自我，以求真、求善与求美的姿态写作。尼采在《查拉图斯特拉如是说》中主张人的心灵在宽阔的回旋路上追上自己，达到生命的最根本的形式——超人。柏格森的“直觉主义”学说认为“唯一实在的东西是那活生生的、在发展中的自我”②，艺术创作的实质

① 吴周文．散文审美与学理性阐释．广州：广东人民出版社，2016：57.

② 朱青生，等．西方现代哲学与文艺思潮．上海：上海文艺出版社，1987.

是自我直觉的过程。西方现代主义文学把艺术的立足点从客观转向主观，从外在的客观转向内心体验与发现，真实地表现潜意识、非理性的自我。

在这些思想影响下，中国当代散文逐渐摆脱了几千年来“文以载道”的扭曲和遮蔽，开始建立起作家个性本真的审美观念。正如林非所说：“散文创作是一种侧重于表达内心体验和抒发内心情感的文学样式，它对于客观的社会生活或自然图景的再现，也往往反射或融合于对主观感情的表现中间，它主要是以从内心深处迸发出来的真情实感打动读者。真挚地表现出自己对于整个世界独特的体验与感受，这确实是散文创作的基石。”①

这些作品中的真情实感，是作家自我本真的思想、情感、感悟和思考，既有对自我心灵深处的探索与追寻，也有对人与社会、人与自然等诸多关系和问题的探究和理性思辨。这些内容反映着作者人文精神的广度、深度和力度。比如坚守本真人性，拒绝名利的诱惑，追寻、探索生命的自由价值；比如对抗自私本性，表现对人类的博爱之心；比如对社会的忧患意识、责任意识，对社会现象的反思与批判，关注普通人，对弱势群

① 林非．林非论散文．南昌：江西高校出版社，2000：406.

体生存境遇的悲悯情怀；等等。这些内容表现出作家的智慧、胸襟、气度、性情等精神气质的美。这种真人真事、真景真物、真情告白，才能与读者的心灵进行碰撞、交流，产生共鸣，使读者产生感同身受的审美期待，获得审美的愉悦。

因此，正如吴周文所说，作者的个性本真，是散文审美的生命核心。①

3.“真情”的辨析

写作是对心灵的反映，是对社会认知的表达，归根结底是对自我的一种表达。然而人有善念，也有恶念，还有许多介于善恶之间，或者非善非恶，或者亦善亦恶的念头。人对外界事物的认知也有对有错，有模糊与清晰，有发展变化。人实在是一个复杂的矛盾体，单纯用“真情实感”涵盖散文中所应表达的情感态度，实在是过于简单、片面。现代社会，是价值多元的时代，“文以载道”要看载的是什么道，“纯真”的性情又是怎样的纯真。

如果散文中只表现自然属性的本我或超我，则显得狭隘与片面，容易走向伪崇高或者格调低下的泥潭。按照弗洛伊德的理论，“我”分为三种：本我、自我、超我。

---

① 吴周文．散文审美与学理性阐释．广州：广东人民出版社，2016：75.

本我即原我，是指原始的自己，包含生存所需的基本欲望、冲动和生命力。它是人最为原始的、属于本能冲动的欲望，如饥饿、生气、性欲等。本我是一切心理能量之源，本我按快乐原则行事，它不理会社会道德、外在的行为规范，它唯一的要求是获得快乐，避免痛苦，本我的目标乃是求得个体的舒适、生存及繁殖，它是无意识的，不被个体所觉察。本我是没有理性、逻辑、价值观、道德感和伦理信条的。总而言之，本我是过分的、冲动的、盲目的、非理性的、非社会化的、自私的，并且是纵情享乐的。

自我，是自己可意识到的执行思考、感觉、判断或记忆的部分，自我的机能是寻求本我冲动得以满足，而同时保护整个机体不受伤害，它遵循的是“现实原则”，为本我服务。

超我，是代表良心、社会准则和自我理想的，是人格结构中代表理想的部分。它是个体在成长过程中通过内化道德规范、内化社会及文化环境的价值观念而形成，其机能主要在监督、批判及管束自己的行为。超我的特点是追求完美，要求自我按社会可接受的方式去满足本我，它所遵循的是“道德原则”。“文以载道”之道则类似于“超我”。

本我、自我、超我共同构成了人的完整人格。弗洛伊德认为，只有三个“我”和睦相处，保持平衡，人才会健康发展。

这三个“我”的矛盾、对立、协调才是真正的我、完整的我。因此，写文章不是只片面写其中的一个我，而是写出三个“我”的协调与平衡，即真实的“我”。

然而，这三个“我”与性情的“纯真”又有怎样的关系？一方面，这与东西方对人性认识的出发点不同有关；另一方面，与人性的复杂有关。弗洛伊德的理论是在西方人性恶的基础上发展起来的，他看到了人性中本能的欲望与冲动。当然，他也承认人性中美好的一面，但他认为那是在成长过程中道德内化而产生的。而性情的“纯真”，比如“童心说”，则是从人性善的基础上发展起来的。这一观点认为人性中本身就有美好的东西，人们要回到最初的内心世界，去聆听内心最深处的声音，表达“率真的思想、率真的感情与率真的精神个性”。

不同的人或许会有不同的内心世界。有的人也许生来就有一颗纯洁、美好的心灵，因而需要回到内心去寻找这种“纯真”。而有的人也许生来邪恶的成分多一些，他需要在后天的成长中不断进行道德规范的内化，然后成就自己的美德。

人性的复杂也就为美的认识与表达带来了多种多样的理论和作品，同时也为散文作品的批判性解读提供了充分的依据。

4. 散文的审美愉悦特征

散文不像小说、戏剧那样可以虚构，而是要求表现生活的真实、情感的真实，“说真话”，抒真情。但是，散文中的真实与现实生活中的真实和自我的真实是完全一样的吗？生活中的低俗、思想中的阴暗是不是也可以作为散文表达的主旨？

正如孙绍振先生所说，人们对于客观世界的感觉，可能是艺术的，也可能是反艺术的；可能是高雅的，也可能是很低俗的。那么，散文的创作就不能只是把表面的感觉记录下来，而应该是一个把感觉、情感深化、美化的过程，是进行自我反思、批判和人格升华的过程，是把自我的文化底蕴调动起来的过程，同时也是一个心灵表达与精神探索的过程。

因此，散文具有客观与主观的不一致性特点，也具有客观与主观的融合和辩证统一的特点，文章要表达真情实感，并不等于情感的宣泄，需要遵循千百年来文学创作所积淀的美学传统。

（1）情感美

散文直接面对的是宇宙间最美丽的生命体——人，直接面对的是最为丰富多样的生命的情感体验。散文往往成为作者内心情感最自然的最熨帖的寄托。实现散文的审美功能，需要循其语言表征，追寻它直抒或隐含的人物情感，在对这些情感的理解认同和反复体味中提升审美品位。

情感中或多或少地体现着人性美。冰心曾说，当一个人物、一桩事迹、一幅画面具体体现出的人性美向你袭来时，它就像一根扎到心尖上的长针、一阵卷到你面前的怒潮，你只能用最真切最简练的文字，才能描绘出你心尖上的那一阵剧痛或那一抹幸福。

莫怀戚《家园落日》中有这样的文字：

> 很久以来，我都有种感觉：同是那个太阳，落日比朝阳更富爱心。
>
> 说不清楚这是因为什么；当然也可能是，眼睁睁看它又带走一份岁月，英雄终将迟暮的惺惺惜惺惺，想到死的同时就想到了爱。
>
> …………
>
> 两只小狗在落日里追逐；老牛在落日里舐犊……有一天有一个老农夹在两匹马之间，在光滑的山脊上走进了太阳。马驮着驮子。老农因为老了，上坡时就抓着前面的马尾巴。后面的马看见了，就将自己的尾巴不停地摇着。
>
> 我不禁热泪盈眶；一种无法描述的爱浸透全身。
>
> 这个迟暮的老农！他随心所欲的自在旷达让我羞愧……我突然想到就人生而言，迟暮只有一瞬，长的只是对迟暮的忧虑而已。

朝阳与落日作为客观事物，本没有情感，李商隐那里是“夕阳无限好，只是近黄昏”，而在莫怀戚的心里，落日则有了爱心，这是他独特的思想。这个爱心的独特内涵是对生命逝去的悲悯之心。在作者的心灵里，老牛和马也是有情意的，可以说作者是用爱来观察世界，文章中呈现出爱的温情。

（2）意境美

写景散文常常要描写客观之景，然而这种景又绝非纯自然的客观之景，而是作者心中之景。作者依靠意象的描摹营造一种意境、一种氛围，传达出对人生况味的思考与感受。

比如，郁达夫《故都的秋》对北平秋的“色”“味”“意境”“姿态”进行了描绘，在其中寄寓了眷恋故都自然风物的情愫和对美的执着追求，流露出一种沉静、寡淡的心境。我们需要探究：为什么会这样？

“秋天，无论在什么地方的秋天，总是好的；可是啊，北国的秋，却特别地来得清，来得静，来得悲凉。”这“清”“静”“悲凉”，便是故都北平的秋在作家心中最直接的主观感受。一是客观的景物，二是作者的心境，一起构成了一幅美的秋色图。

黄清华在《〈故都的秋〉的画面美和音乐美》一文中对这种自然景物美和情感美做了很好的诠释。

他说，对于自然风物，郁达夫既没有浓妆艳抹地涂饰，也没有对色彩层次的刻意雕琢，只是在生活的底片上稍事点染，便把自然赋予北平秋天的种种神韵呈现给了我们，既反映出秋的特色，又与文章的感情基调达成完美的和谐。他分析了下面这一段：

> 就是在皇城人海之中……早晨起来，泡一碗浓茶，向院子一坐，你也能看得到很高很高的碧绿的天色，听得到青天下驯鸽的飞声……说到了牵牛花，我以为以蓝色或白色者为佳，紫黑色次之，淡红色最下。

这是一幅巨大的画面，带有立体的美感。碧绿辽阔的天空做了画的背景；地面上，五颜六色的牵牛花荟萃成流光泛彩的野花圃；天与地之间，间或出现一两只白色或瓦灰色的驯鸽，点缀在一大片的空白中间，显得疏密得体，浓淡相宜，可与天工媲美。坐在院子里的人，手捧茶碗，举头望碧空，俯身撷牵牛，耳边不时传来驯鸽的飞声，画面有静有动，绘声绘色，秋的美、秋的情趣完全融合在蓝天白花之中。这种清淡中略带一点“野味”的情调，体现出故都秋的质朴美和原始美。从表面看，作者只是信笔而至的点缀，其实作者对色彩的选配是颇具匠心的。这幅画面选用的大多是冷色，如青、蓝、灰、白等，以此来显示深沉、淡泊的特征。若改用红、黄、橙等暖色，就破坏了主观色彩的协调和统一，冲淡了故都秋特有的风味和精神。它是作家审美观点在文学作品中的反映。

郁达夫不仅对客观景物的描绘达到高度的审美价值，更注重从主观感受上来展示北平秋的特色：

> 扫街的在树影下一阵扫后，灰土上留下来的一条条扫帚的丝纹，看起来既觉得细腻，又觉得清闲，潜意识下并且还觉得有点儿落寞，古人所说的梧桐一叶而天下知秋的遥想，大约也就在这些深沉的地方。

用“细腻”来形容“灰土上留下来的”“扫帚的丝纹”还有一定的客观性，而“清闲”“落寞”则完全是主观的情感。一片飘零的树叶能引发作者的情思，几声秋虫的哀鸣更足以牵动心魄，这种深远的忧思和孤独者的冷落之感，正是郁达夫当时的心境。

作者用富有情感的词语绘出了一幅细腻的具有诗一般意境的图画：清、清闲，恬静安谧，这是故都秋的“清”；细腻、幽远，这是秋的“深沉”；落寞、衰弱、萧条，这是秋的“悲凉”。读者可在对秋色、秋味、秋的意境和秋的姿态的体味中，感受作品美的力量。

（3）文化美

写景不仅在于营造一种意境美，还能结合意象背后的文化内涵，呈现出一种文化美。

余光中的《听听那冷雨》是一篇诗质的散文，以听雨（清明时节的雨）为主线，将横的地域感（从美国，到中国台湾，到中国大陆）、纵的历史感（从太初有字、亡宋之痛，到公寓时代）和纵横交错的现实感（人到中年沧桑过后的洞明人生，现代都市对传统意趣的破坏，对永恒的理想追求）交织成一个形象密集、述写瑰丽、情切意浓的美的境界，饱含着丰富的文化底蕴。《听听那冷雨》抒写的是深深的思乡情绪，借冷雨抒情，将自己身处台湾，不能回大陆团聚的思乡情绪娓娓倾诉，更具特色的是这种乡情通过他在文中化用的诗词表现出来。

> 杏花春雨江南，那是他的少年时代了。再过半个月就是清明。安东尼奥尼的镜头摇过去，摇过去又摇过来。残山剩水犹如是。皇天后土犹如是。纭纭黔首纷纷黎民从北到南犹如是。那里面是中国吗？那里面当然还是中国，永远是中国。只是杏花春雨已不再，牧童遥指已不再，剑门细雨渭城轻尘也都已不再。然则他日思夜梦的那片土地，究竟在哪里呢？
>
> 在报纸的头条标题里吗？还是香港的谣言里？还是傅

聪的黑键白键马思聪的跳弓拨弦？还是安东尼奥尼的镜底勒马洲的望中？还是呢，故宫博物院的壁头和玻璃柜内，京戏的锣鼓声中太白和东坡的韵里？

杏花。春雨。江南。六个方块字，或许那片土就在那里面。而无论赤县也好神州也好中国也好，变来变去，只要仓颉的灵感不灭，美丽的中文不老，那形象磁石般的向心力当必然长在。因为一个方块字是一个天地。太初有字，于是汉族的心灵、他祖先的回忆和希望便有了寄托。譬如凭空写一个“雨”字，点点滴滴，滂滂沱沱，淅淅沥沥，一切云情雨意，就宛然其中了。视觉上的这种美感，岂是什么英文、日文、俄文所能满足？翻开一部《辞源》或《辞海》，金木水火土，各成世界，而一入“雨”部，古神州的天颜千变万化，便悉在望中，美丽的霜雪云霞，骇人的雷电霹雹，展露的无非是神的好脾气与坏脾气，气象台百读不厌门外汉百思不解的百科全书。

文章化用了“清明时节雨纷纷，路上行人欲断魂。借问酒家何处有，牧童遥指杏花村”，又化用了“渭城朝雨浥轻尘”，这些古老的诗句，以“变奏曲”形式流韵在字里行间，使现代的雨仿佛是从古代穿越而来，带来了浓郁的文化的气息。不仅如此，还有傅聪的钢琴、安东尼奥尼的电影、故宫的古董以及京戏，这种密集的文化气息让人目不暇接。此外，作者还发现了文字的美感价值。他想起仓颉造字，想起辞书中“雨”部字块视觉的美感和给人的联想所带来的形象的美感。

作者又透过迷蒙烟雨，想起了宋代米芾父子的山水画、王禹偁的听雨屋，到整个的一部“黑白片”的中国历史，似乎是“从片头到片尾，一直是这样下着雨的”。还有从“少年听雨，红烛昏沉”，“中年听雨，客舟中，江阔云低”，写到白发桑榆，“楼上，江上，庙里，用冷冷的雨珠子串成”的一部人的生命史，看出中国古代文人对生命节律的欣赏。人生的感喟，历史的回忆，文学的情致，浪漫的怀想，都深蓄着苍凉与感伤，一同流入读者的心灵深处。

《听听那冷雨》“直接用文字的雨珠，声色光影，密密麻麻，纵横交织而成”，为读者呈现了富有文化内涵的雨幕。

（4）人性美

生活中的人形形色色，生活难免苦涩甚至苦难，难免不尽如人意。这些人与事又有着怎样的意义和价值？又如何看待这些人与事？

杨绛的《老王》，刻画了一个穷苦卑微但心地善良、老实厚道的“老王”形象。老王是一个生活在社会最底层的普通劳动者。无论是在物质上、生理上还是精神上，老王都是一个彻底的“不幸者”。为什么要写这样一个人？

当我们看到这样的“不幸者”却在尽力地帮助他人，为他人着想时，我们可以体会作者的用意所在，在那个动乱的年代，善良的人们依然保持着人与人之间的温情，苦难年代里依然有人性的光辉。

还有更重要的，是在最后一段：“但不知为什么，每想起老王，总觉得心上不安。因为吃了他的香油和鸡蛋？因为他来表示感谢，我却拿钱去侮辱他？都不是。几年过去了，我渐渐明白：那是一个幸运的人对一个不幸者的愧怍。”这样的“不安”，是一个正直心灵的痛苦自审，一个最无责任者对自己责任的拷问，最终她顿然了悟：自己与老王之间的交往，是那样地不公平；自己对老王“钱”的回报与老王对自己“心”的付出相比较，是那样地微不足道。这于她而言无疑是一种揪心的痛。这也正是“几年过去了”之后，杨绛反思生活的一种精神的自省。知识分子精神的自省，更是一种人格精神的升华，是作家深度自我的精神创造的光华。

正如孙文辉所说：能把自己的如此不幸化为幸运的人是慈爱宽容的，能用一颗温和的心去直面不幸而愧怍的人又是冷静高远的。她的愧怍，是知识分子用人类眼光、人类情怀去舔舐我们曾经的创伤，去面对我们苦难后的岁月。这份愧怍，是一个无辜生命体对一切生命欠然状态的全力担荷，是作者自我灵魂的无情审视，更是替一个未曾充分反省、忏悔的时代树立的人类良知标杆。①

（5）哲思美

作者对人生和社会的思考，对生存的探索，就是渗透于散文形象中的哲思。散文这种有别于诗歌、小说的追求，也就是因为它的富含哲理、神魂兼具，就在于其中彰显出生与死、情与理的思辨与包容，一切有关“我”的真情表达。正如著名美学家李泽厚所说，中国古典美学强调对立面之间的渗透与协调，而不是对立面的排斥与冲突，因此文学作品强调的更多的是“情理结合、情感中潜藏着智慧以得到现实人生的和谐和满足，而不是非理性的迷狂或超世间的信念”，其形象强调得更多的是“情感的优美和壮美，而不是宿命的恐惧或悲剧性的崇高”。②

散文的哲思美，是浸融于散文艺术中的哲学思考，也是对存在世界的发现和真理的追索，是散文艺术的升华。哲理以思索的形式进入散文文本，是以本真的生命体验、以深邃的精神创造、以特殊的艺术魅力来表达创作主体对世界、人生、艺术

---

① 孙文辉．《老王》：通往“愧怍”之路．语文学习，2010（6）．

② 李泽厚．美的历程．天津：天津社会科学院出版社，2001：87．

的执着追求、敏锐感悟，使艺术化为生活、求知、处世的真理，使阅读/接受者在美的欣赏中感悟世界的奥秘、人生的真谛，自然而然地接受散文家的审美情感，并与之同构，了解“艺术的整个美，来自思想，来自作者在宇宙中得到的启发的思想和意图”，在审美享受中获得知识的启迪和感悟的愉悦。

《赤壁赋》是苏轼的千古名篇，写于苏轼一生最为困难的时期之一——被贬谪黄州期间。他有政治抱负，希望在功业上有所建树，现在却处在受压抑的贬谪生活中，在月夜江上，他为美好的自然景物所陶醉，但客人的洞箫吹出极幽怨的声调，引起主客之间的问答，转移到关于人生态度的思辨上。他询问客人为什么要奏出这样的音调来。客人于是从赤壁的月夜，想到曹操的诗，赤壁鏖战都成了陈迹，又想到“吾与子何能长存”，于是顿生哀愁。作者的思想感情借客人之口述说出来，把内心的矛盾外化。接着，作者发了一通水月之论、清风明月之喻。苏东坡接受了庄子思想，长江的水天天在流，却并无消长；天上的月亮天天在变，却最终没有变化，“盖将自其变者而观之，则天地曾不能以一瞬，自其不变者而观之，则物与我皆无尽也”。既然如此，又何必悲伤，于是在一番思辨之后，胸怀变得豁达起来。最后，思想感情交流达到和谐统一，“客喜而笑，洗盏更酌”。在这里，作者是借“宇宙现象”，谈论

“变”与“不变”的关系，闪烁着理智的光辉。

散文中升华出思想的张力，在激情中蕴藏着的理性的光芒，使散文呈现出崇高哲思美。这种哲思，使散文成为架起文学和精神世界的桥梁。

第二节　散文的逻辑特征

运用批判性思维赏析散文是从知其然到知其所以然的过程。对于好的散文，具有了一定文学修养的中学生，能够感受到它的美，但是为什么美一般就说不清楚了。批判性思维的意义就在于我们学会为美寻找理由，探寻美学的原理和散文的美学特征。因此，将批判性思维融入散文的教学中，是通过批判性的思考，引导学生从单纯的感性思维中探寻赏析散文的内在规律，实现感性认知与理性升华的统一。

一、散文的逻辑性

散文往往具有形象性、抒情性的特点。散文的创作注重形象思维，但并不只是形象思维在起作用，它从感觉开始，又超越感觉，有着内在的逻辑性。这种逻辑性不是逻辑思维中的严密的逻辑推理，不是逻辑的实证，而是感觉发展变化中的情感、认知发展变化的因果关联和归纳过程。它常常通过想象、联想在起作用，将作者的内在情感运动从无意识领域引入意识领域。

1. 归纳推理：以《花未眠》为例

人类认识世界，总是由认识个别和特殊的事物，逐步扩大到认识一般的事物。归纳推理就是从个别的或特殊的经验事实出发而概括出一般性原理、原则的一种推理方法。在由个别到一般的认识过程中，归纳思想起着积极的推动作用。散文的写作也常常是从个别到一般的认识发展过程。

川端康成在《花未眠》中描绘凌晨四点的海棠花，从这个个别现象引发了一种规律性的认识：

> 凌晨四点醒来，发现海棠花未眠。
>
> 发现花未眠，我大吃一惊。有葫芦花和夜来香，也有牵牛花和合欢花，这些花差不多都是昼夜绽放的。花在夜间是不眠的。这是众所周知的事。可我仿佛才明白过来。凌晨四点凝视海棠花，更觉得它美极了。它盛放，含有一种哀伤的美。
>
> 花未眠这众所周知的事，忽然成了新发现花的机缘。自然的美是无限的。人感受到的美却是有限的，正因为人感受美的能力是有限的，所以说人感受到的美是有限的，

自然的美是无限的。至少人的一生中感受到的美是有限的，是很有限的，这是我的实际感受，也是我的感叹。人感受美的能力，既不是与时代同步前进，也不是伴随年龄而增长。凌晨四点的海棠花，应该说也是难能可贵的。如果说，一朵花很美，那么我有时就会不由地自语道：要活下去！

作者从“凌晨四点醒来，发现海棠花未眠”这一外在的感觉，生发出内心的感受，发现“它盛放，含有一种哀伤的美”，进而认识到：自然的美是无限的，人感受到的美却是有限的。从花未眠这件事感受到了海棠花的美，进而想到了自然美的无限性，包含着对自然永恒的敬畏与对个体生命短暂的哀叹。从个例到美的普遍性的认知，正是一种归纳推理。

这种归纳推理并不只是单纯的感性认知，它包含了推理的过程。川端康成说：“悲哀这个词与美是相通的”，海棠花的美便在于它的“哀伤”，它的“哀伤”之美在于夜间盛放，无人欣赏的孤独与寂寞。这是对“哀伤”之美内涵的阐释。盛极必衰，“迎接这一刻盛开的是下一刻的凋落”，盛开预示着衰败凋谢的来临，这是作者对生命的短暂发出的感叹。正如川端康成在下面文字里所表述的：“事物好不容易如愿表现出来的时候，也就是死亡”，“只要有点进步，那就是进一步接近死亡，这是多么凄惨啊”。夜间盛放的海棠花蕴涵着的浓厚的生命孤独感、短暂感、悲剧感、虚无感便形成一种美，一种哀伤的美。这是川端康成个性化的情感体现和审美基调，但也是普遍性的审美特征，是日本文学的审美基调——物哀之美。

作者的情感不是仅停留在初步感觉的新鲜上，而是写出了新鲜感产生的过程，写出了内在感情的转移，形成了感觉的层次性和丰富性。这种感觉的层次性和丰富性说明美的产生也是理性推进的过程。

作者从壁龛里摆着的一朵插花想到了“哀伤”之美，这是一种新鲜感的层次，随之又想道：“与这同样的花自然开放的时候，我会这样仔细凝视它吗？只摘了一朵花插入花瓶，摆在壁龛里，我才凝神注视它。”进入另一种层次：为什么会在这个时候凝视它，想到这些？于是，又从花想到文学，想到画：“今天的小说家如同今天的歌人一样，一般都不怎么认真观察自然。大概认真观察的机会很少吧。壁龛里插上一朵花，要再挂上一幅花的画。这画的美，不亚于真花的当然不多。在这种情况下，要是画作拙劣，那么真花就更加显得美。就算画中花很美，可真花的美仍然是很显眼的。”得到了反思：我们仔细观赏画中花，却不怎么留心欣赏真的花。从而引发感慨：美感的事物要去亲近，去探知，去认真观察，而不能仅凭头脑想象。

由此，我们发现，散文并不只是形象思维在起作用，它有着内在的逻辑性。当然，这种逻辑并不是实证的逻辑，要注意感性与理性的平衡与协调，理性过强可能会损害散文抒情的审美特征。

余秋雨的文化散文同样具有这种特点，在自然的景观面前，他将感情的抒发和智性的文化深思结合起来，把对自然景观的赞叹和文化景观的阐释统一起来，成为散文大家。

2. 因果推理：以《我心归去》为例

根据客观事物之间都具有普遍的和必然的因果联系的规律性，通过揭示原因来推论结果，或者根据结果推论原因，就是逻辑学中的因果推理。因果推理是基于前因后果间存有的确凿关系，也就是两事物间必有其依存的关系。

韩少功的《我心归去》是写他旅居法国时仅待了一个月就想回国的事。法国不好吗？为什么只待了一个月就心归去了？可以说，这篇文章就是在解释他产生这种心理的原因。这属于因果推理中的溯因推理，是从已知的结果出发，寻找其原因；或从已知的推断出发，追溯其理由；或是从既定的现象出发，探寻其解释的一种推理。

作者如何展开文章呢？

作者不回避法国的好处。一是他在法国居住的是一幢雅静的别墅，前面临海，后面是花园，远离尘嚣，是度假疗养的绝好住处，如文章第 1 段中指出：“一幢雅静的别墅”“大”“环境优美”。二是法国环境的优美，有繁华酥骨的都会，有静谧侵肌的湖泊、幽深奇诡的城堡、融化你所有思绪的大森林，等等。三是法国是“风雅富贵之邦”。这些说明法国物质丰富，环境优美，是生活的理想场所。

法国确实好，那作者的心为什么依然回归呢？难道作者的故乡比法国还要美？作者的故乡是什么样的？

文章第 6 段中写到故乡贫瘠脏乱，第 8 段中写到故乡浮粪四溢、拥挤不堪、阴沉连日。这些说明故乡远远无法与法国相比，是令人“失望”的。那为什么作者还要回去？这有悖于常理，作者是如何解释这个问题的？

作者首先通过描写在“异乡”的感受来回答思念故乡的原因。

在异乡的感受是：冷清、虚空、发疯。例如，“这里的一切声响都弃你而去”，我们每个人都生活在声响的包围中，比如，早上厨房里妈妈煎鸡蛋的声音，是在为你准备早餐；晚上房门的转动声，是爸爸为你端来了削好的水果；老师讲课的声音是在为你传授知识……在法国时，韩少功的耳朵里，一切带有生活气息的声响都弃他而去，他觉得寂寞，有种被冷落的孤独无助感。

“法语法语法语，把你囚禁在一座法语的监狱无处逃遁”，“法语”的重复写出了作者离开了熟悉的环境、熟悉的人群、熟悉的文化，甚至熟悉的母语，因无法交流自然而然产生的孤独感。这种孤独感就如同在监狱中人失去了自由，处于精神的困境。

“对吊灯做第六次或六十次研究”，用单调的重复写出无聊至极的精神状态，六次已经让人倍感无聊了，何况是六十次，会有一种让人发疯的感觉。

以上是在异乡的感受，那有没有一种可能，产生这种感受可能是因为不适应，适应之后就好了？不懂法语，可以学啊；想念妻子、孩子，可以把妻子、孩子也接到法国来。是不是一定要回去呢？故乡贫瘠、脏乱，法国却有繁华酥骨的都会、静谧侵肌的湖泊、幽深奇诡的城堡，两者相比，反差太大，难道这些还留不住他的心？

因此，上述原因还不够充足，作者进一步深入探寻背后的原因。

故乡不仅有自己的亲人，还有自己的过去，通过故乡的景与物能将自己过去的点点滴滴联系起来，有让人回忆的东西，从而感觉到自己过去曾存在过，确证了自己的存在。故乡有自己的血、泪、汗水，成了生命中的一部分。因此，即使故乡贫瘠、脏乱，但故乡有月光下的小路，有田中的犁，也有美好的一面让人留恋。

可是，作者对故乡也有失望。第 8 段连着 6 个失望，这种失望能滴血啊！这又怎么让人愿意归去呢？

作者进一步探寻这背后隐藏的心灵密码，他写道：“血沃之地将真正生长出金麦穗和赶车谣。”意思是说故乡将生长出丰收的果实，因而物质上将会丰裕；故乡还生长出歌谣，精神上让人充实。

因此，对故乡的失望含有更美好的期望，正如蒋光慈《哀中国》中所说：

> 我不相信你永沉沦于浩劫，我不相信你无重兴之日。

正如食指的《相信未来》所说：

> 当蜘蛛网无情地查封了我的炉台
> 当灰烬的余烟叹息着贫困的悲哀
> 我依然固执地铺平失望的灰烬
> 用美丽的雪花写下：相信未来。

即使如此悲哀，即使是真的失望，但依然执着地相信未来，因为这是对祖国的真爱。这是浸着心血、发自内心的爱，这种爱，才能引发有价值的物质与精神的创造。人不会对故乡真正失望，相信自己的劳动和奉献会使故乡繁荣富强。

沈从文说过，“美丽总是使人忧愁”。这种美是悲中之痛，悲中之怜。痛之深，正是爱之切。这种悲存在于很多的文学作品中。艾青在《我爱这土地》中这样写：

> 假如我是一只鸟
> 我也应该用嘶哑的喉咙歌唱：
> 这被暴风雨所打击着的土地，
> 这永远汹涌着我们的悲愤的河流，
> 这无止息地吹刮着的激怒的风，
> 和那来自林间的无比温柔的黎明……
> ——然后我死了，
> 连羽毛也腐烂在土地里面。
> 为什么我的眼里常含泪水？
> 因为我对这土地爱得深沉……

作者通过从外在感觉到内在感觉的多层转移，探寻背后深层的心理、文化因素，以一种合乎因果推理的逻辑，传达了对故乡的强烈感情、对精神家园的守望。

文章表达的是作者个性化的情感，然而这种个性化的情感又具有普遍的意义和价值，是海外游子所共同拥有的一种心理，也是自古以来众多游子的共同心理。千百年来，许多诗人都在吟唱着自己的故乡。如李白《春夜洛城闻笛》："谁家玉笛暗飞声，散入春风满洛城。此夜曲中闻折柳，何人不起故园情。"又如李益《春夜闻笛》："寒山吹笛唤春归，迁客相看泪满衣。洞庭一夜无穷雁，不待天明尽北飞。"

他们在旅途中，在异地他乡，在四处漂泊中，吟唱着对家乡的深切的思念。无论走出多么远，故乡都在血液里悄悄潜流，直到有一天突然涌上心头，使人们忍不住回头眺望。这些思念虽然充满了悲愁，但人们又何尝不是用这种悲苦的思乡之情，慰藉着漂泊孤寂的灵魂，使心灵有一个可以停泊的港湾。

二、散文的反逻辑性特征

散文作家在叙事、抒情时，有时会违背客观的真实，但仍然遵循情感的真实，给出了情感的逻辑解释。如《我心归去》，明明法国无论是物质条件还是自然环境，都比故乡好，但作者就是认为故乡好。但在有的散文中，作者所表达的却是违反逻辑的，没有给出任何解释和说明，却体现出幽默的特性，这便是一种反逻辑性的散文。

1. 逻辑谬误：以《从百草园到三味书屋》为例

鲁迅在《从百草园到三味书屋》中写长妈妈曾经讲的一个故事：

> 先前，有一个读书人住在古庙里用功，晚间，在院子里纳凉的时候，突然听到有人在叫他。答应着，四面看时，却见一个美女的脸露在墙头上，向他一笑，隐去了。他很高兴；但竟给那走来和他夜谈的老和尚识破了机关。说他脸上有些妖气，一定遇见“美女蛇”了；这是人首蛇身的怪物，能唤人名，倘一答应，夜间便要来吃这人的肉的。他自然吓得要死，而那老和尚却道无妨，给他一个小盒子，说只要放在枕边，便可高枕而卧。他虽然照样办，却总是睡不着，——当然睡不着的。到半夜，果然来了，沙沙沙！门外像是风雨声。他正抖作一团时，却听得豁的一声，一道金光从枕边飞出，外面便什么声音也没有了，那金光也就飞回来，敛在盒子里。后来呢？后来，老和尚说，这是飞蜈蚣，它能吸蛇的脑髓，美女蛇就被它治死了。
>
> 结末的教训是：所以倘有陌生的声音叫你的名字，你万万不可答应他。
>
> 这故事很使我觉得做人之险，夏夜乘凉，往往有些担

心，不敢去看墙上，而且极想得到一盒老和尚那样的飞蜈蚣。走到百草园的草丛旁边时，也常常这样想。但直到现在，总还没有得到，但也没有遇见过赤练蛇和美女蛇。叫我名字的陌生声音自然是常有的，然而都不是美女蛇。

长妈妈根据故事得出的结论明明是极其肤浅和片面的，甚至是愚昧和错误的，但作者并没有直接点明，反而用一种平静的语气叙述，“所以倘有陌生的声音叫你的名字，你万万不可答应他”，没有进行任何夸张、暗示；还说“这故事很使我觉得做人之险”，“极想得到一盒老和尚那样的飞蜈蚣”，可是直到现在还没有得到，像是真的一样。但实际上这并不是真的，而是与事实构成一种反差。孙绍振先生说：“对于有修养的读者来说，这种反差形成一种幽默的趣味。这种幽默趣味以字面上不点明为条件，一旦点明，就荡然无存。”他所说的“修养”是指什么？是指基本的逻辑思维能力，也就是要能看出长妈妈所得出的结论是一种简单归纳谬误。如果看不出这种谬误，也就不明白这种反差，当然也就领悟不了这种幽默的趣味。

2. 归谬推理：以《借书不还，天打雷劈》为例

柏杨先生在《借书不还，天打雷劈》一文中写到酒柜大兴和讨书两件事，幽默风趣，令人捧腹。

酒柜大兴，不过现象之一。柏杨先生想当年阔的时候，客厅之中，就也有酒柜在焉，因为我老人家是不吃酒的，所以买了些洋文招贴的空酒瓶，里面灌上洗澡水，俨然一个伟大的西崽，来访客人，无不肃然起敬。偶尔有老朋友，硬要来一盅，我就请他来一盅，结果拉了肚子，病不瞑目（没有灌上尿，正是我老人家忠厚之处，读者老爷不可不知）。

…………

柏杨先生是个老毛驴，泼皮胆大，但就是怕人向我借书，那还不如照腰窝捅我一刀。今年八月，我正在看汉宝德先生译的《文明的跃升》，刚看了一半，吾友李大人光临（我瞧他红光满面兼红光满脸，发财在望，所以尊之为大人，盖烧冷灶之意，将来他真的发了财，我还要称之为老爷哩）。他阁下从我老人家手中把书夺了过去，看了几页，爱不忍释，声言要借。我还没有开腔，他已塞到怀里，扬长而去，而且一去四月，音讯全无。任凭我使出十八般武艺，包括恐吓、哀求，他瞪的眼比我还大。最后忍无可忍，终于在他卧室里人赃俱获，先把该书夺回，宣称内急，而他家的厕所是在大门口的，于是我就驾尿遁而逃。在大门还听他诧曰：“真出了鬼，我刚才放在茶几上

> 的朗生打火机怎么不见啦。”呜啦，打火机不见啦不过略施小技，以示薄惩，以后如果胆敢再借书不还，恐怕床头那个钻戒也会不见啦。

柏杨先生真的在空酒瓶中灌了洗澡水给人喝吗？恐怕不会。柏杨先生为讨书，真的“驾尿遁而逃”，而且顺手牵走了打火机吗？甚至以后还要拿走钻戒吗？这也不大可能是真的。这是恶作剧，但显而易见是虚拟的，不是真正的恶作剧，而是表现的一种任情、率性、天真的愤激之情。

从逻辑上讲，是一种归谬推理，不直接对对方的论点、论据及论证方式进行正面驳斥，而是按照对方的逻辑和思路推导出一个明显荒谬的结论。在这里，作者是按照对方的逻辑去做出更加荒唐的事，从而达到进攻和批判的效果。但是，作者并没有把目的或结论直接说出来，而是留出了逻辑的空白，这个空白需要读者自己去发现、填充，从而引发心有灵犀般会心的微笑，形成一种共鸣。有进攻的实效，而不显露进攻的锋芒，是一种自我调侃，也是情绪的缓解，达到了幽默的效果。

比如，王小波的散文《椰子树与平等》中这样写：

> 人人理应生来平等，但现在不平等了：四川不长椰树，那里的人要靠农耕为生；云南长满了椰树，这里的人

就活得很舒服。让四川也长满椰树，这是一种达到公平的方法，但是限于自然条件，很难做到。所以，必须把云南的椰树砍掉，这样才公平。假如有不平等，有两种方式可以拉平。一种是向上拉平，这是最好的，但实行起来有困难。比如，有些人生来四肢健全，有些人则生有残疾，一种平等之道是把所有的残疾人都治成正常人，这可不容易做到。另一种是向下拉平，要把所有的正常人都变成残疾人就很容易，只消用铁棍一敲，一声惨叫，这就变过来了。

王小波也是用了归谬推理法，你说要平等，好，那我们来求平等，四川没有椰子树，云南有，不公平，把云南的椰子树砍掉，大家都没有椰子吃，平等了。残疾人与正常人不平等，那好，把正常人打残疾了，就平等了。他没有直接批判哪个观点错误，而通过推出更加荒谬的结果，让读者自己意识到那种观点的错误，正如王蒙所说的“明白人”，却以糊涂的样子出现，说出清醒的道理。这种错位，既是智慧的体现，又形成了幽默的风格。

教师在教学中，首先要了解散文的特点，这样有助于选取恰当的方法，寻找逻辑的或者矛盾的切入点，引发学生思考，推进教学的展开。

第三节　散文文本的课例分析

一、《神的一滴》教学设计

【设计指导思想】

这篇文章行文思路清晰，写景别致细腻，感情充沛丰富，语言别具魅力，作者对自然的钟情充分流露在字里行间。一般的教学重点是理解与鉴赏，即通过把握文章结构和主旨，理解重要词句，鉴赏分析一些写景和议论段落，进而理解该文的深刻内涵。然而怎样算真正理解呢？这样理解的意义又是什么？也许会获得对自然美的欣赏，但我们会像梭罗一样去隐居吗？我们不仅要知道瓦尔登湖的美，更应知道它为什么美以及它对现实生活的意义到底在哪里。这就需要在看似无疑处发现疑问，质疑、思辨，探寻更深层的问题。

【教学目标】

(1) 引导学生品味语言、知人论世，理解作者对自然深厚的感情和对宇宙、人生深刻的思索。

(2) 通过质疑，引导学生深入思考人与自然和谐相处的意义和价值。

（一）导入

美国作家梭罗，就读于哈佛大学，毕业后两年，他独自一人拿了一把斧头，跑到家乡康科德附近无人居住的瓦尔登湖边，亲手建造一个小木屋住了下来。在那里，他独立劳作，自食其力，过着极为简单的生活。两年之后回到康城。七年之后，《瓦尔登湖》这本文学名著出版了。该书最初问世的时候反响并不大，但随着时间的推移，它的影响越来越大，并成为世界文学经典。

(1) 爱默生（美国著名作家、思想家）：美国还没有知道——至少不知道它失去了多么伟大的一个国民。……无论在什么地方，只要有学问、有道德、爱美的人，一定都是他的忠实读者。

(2) 怀特（美国著名作家）：如果梭罗仅仅给我们留下一部一个男人在森林中生活的记载，或者说他仅仅退隐到森林之中，在那儿记载着他对社会的抱怨，甚至说，如果他想把这两者都合到一本书里，那么《瓦尔登湖》就不会有这一百年的生命。

《瓦尔登湖》究竟是怎样的一本书？为什么有这样大的魅力？《神的一滴》可以让我们大概了解《瓦尔登湖》是一本什么样的书，瓦尔登湖是一个什么样的湖。

（二）研读文本

（1）师生交替朗读全文。

师：我国著名作家徐迟说，《瓦尔登湖》语语惊人，字字闪光，沁人心肺，动我衷肠。到了夜深人静、万籁无声之时，此书毫不晦涩，清澈见底，吟诵之下，不禁为之神往了。

然后老师领读第1段，引导学生进入文本中去。

（2）思考：《瓦尔登湖》为什么有这样大的魅力？你从这篇文章中能找到什么原因？

（因学生的回答不可完全预测，需要随机应变，在生成中进行。）

比如：瓦尔登湖风景优美，风姿绝异；充满神秘和活力，有着内在的创造力；是庄严的，神圣的……

思辨：

第一，文中第2段说："……在那种日子里，慵懒是最诱惑人的事情，我就这样偷闲地度过了许多个上午。我宁愿把一天中最宝贵的光阴这样虚掷。……我挥霍着它们。"这是不是在浪费时间？鲁迅说：浪费别人的生命等于谋财害命。那么，浪费自己的时间呢？

这要看一个人想要追求什么，这是由不同的价值前提决定的。有的人追求金钱名利、物质财富，要用这个时间去赚取金钱，去养家糊口，去争取名利，去过更好的生活，这样做算是浪费时间；有人要考大学，要用这个时间去学习，这样做就是在浪费时间。

梭罗追求什么？他想要的是宁静的生活、简单的生活，无拘无束、怡然自得的状态，身心自由的统一。这样做就不是在“虚掷”“挥霍”时光，而是在享受生命。这表明了梭罗的生活态度，他是在完全地享受内心和生命的舒展。一个人徜徉自得，独与天地精神相往来。

质疑：这应该是他个人的选择、个人的自由。他这样做的价值在哪里？更多的人在名利的道路上奔跑着，为什么他会产生这么大的影响呢？

因为他给我们呈现了在物欲与喧嚣之上、成功之外的一种自由。正如熊培云在《梭罗的树林》一文中所说，物欲横流的社会，恐惧几乎成了贪婪的同义词。在欲望高涨的年代，糟糕的并不只是贪婪，还有害怕。害怕在别人眼里显得不成功，害怕自己赶不上邻居。早已经衣食无忧的人们，总在为自己不如他人富有而悲叹不已。我们这个浮躁的年代，消耗了大量树木与纸浆的成功学，早已经失去20世纪80年代的昂扬与纯朴，成为一种祸害。按照现在的成功学逻辑，如果你没有赚到豪宅、名车，年入百万，如果你没有成为他人艳羡的成功人士，那么你就犯了“不成功罪”。

所以，怀特说：“我记得我在读到它时的狂喜之情，多年之前，在一段踌躇绝望的日子里，是它让我恢复了健康。”梭罗的《瓦尔登湖》在今天仍是既切中时弊，又适逢其时。在我们这个不稳定的时节，当所有人都不知不觉寻找从完全失控的世界中避开的隐居地时，他在康科德林中的小木屋就是个避风港。

瓦尔登湖庄严、纯洁，可以洗净现代繁华大街上的污浊，净化人的灵魂，启发人们不要被纷繁复杂的生活所迷惑，从而失去了生活的方向和意义。

他认为：假如人们能过宇宙法则规定的简朴生活，就不会有那么多的焦虑来扰乱内心的宁静，就能享受到内心的轻松和愉悦。

第二，第3段写了什么？

现代文明打破瓦尔登湖的那份宁静与美好，令人无奈叹息。伐木工人来了，愚昧的村民也来了。在这圣灵之地，一幕幕丑剧正在上演：电锯声压过了鸟鸣，油渍漂浮在清澈的湖面。

质疑：有人认为，梭罗隐居湖边，赞美湖的宁静与美丽，批判工业文明对湖的破坏，是对现代文明的放弃与排斥。你赞同吗？请从文章中找出依据。

对现代科技文明给人们带来的物质享受，梭罗并不排斥，他只是批评我们没有很好地利用它。“我们建成了铁路，却坐着它去城里消磨时光。”从这点上看，梭罗对社会的意义并非仅仅在于批判，而更在于指导。如果我们发现自己根本无法抵御今天这个纷繁复杂的物质世界的引诱，那么最好的办法就是“简朴，简朴，简朴”（这是梭罗的口头禅）。客观世界和人类社会是复杂的，但我们的知识使我们能够选择一种正确的生活方式，而且有足够的勇气将其他多余的东西摒弃，全然不顾同时代人如何对我们指手画脚。

质疑：如何看待他在瓦尔登湖的隐居？是不是一种对现实生活的逃避？

瓦尔登湖是梭罗的映照，但梭罗绝不是一位“逃避的隐士”。在瓦尔登湖居住的两年多的岁月里，梭罗忠于自己的内心，积极探讨人生的真理。梭罗鼓励人们要简化生活，将时间腾出来深入生命，品味人生。他通过自己的生活实验，告诉世人他在瓦尔登湖畔追求孤独，实际上也是在追求深刻，他想在孤独的心境中对人生进行思考和探索。孤独催生了他的深刻思想。“不必给我爱，不必给我钱，不必给我名誉，给我真理吧。”这是他的内心呼声。《瓦尔登湖》由此被认为是一本寂寞、恬静、智慧的书。

译者徐迟可谓是梭罗的知音，他在序言里说："绝不能把他的独居湖畔看作是什么隐士生涯。他是有目的地探索人生、批判人生、振奋人生，阐述人生的更高规律。"梭罗也许是孤独的，但他并不寂寞，在瓦尔登湖畔，天地、山湖都与他对话，而在生活中，他也有爱默生等知己至交。可以说梭罗是湖畔一位"积极的隐士"。

"仿佛二十多年来我并没有每天和它在一起厮守一样"，梭罗并没有每日都住在瓦尔登湖旁边，梭罗在这里强调的是一种精神上的陪伴，瓦尔登湖已经成为梭罗生活中的一部分。心中有"瓦尔登"，我们的生活将会变得更有意义、更有目的、更加幸福，这才是"瓦尔登"的真谛。

（3）"湖是自然风景中最美、最有表情的姿容。它是大地的眼睛，望着它的人可以测出自己天性的深浅。"为什么说瓦尔登湖能够测出自己天性的深浅呢？

明确：在作者心目中，瓦尔登湖美丽、丰富、宁静、博大而又灵性洋溢，所以他由衷地将其喻为"风景中最美、最有表情的姿容"和"大地的眼睛"。句中的"天性"指人的自然本性，梭罗认为，长期以来，人的自然本性被日益复杂的社会所压抑，被日益膨胀的欲望所遮蔽，而瓦尔登湖优美、顽强、神圣，就像一面镜子，人性的粗鲁、浅薄抑或虚伪都无处藏匿，也可以使人重新发现和认识自己真实的天性。

质疑：文章的最后，“有人建议过，这湖可以称为‘神的一滴’”。“神的一滴”也是该文的标题，它是指什么？有人说是神的一滴眼泪，你赞同吗？

不赞同。眼泪代表着伤心，美丽的瓦尔登湖不应是代表神伤心而流的眼泪，而应是神给人类最纯净、是美好的东西，它可以洗净繁华大街上的污浊和油腻，也可以洗涤人的灵魂。

（三）主旨探究

《神的一滴》表达了什么样的主旨呢？

主旨分为三层，层层递进。

第一，赞美了大自然的美好，反对工业发展对自然美的摧残。伐木工人大砍大伐，无知的村民用这圣洁之水洗碗刷碟，这一切在梭罗看来都是对瓦尔登湖的亵渎。像一块美玉被用来垫桌脚，那种惋惜是痛彻心扉的，这无关美玉的物价，而是对美的埋没的痛心。

第二，表达了梭罗对诗意栖居的追求。瓦尔登湖是梭罗诗意的栖居处，被伐木工人、村民破坏后，他悲叹道：“我的缪斯女神如果沉默了，她是情有可原的——森林已被砍伐，怎能希望鸟儿歌唱？”有诗人曾说过“我们居住在大地上，却已然忘却了天空”。是的，在生活中，我们不应该仅仅要求现实的物质的满足，更要有精神的寄托。在瓦尔登湖，梭罗的灵魂、生命找到了寄托，得到了舒展，梭罗的缪斯女神在瓦尔登湖是可以自由歌舞的。

第三，《神的一滴》表达了梭罗对完美人性的追求。“神的一滴”的象征意义就是瓦尔登湖澄澈、充实、完善了梭罗的灵魂。

正像梭罗在他的日记中所写的那样，人因天真而富有，最珍贵的是生命这一财富，表达了他对人的天性的尊重，对生命终极完善的追求。梭罗对大自然的保护（他是一位环保主义者）、尊重，也体现了他对人本性的尊重。

三层主旨层层递进，道出了至上的宇宙准则：人应当追求生命的终极完善。

（欧阳林）

二、《我们的裁缝店》课堂实录

【教学设想】

我读了这篇文章，第一个感觉就是特别温暖。不管是“我”还是其他人物，都比较贫穷，但是都有一种热爱生活的态度，呈现出人与人之间的美好与温馨。学生会不会也是这种感觉呢？有了这种感觉是不是够了？不是的，下面就要弄清楚，为什么贫穷的生活中还会有温暖的感觉？对这篇文章需要进一步深入探究它的美在何处。提出自己的猜想，然后在文章中找依据，去否定它或印证它。这也正是批判性阅读的思维策略。

【教学过程】

师：梁文道曾经评价李娟的散文集《我的阿勒泰》，他说："我没有太多的语言评论它，你只能自己去读，但我想说的是，李娟绝对是我在今年最大的发现之一。"《我们的裁缝店》出自这部散文集。好，那么，同学们，你们读了这篇文章之后，有什么样的感受？请同学们说一说。

生：这篇文章给人的第一印象是温暖，折射出人文主义的光辉。

师：嗯，温暖。请再具体一点说说。

生：就是作者的叙事比较平淡而翔实，展现了生活最原本的样子，体现了这个作者对生活的积极的热爱的态度。

师：很好，更具体了。其他同学呢？和她一样吗？

生：我看了这篇文章也觉得非常温暖，还有就是对生活的热爱，非常积极，有对美的热爱和向往。

师：读了这篇文章之后，我也感觉到一种温暖，为什么会有一种温暖的感觉？好，你说。

生：它的温暖来自人与人之间没有那种很刻板的讲究，而是相互之间包容。

师：一种包容和人情，一种人情味，那么能不能结合文章中具体的内容来说明？好，下面就请同学们再把这篇文章看一看，看了之后先小组内讨论交流一下，用文章中具体的内容来说明。当然如果你还感受到了别的特点，那也可以说说。

师：我们现在来交流交流。你做了很多批注，来说说看。

生：给我留下深刻印象的是当地的男人们，特别是前面的那个，有一段是那个老头去试穿衣服，双手死死地捂住脸，快要哭出来似的，朴素也很可爱。

师：朴素也很可爱，这里他用了一种什么手法呀？

生：细节描写。

师：什么细节描写？

生：动作，开玩笑地拽着他往镜子跟前“拖”。

师：对，还要“拖”，那拖了之后呢？他会怎样啊？可是他害羞，双手死死地捂着脸，还有怎么样？快要哭出来的样子，这是什么描写？

生：神态描写。

师：对。你看，这样简单的几笔就勾勒出了一个老头的形象，什么形象啊？

生：朴素、可爱。

师：太可爱了，很传神啊，很简单的几笔就勾勒出来了，很好。还有其他的吗？

（板书：朴素、可爱。）

生：还有这一页最后一段的那个猫一样的容颜，举止也像猫，我觉得从这个外貌描写能看出一些野性。

师：这是怎么显现的呢？刚刚我们说了梁文道说“哎呀，我说不出来，你们自己看吧”，但是我们得把它说出来呀，它到底好在哪里呢？

生：我觉得她把儿媳妇比作猫，就非常优雅，把她的气质给写出来了。

师：什么气质？

生：优雅的气质，还有猫的野性。

师：优雅，还有一种野性。还有吗？

生：还有一种灵气和活力吧。

师：灵气，活力，非常好，请坐。这个女人很有味道的，有没有同学觉得，我也有同感，我想说得再详细一点，有没有？没有吗？有没有觉得这段描写很好？

生：我觉得这段描写挺好的。

师：嗯，好在哪里？

生：就是把她比作猫，这个人有类似猫的一些特点，然后作者就根据这个来展开。再用对比手法，虽然她衣着寒酸，但还是表现出一种灵气、活力和野性。

师：嗯，就是生活很贫苦，劳动很艰辛，但是她依然能够有这样的一种美丽，有这样的一种灵气，更让人感到她的一种美好。

生：就是表达人们在艰辛的生活中，不仅仅追求生存，还追求生活。

师：嗯，在追求生活，而不仅仅是一种生存。你一下子上升到哲理的高度了。

生：因为他们追求美，不仅是为了活着，她拿鸡来换裙子，鸡就是相当于物质生活，裙子就相当于美，这样一个情节表现得非常明确。

师：虽然说他们已经很穷了，但是还要把仅有的七只鸡中的三只拿出来换美丽的裙子穿。

生：就是说人面对生活，还要追求美，这就是很温暖啊，有人情味的感觉。如果一个人完全为了生存，非常物质、非常功利的话，就不会有人情味，不会有温暖。裁缝店就相当于一面镜子，呈现出了人们的一些真情，包括最后裁缝店送给了那个小姑娘花衬衣，八块钱应该也不算是一个小数目，最后还是送给她了，就说明这里的人不单单从物质利益来考量。

师：不是单从物质的角度来考虑，就是人们即使在生活这么艰苦的情况下，也并没有被物质上的贫穷所压垮，并没有因为物质上的贫穷而让精神变得灰暗，或者说对利益斤斤计较，反而依然在追求一种美好的东西、美好的生活。所以说，在这样的一个贫穷的时代，让人感到一种温暖，感到一种人性的美好，非常好。还有没有同学再通过一些具体的细节来分析？

（板书：活力、追求美。）

生：关于这里面的人物关系，看得出她和婆婆的关系非常好，从她的言行举止可以看出她的家庭比较和睦。她并不是一味地追求美，她也是一个勤劳能干的人，追求美是一种对生活的补充，并没有为追求美而不顾一切。在这种情况下还能处理好和家人的关系，非常团结，我觉得这样非常好。

师：是的，她自己非常勤劳能干，追求美，但又不是一味地追求美，还能处理好跟婆婆的关系，太难得了。婆媳似乎是天生的敌人，她竟然能够处理好，你说是怎样的一种心，才能把婆媳关系处理好？很穷，还要爱美，还要处理和婆婆的关系。想想都是一个不可能解开的结，但是她竟然做到了，你觉得她靠的是什么，你能揭示出来吗？

生：我觉得一是她本人特别能干，二就是她有着积极乐观的生活态度。

师：嗯，能干就能解决婆媳矛盾吗？

生：比较重要的是，对美的追求，还有就是心态非常好。

师：心态好，乐观，追求美。还有没有别的？靠什么能够让关系这么和谐、这么美好？是什么？

生：真诚。

师：有没有道理？还有没有？

生：包容。

师：好，她包容什么？能够跟婆婆换着穿？（生笑。）为什么笑？是的，怎么能够跟婆婆换着衣服穿呢？你们受得了吗？受不了，对不对？我觉得在包容背后还有一种东西，这个媳妇除了外表美以外，还有心灵的纯净。心灵的纯净是什么意思？她没有杂念，她是透明的，她心里没有什么弯弯绕，没有什么算计，是不是？她是透明的，外表美丽，她的心灵也是透明的，所以说，这种人，你说婆婆会不会和她好好地相处呀？如果说她心里充满了算计，那婆媳关系能好吗？

（板书：真诚、包容。）

生：还有，店主人非常善良，那个儿媳妇来做裙子，她跟别人不一样，别人都是给钱，她给了三只鸡。店主人自己也说了，我们要鸡干什么呢？就是说他们本来不需要这些鸡，但是为了帮助她，满足她爱美的心，他们还是接受了鸡。

师：嗯，善良，赞同吧？好，但是鸡对他们没有什么用，不能吃吗？

生：他们的店面积很小，前面说就十来个平方米，没地方养鸡。

师：烧了吃呗，改善生活，对不对？怎么说没有用呢？你说。

生：他们就算有钱，也舍不得买鸡。

师：为什么舍不得买？

生：因为生活很贫穷，有一些收入可能会用来做一些更加有价值的事情。

师：也就是说，这个时候，在生活上还达不到这样一种奢侈的程度，吃鸡还是比较奢侈的。所以，当你说鸡没有用时，下面就要问，为什么没有用？按照常理来讲，怎么会没有用吗？我们在生活中天天都得有肉吃，你说天天给你吃素，你受得了吗？（生：受得了。师生笑。）对于你，我理解，也许你现在想要减肥，对不对？但是对一个正常的家庭来讲，你说天天都不吃肉，我觉得不可能，所以你要问一下为什么。谁再接着说？

（板书：善良。）

生：我说一点，关于他说当地的男人不做家务，我觉得其实不是不做家务，实际上七只鸡少了一半，谁都看得出来，是那个男人体谅女人，对女人的一种体贴，就是说默默地支持她们爱美的心。

师：所以说，你从这样一个很小的地方可以看出来，一个美丽的女人背后，有一颗宽容的男人的心。（师生笑。）很好，可以看出这里的男人其实也挺可爱的，不去跟女人在这方面计较。你看，他们对物质好像都不是很计较。非常好。

还有一些细节，同学们可以很好地去揣摩理解一下，你看：那个库尔马罕的儿媳妇也来做裙子了，她的婆婆拎着编织袋跟在后面，量完尺寸我们让她先付定金。这个漂亮女人二话不说，从婆婆拎着的袋子里抓出三只鸡来。这个女人有什么样的特点？

生：爽快！

师：对，不婆婆妈妈的，一点都不扭扭捏捏的。你看，就这样几个动作，一个人的形象就给勾勒出来了。我们在写记叙文的时候，是不是要学习一下这种手法？就是你一定要抓住一些关键的东西，把它给写出来。还有吗？好，你说。

（板书：宽容、爽快。）

生：在这个地区的人们都更加感性，这是他们的集体特征。第三小节讲的是，每当讨价还价僵持不下的时候，就把金鱼给他们看。看金鱼，如果放在其他的地方没有什么意义，但是在这里却有用，说明他们比较感性，也说明他们的金钱观念不是特别强，美好的事物能胜过金钱。

师：这也是一个非常有意思的细节。你抓住了，而且能够把它说出来，非常棒！在讨价还价僵持不下的时候，请他们看金鱼，很有意思。为什么看金鱼，看了金鱼又能怎样呢？竟然有用，有什么用呢？等他们回过神来，再谈论价钱，口气往往会软下来很多，很有意思，为什么？你刚刚说是因为他们感性。很好，讨价还价，表现的是理性，那能不能再进一步分析一下，为什么他们这个时候会变得感性起来？好，你说。

生：我们知道金鱼在他们那个地方很稀有，我们也可以感觉到金鱼在整篇文章中有一种纯洁的不带任何杂质的特点。做衣服是为了追求美，金鱼也是美丽的，体现的是一种纯净，二者有共同之处，形成一种共鸣，他们情不自禁被它吸引。

师：很好，说明他们的内心也有这种非常纯净的、美好的一面，所以看到金鱼后心都软了，不再斤斤计较了。所以，这些反映出人们内心的那种纯净和美好。

不知道同学们还有没有看到，这篇文章其实充满着一种矛盾。什么矛盾呢？

生：生活是很贫困的，不管是这里的人，还是裁缝店的裁缝，都是很贫困的。裁缝说从我们当裁缝的第一天起，就发誓一旦有别的出路，死也不会再干这个了，但是他们还是在干着，这是矛盾的。

师：对，为什么会这样？

生：因为他们被这里的人那种淳朴、爱美、纯净的心灵感染了，如果不干了，那么他们对美好的追求就没有办法实现了，为了满足他们对美的追求，还是干下去吧。

（板书：心灵的纯净。）

师：非常好。虽然生活很艰辛，但是字里行间都洋溢着满满的对生活的爱，他们没有抱怨没有控诉，也没有那种内心对利益的纠结，是不是？文中还有没有其他细节能体现这一点？

生：有，小姑娘没有钱付加工费，老来看衣服，裁缝就受不了，给她了。

师：非常好。所以说这是一种温暖、一种力量。这篇文章的语言也是很有特点的，什么特点呢？（生：幽默。）是的，幽默的特点。由于时间关系，这篇文章就讲到这里，幽默的特点大家自己去体会揣摩。

（执教：欧阳林；录音整理：刘飞虹）

“批判性”的思维新质是如何涌现的
——评欧阳林老师的课例《我们的裁缝店》

“批评性思维”是当下语文界研究的一个热词，也是新课程标准倡导的理念之一。很显然，高中生批判性思维的养成，离不开批判性阅读教学。在阅读教学中追求“批判性”效果，如果依旧采用满堂灌、满堂问、满堂练的教学方式，而不给学生自主发展的空间，不给学生自由言说的时间，不给学生大胆交流的平台，那么只能是竹篮打水一场空。要使“批判性思维”真正在课堂上落地生根，就必须提供一片肥沃的土壤。那么能够催生“批判性思维”枝枝叶叶的“土壤”究竟是什么呢？从整体上来看，应该是生成的教学理念。生成性的课堂往往具有差异性、变化性，有利于“新质涌现”。从某种意义上说，批判性的思维火花就是课堂上涌现出来的新质。下面我们通过常州青年名师欧阳林的课例《我们的裁缝店》来看看，“批判性”的思维新质是如何涌现的，又是何以涌现的。

1. 分享与交流，促成主问题产生

生成性课堂，往往是让学生直接启动课堂的。在课堂的起始阶段，欧阳老师大胆放手，采用“分享与交流”的启动模式。当他询问学生们“读了这篇文章之后，有什么样的感受”时，立即便有一些学生主动发言，从而使一堂课有了“说开去”的自然基础：

生：这篇文章给人的第一印象是温暖，折射出人文主义的光辉。

师：嗯，温暖。请再具体一点说说。

生：就是作者的叙事比较平淡而翔实，展现了生活最原本的样子，体现了这个作者对生活的积极的热爱的态度。

师：很好，更具体了。其他同学呢？和她一样吗？

生：我看了这篇文章也觉得非常温暖，还有就是对生活的热爱，非常积极，有对美的热爱和向往。

在这一对话流的惯性下，在教者及时的引领下，下面的教学环节次第展开：

师：读了这篇文章之后，我也感觉到一种温暖，为什么会有一种温暖的感觉？好，你说。

“为什么会有一种温暖的感觉?”或“为什么会感到温暖?”，这就是现场产生的一个主要研讨的问题。有了这个主问题，学生们就有了共同言说的对象。这是欧阳老师投下的一颗小石子引发出来的学生共同感兴趣的研讨对象。有了这一对象，学生们的思维发展就有了一条深入下去的线索，也就预示着一场批判性对话的平台基本上搭建起来了。另外，“分享与交流”本身也容易营造出一种自由、宽松的氛围，从而有利于批判性思维的绽放。

2. 切面与联点，利于细密化交流

让学生自由地分享与交流，容易产生两个危险的倾向：要么碎片化甚至只见树木不见森林，要么大而化之甚至大而无当。此时需要教者适时介入，把交流引向全面或深入。就欧阳老师的这堂课来说，当学生眼睛里只有“大”时，他总是启发学生往“小”处看。

生：这篇文章给人的第一印象是温暖，折射出人文主义的光辉。

师：嗯，温暖。请再具体一点说说。

…………

生：它的温暖来自人与人之间没有那种很刻板的讲究，而是相互之间包容的。

师：一种包容和人情，一种人情味，那么能不能结合文章中具体的内容来说明？好，下面就请同学们再把这篇文章看一看，看了之后先小组内讨论交流一下，用文章中具体的内容来说明。

…………

师：不是单从物质的角度来考虑，就是人们即使在生活这么艰苦的情况下，也并没有被物质上的贫穷所压垮，并没有因为物质上的贫穷而让精神变得灰暗，或者说对利益斤斤计较，反而依然在追求一种美好的东西、美好的生活。所以说，在这样的一个贫穷的时代，让人感到一种温暖，感到一种人性的美好，非常好。还有没有同学再通过一些具体的细节来分析？

从以上教学片段可以看出，学生切入“面”——宏观的东西，欧阳老师就及时地通过“具体一点”“结合文章中具体的内容来说明”“通过一些具体的细节来分析”之类的警示语来连到“点”上，从而使学生的思维越来越缜密，越来越关注文本的细微之处。

3. 追问与引导，激发批判性思维

学生批判性思维的养成，固然跟开放、宽松的课堂氛围有关，跟教者提供的启动模式有关，但还必须借助教者产婆术般的高明技巧。我们知道，产婆术的教学手段源自古希腊智者苏格拉底，这一手段的第一个环节就是教者恰逢其时、恰到好处的追问。且看欧阳老师是如何追问的：

师：嗯，善良，赞同吧？好，但是鸡对他们没有什么用，不能吃吗？

生：他们的店面积很小，前面说就十来个平方米，没地方养鸡。

师：烧了吃呗，改善生活，对不对？怎么说没有用呢？你说。

生：他们就算有钱，也舍不得买鸡。

师：为什么舍不得买？

生：因为生活很贫穷，有一些收入可能会用来做一些更加有价值的事情。

师：也就是说，这个时候，在生活上还达不到这样一种奢侈的程度，吃鸡还是比较奢侈的。所以，当你说鸡没有用时，下面就要问，为什么没有用？按照常理来讲，怎么会没有用吗？我们在生活中天天都得有肉吃，你说天天给你吃素，你受得了吗？（生：受得了。师生笑。）对于你，我理解，也许你现在想要减肥，对不对？但是对一个正常的家庭来讲，你说天天都不吃肉，我觉得不可能，所以你要问一下为什么。谁再接着说？

欧阳老师的适时追问、不断追问，使学生思维走向严密，在步步深入中完成了自我否定、自我补充、自我完善的过程，从而逼近真知。像这样的教学片段在他的课例中并不少见，这说明欧阳老师有意培养学生的思维品质，使学生在思维上逐渐具有批判性力量。

批判性思维作为一种新质，如今已成为很多语文教师追求的课堂目标。很显然，欧阳老师在这方面的追求更自觉、更坚实、更持之以恒、更行之有效。新质涌现并不容易，但愿越来越多的语文教师能够从欧阳老师的课例中学习到成功的经验，使自己的语文课成为催生批判性思维的沃土。

（江苏省盐城中学　李仁甫）

附：2017 年全国高考新课标Ⅲ卷文学类阅读

我们的裁缝店

李　娟

在城市里，裁缝和裁缝店越来越少了。但在喀吾图，生活迥然不同。这是游牧地区，人们体格普遍高大宽厚，再加上常年的繁重劳动，很多人身体都有着不同程度的变形，只有量身定做的衣服才能穿得平展。

我们租的店面实在太小了，十来个平方，中间拉块布帘子，前半截做生意，后半截睡觉、做饭。但这样的房间一烧起炉子来便会特别暖和。很多个那样的日子，狂风呼啸，昏天暗地，小碎石子和冰雹砸在玻璃窗上，“啪啪啪啪”响个没完没了……但我们的房子里却温暖和平，锅里炖的风干羊肉溢出的香气一波一波地滚动，墙皮似乎都给香得酥掉了。

我们还养了金鱼，每当和顾客讨价还价相持不下时，我们就请他们看金鱼。这样的精灵实在是这偏远荒寒地带的最不可思议的尤物——清洁的水和清洁的美艳在清洁的玻璃缸里曼妙地闪动，透明的尾翼和双鳍缓缓在水中张开、收拢，携着音乐一般……

这样，等他们回过神来，再谈价钱，口气往往会软下来许多。

当地男人们很少进屋，最固执的是一些老头儿，偶尔来一次，取了衣服却死活不愿试穿，即使穿了也死活不肯照镜子，你开玩笑地拽着他往镜子跟前拖，让他亲眼看一看这身衣服多“拍兹”（漂亮），可越这样他越害羞，双手死死捂着脸，快要哭出来似的。

女人们就热闹多了，三三两两，不做衣服也时常过来瞅一瞅，看我们有没有进新的布料，如果有了中意的一块布，未来三个月就一边努力攒钱，一边再三提醒我们，一定要给她留一块够做一条裙子的。

库尔马罕的儿媳妇也来做裙子了，她的婆婆拎只编织袋跟在后面，量完尺寸我们让她先付订金，这个漂亮女人二话不说，从婆婆拎着的袋子里抓出三只鸡来——“三只鸡嘛，换条裙子，够不够?”

她订的是我们最新进的晃着金色碎点的布料，这块布料一挂出来，村子里几乎所有的年轻媳妇都跑来做了一条裙子。

她说：“不要让公公知道啊！公公嘛，小气嘛。给他知道了嘛，要当当（唠叨、责怪）嘛!”

“婆婆知道就没事了?”

“婆婆嘛，好得很嘛!”她说着揽过旁边那矮小的老妇人，“叭”地亲一口：“裙子做好了嘛，我们两个嘛，你一天我一天，轮流换着穿嘛!”

她的婆婆轻轻地嘟囔一句什么，露出长辈才有的笑容，甚至有些骄傲地看着眼前这个高挑苗条的年轻儿媳。

库尔马罕的儿媳妇是我们这一带最最出众的两三个漂亮女人之一，她有着猫一样紧凑明艳的容颜，目光像猫一般抓人。举止也像只猫，敏捷优雅，无声无息。常年粗重的劳动和寒酸的衣着似乎一点也没有磨损到她的青春的灵气，反倒滋生出一股子说不出的鲜鲜的野气。

虽然她修长匀称的手指总是那么粗糙，布满了伤痕；而脚上趿的那双还没来得及换下来的、劳动时才穿的破球鞋破得脚趾头都顶出来了两个，鞋后跟也快要磨穿了。

库尔马罕的儿子也是一个俊美的年轻人，但每当和妻子站到一起，就会很奇怪地逊色一大截子。

我们实在没法拒绝这三只鸡和她那因年轻而放肆的要求。但是我们要鸡干什么？但是我们还是要了。

“家里鸡少了公公看不出来吗?”

“看不出来。”

“家里鸡很多吗?”

“多得很。”

“五十只？一百只?”

“七只。”

“啊——”太不可思议了，“七只鸡少了三只，你公公还看不出来?”

“看不出来。”

“……”

当地男人不过问家务，已经严重到了这种地步。

还有的人自己送布来做，衣服做好后却凑不够钱来取，只好挂在我家店里，一有空就来看一看，试穿一下，再叹着气脱下来挂回原处。

有个小姑娘的一件小花衬衣也在我们这儿挂着，加工费也就八元钱，可她妈妈始终凑不出来，小姑娘每天放学路过我家店，都会进来捏着新衣服摸了又摸，不厌其烦地给同伴介绍：“这就是我的！”穿衬衣的季节都快过去了，可它还在我们店里挂着！最后，我们先受不了了。有一天，这孩子再来看望她的衣服时，我们就取下来让她拿走，小姑娘惊喜得不敢相信，在那儿不知所措地站了好一会儿，才慢吞吞挪出房子，然后转身飞快跑掉。

裁缝的活不算劳累，就是太麻烦，量体、排料、剪裁、锁边、配零件、烫粘合衬、合缝……做成后，还得开扣眼、钉扣子、缝垫肩、缲裤边。浅色衣服还得洗一洗，缝纫机经常加油，难免会染脏一点，而且烙铁也没有电熨斗那么干净，一不小心，黑黑的煤灰就从气孔漾出来，沾得到处都是。

是呀，从我们当裁缝的第一天起，就发誓一旦有别的出路，死也不会再干这个了。但假如有一天不做裁缝，我们还是得想办法赚钱过日子，过同样辛苦的生活。——可能干什么都一样的吧？

是这样的，帕孜依拉来做衬衣，我们给她弄得漂漂亮亮的，她穿上以后高兴得在镜子面前转来转去地看。但是我立刻发现袖子那里有一点不平，就殷勤地劝她脱下来，烧好烙铁，“滋——”地一家伙下去……烫糊一大片……

怎么办呢？我们商量了半天，把糊的地方裁掉，用同样的布接了一截子，将袖口做大，呈小喇叭的样式敞开，还钉上了漂亮的扣子。最后又给它取了个名字——“马蹄袖”。

但是后来……几乎全村的年轻女人都把衬衣袖子裁掉一截，跑来要求我们给她们加工“马蹄袖”。

干裁缝真的很辛苦，但那么多事情，一针一线的，不是说拆就能拆得掉。当我再一次把一股线平稳准确地穿进一个针孔，总会在一刹那想通很多事情。（有删改）

第四章　诗歌的批判性阅读教学

传统的诗歌阅读教学一般包括诗歌内容的理解和赏析两个方面。理解和赏析一般会通过意象、意境、艺术手法、情感主旨等方面的分析来进行，教学方法一般是以学生对诗歌文本的感悟和教师的讲授为主，而缺少思维的渗透。除审美之外，我们还需要探究诗歌背后所隐藏的文化密码和时代内涵。批判性阅读能为我们阅读和鉴赏诗歌带来一种新的思路。

诗歌的批判性阅读需要运用批判性思维的方法，但是它也离不开诗歌鉴赏的基本原理，离不开诗歌本身的审美特征。只有深入地理解和领会诗歌的审美特质，才能更好地运用批判性思维，更深入地理解和鉴赏诗歌。

因此，讲诗歌的批判性阅读，也要从诗歌的审美特征开始。

第一节　诗歌的审美特征

诗歌起源于上古的社会生活，是因劳动生产、两性相恋、原始宗教等而产生的一种有韵律、富有感情色彩的语言形式。《尚书·虞书》记载：“诗言志，歌永言，声依永，律和声。”《礼记·乐记》记载：“诗，言其志也；歌，咏其声也；舞，动其容也。三者本于心，然后乐器从之。”早期，诗、歌与乐、舞是合为一体的。诗即歌词，在实际表演中总是配合音乐、舞蹈而歌唱，后来诗、歌、乐、舞各自发展，独立成体。

我国现代诗人、文学评论家何其芳曾说：“诗是一种最集中地反映社会生活的文学样式，它饱含着丰富的想象和感情，常常以直接抒情的方式来表现，而且在精炼与和谐的程度上，特别是在节奏的鲜明上，它的语言有别于散文的语言。”

对诗歌审美特征的认识离不开对诗歌基本元素的认知与理解，这基本元素不外乎意与象、情与景、形象与感觉。而对这些的认识又离不开归纳法的运用，否则就只能就事论事，停留在现象上，不能上升到规律、原理的层面。

一、诗歌的意象

1. 意与象

诗歌由意象构成，“象”是可知可感觉的物象或现象，“意”是诗人赋予它的意义。诗歌常常借助物象传达情感，因而探究物象与情感间的关系是诗歌赏析非常重要的一个途径。

例如，“面包”这两个字是指我们常吃的肉松面包、吐司面包等，但是如果用在“爱情和面包”中，这个“面包”则不只是涉及吃的东西，它泛指生活的所有物质需求。“面包”二字变成了“所有物质需求”的象征意义，“面包”这个意象就产生了。

在古典诗歌中这种意象很多。菊花本是花的一种，在秋天开放。但进入诗词中，它就被赋予了特殊的意义。屈原《离骚》中“朝饮木兰之坠露兮，夕餐秋菊之落英”，以饮露餐花象征自己品行的高尚和纯洁。陶渊明《饮酒》中“采菊东篱下，悠然见南山”，以菊花表达对高洁品质的追求和隐逸生活的热爱。唐人元稹《菊花》中“秋丛绕舍似陶家，遍绕篱边日渐斜。不是花中偏爱菊，此花开尽更无花”，表达了诗人对坚贞、高洁品格的追求。其他诸如“宁可枝头抱香死，何曾吹落北风中”（宋人郑思肖《寒菊》）、“寂寞东篱湿露华，依前金靥照泥沙”（宋人范成大《重阳后菊花二首》）等诗句，都借菊花来寄寓诗人的精神品质。这里的菊花成为诗人人格的一种写照。

2. 情与景

一首诗并不是由单纯的一个意象构成，情感的表达常常由多种物象组成的景物来完成。王国维“一切景语皆情语也”概括了诗歌情景交融的特征。谢榛说“景乃诗之媒，情乃诗之胚”，“孤不自成，两不相背”，概括了情与景对诗歌的作用。

情与景又是如何交融呢？顾起元说：“作者内激于志，外荡于物，志与物泊然相遭于标举兴会之时，而旖旎佚丽之形出焉。”也就是说，情因景而物态化，景因情而意象化，这便是诗人进行形象思维和艺术构思的基本规律。触景生情—情景相生—情景交融，便成了诗歌意境创造的基本途径之一。情寄于象，象托载情，二者相互渗透，心物合融一体，达成融合无间的状态，于是美妙的诗歌意境便产生了。

因此，我们在赏析这类诗歌时，就要注意把握情与景二者之间的规律，探究诗歌的意境。

例如，白居易《长相思》中写道：“汴水流，泗水流，流到瓜洲古渡头。吴山点点愁。思悠悠，恨悠悠，恨到归时方始休。月明人倚楼。”这首小令描写一个少妇盼夫归来的情状。

词人把长长的流水、点点的远山与夜深了还在月下倚楼远眺的结着悠悠思怨的少妇构成一幅由白日到夜间的移动着的动人图景，少妇情寄于山水，山水托载着少妇的愁怨，此时的山水即是少妇，少妇即是那山那水，二者合融一体，不可分离。作者就是这样巧妙而又自然地创造出一种深邃而幽美的境界。

3. 形象感觉化

感觉包括视觉、听觉、嗅觉、触觉等生理感觉，但在诗中没有纯粹的生理感觉，诗的感觉还承担着感情和思维的活动。科学家用感觉观照生活力求准确，诗的感觉则反映的是诗人内心情感的深度。

诗的形象可以视觉化。诗人通过视觉调动自己特有的感情，我们在鉴赏诗歌时，也要抓住诗歌中描写的具有视觉特征的事物来赏析。例如，王安石的“春风又绿江南岸”，传为炼字的美谈，但孙绍振先生认为这些评论都没有从经验上升为理论。他认为，“入”“过”“满”都是视觉所不能感知的，而“绿”则带着鲜明的视觉性，是对江南春色特征的提纯，从而传达出诗人对江南故乡的怀念。孙先生运用典型归纳法，通过对典型个例的分析，发现了诗中形象的美感来源于鲜明的视觉性特征，从而将经验上升为一种理论，形成了审美的规律性知识。

由此类推，我们可以发现，诗的形象还可以听觉化。当单靠视觉不足以表达诗人内心更深刻的感受或营造更有利于表达内心感受的意境时，就需要其他的感觉，比如听觉，“推敲”的典故就是这个道理。贾岛做了一首诗，诗中有“鸟宿池边树，僧推月下门”，写好后又想把“推”改成“敲”，为此在大街上“推来敲去”想得出神，不知不觉冲撞到韩愈的仪仗队。韩愈停下马车思考了很久，对贾岛说：“用‘敲’字好。”但为什么好，没有后文。从内容上分析，如果用“推”字，则可能是本寺的僧人；如果用“敲”字，则可能是外来的行脚僧。两种都可讲得通。但从视觉和听觉的结构来讲，则“敲”更好。因为“推”字使意境宁静到极点，而显得单调；而“敲”字，则使静寂的环境中有了清脆的声响，有了感觉上的变化，使诗的意境更加丰富，而这声音更能反衬出环境的寂静。这与王维的“月出惊山鸟，时鸣春涧中”是同样的道理。

用这种理论再来解释北宋诗人宋祁的《玉楼春·春景》中“绿杨烟外晓寒轻，红杏枝头春意闹”两句，我们可以发现诗的形象还有感觉的挪移，即感觉化。“寒”怎么可以“轻”，红杏怎么能“闹”？寒气没有重量，本不会有轻重之说，这是诗人将对温度的感觉转化成了触觉或者是视觉，春天的早晨虽有寒意，但只是轻微的；“闹”字本是写人的，却用来写杏花，不仅有色，而且似乎有声，以杏花的盛开衬托春意之浓，将烂漫的大好春光描绘得活灵活现，呼之欲出。王国维在《人间词话》中说："着一'闹'字而境界全出。"孙绍振说，用"闹"字形容红，并不是主观随意，而是符合感觉挪移的相近层次过渡规律。由红联想到火，由火联想到热，由热联想到闹，已由红火、火热、热闹这些词语固定下来。如果是写白杏，"白杏枝头春意闹"，则不通了。因而从"红"的视觉到"闹"的听觉可以贯通，但到"吵""斗"的听觉则不能贯通，所以又不能用"吵""斗"。

二、诗歌的审美特征

1. 客观事物的概括性

诗歌的概括性是指诗人在描写中抓住生活的类型特征，具有普遍性的特点，不像散文那样表现为个体的特殊性，不会随着时间、地点、条件的推移而变化。

中国的古典诗歌有突出的写实传统，白描手法在诗歌中广泛地运用。正如宋代诗人梅尧臣所说，"状难写之景如在目前，含不尽之意见于言外"，强调了诗歌的写实特征。但这种对客体特征的写实与散文的写实不同，具有概括性的特征，往往没有具体的时间、地点等的限定。例如林逋的"疏影横斜水清浅，暗香浮动月黄昏”，上句从形态上写出了梅的轻盈、妩媚、澄澈、灵动的特点，下句从嗅觉上写出了梅之韵，写其幽香在月色中款款而来，飘然而逝。这两句写出了梅花的类型特点，用孙绍振先生的话讲，“并不是与具体地点、与具体人物的特殊遭遇发生关系的某一株梅花的个体特征”。

当然，这种概括性并不是指纯粹的客观事物的特征，它还包含了诗人特殊审美感知的情致。这首诗中的梅花不是纯粹的植物，诗人将自己的审美倾向和人格追求赋予其中，使梅具有了高雅的气质，充满了一种“丰满的美丽”，拥有了精神和温度。这也成了梅这种意象特定的内涵，具有了普遍的意义。

类似的意象在诗词中有很多，“菊花”比喻品行的高尚和纯洁；“柳”表达惜别怀远、思乡之情；“红豆”指男女爱情的信物，又比喻男女爱情或朋友情谊；等等。除这些意象之外，还有神话和历史典故。这种概括性使各种传统的形象迅速趋向稳定，了解这些意象的类型特点和内涵是赏析诗词的基础。

2. 诗人情感的个性化

《毛诗序》中说：“情动于中而行于言，言之不足，故嗟叹之，嗟叹之不足，故咏歌之，咏歌之不足，不知手之舞之，足之蹈之也。”诗的最大特征在于表现诗人个人的感情。黑格尔的《美学》中也讲到：“（诗）要表现的不是事物的实在面貌，而是事物的实际情况对主体心情的影响，即内心的经历和对所观照的内心活动的感想……”[①] 正如《文心雕龙》中所说，“登山则情满于山，观海则意溢于海”，诗人由于个人情感的不同，而将外在的客观事物融入了自己的感觉。同时，诗人为表达自己个性化的感觉，也会选择有助于表达自己感情特征的自然物象，提炼成为具有个性化特征的意象。

所以，不同的诗人，心境不同，处境不同，则对同一物象会有不同的感受，赋予它不同的情感。李白写春草，是“长短春草绿，缘阶如有情”（《寄远》），春草是美好事物的象征，给人以希望、生气和活力。而姜夔“过春风十里，尽荠麦青青”（《扬州慢》）则相反，在他眼中，草木的繁盛却是国家衰亡的表现，当年繁华的扬州路，如今长满了青青荠麦，那是怎样地荒凉啊，从而抒发了盛衰兴亡的感慨。

同样是写春天，也是各有不同。白居易的春天是“日出江花红胜火，春来江水绿如蓝”，用江花之红、江水之蓝，写出了他眼中春天的特色，表达出江南春天给人印象最深刻的特点，给我们描绘了一幅幅绚丽的图画。杜甫写春天，则是选择了春雨：“好雨知时节，当春乃发生。随风潜入夜，润物细无

---

① 黑格尔．美学：第三卷·下册．朱光潜，译．北京：商务印书馆，1981：188.

声。野径云俱黑，江船火独明。晓看红湿处，花重锦官城。”(《春夜喜雨》) 他称赞春雨是“好雨”，说它“知时节”，体贴人意，知晓时节，在人们急需的时候飘然而至，催发生机，赋予了春雨以人的生命和情感。第二联细致入微地写春雨潜移默化、滋润万物的形态。后两联则写了春雨所产生的美好的效果，想到第二天天亮的时候，锦官城将是一片万紫千红的春色，用花之红艳欲滴、生机盎然反衬春雨之美好。整首诗抒写了诗人对春夜细雨无私奉献品质的喜爱和赞美之情。而当国家处于战乱之中时，杜甫眼中的春天则变成了“城春草木深”，他看到的花和鸟则是“溅泪”之花、“惊心”之鸟。花鸟在平时本是美好之物，却见之而泣、闻之而悲，表现了诗人内心忧伤之重。

这也正是诗歌的思维特点，称为诗性思维。台湾文藻外语学院应用华语文系教授林雪铃根据维柯在《新科学》中的论证，指出：“诗性思维，又称原始思维，意指人类儿童时期所具有的特殊思考方式。其特征为主客不分，运用想象力将主观情感过渡到客观事物上，使客观事物成为主观情感的载体，从而创造出一个心物合融的主体境界。”①

① 林雪铃．以“启发诗性思维”为导向的新诗教学设计及其实作成果分析．文传学报，2009 (8).

3. 诗歌语言的背离性

诗词的语言与日常的语言有着本质的不同。一是在思维的方式上与日常思维不同，二是在行文的语法结构上与日常语言不同。

思维的悖常，是指在诗词创作中，不受日常客观世界的束缚，产生出新的思维角度和思维形象，常常借助奇特的夸张、想象等手法创造出新的意象和境界。例如，“白发三千丈，缘愁似个长。不知明镜里，何处得秋霜。”（李白《秋浦歌》）头发再长，即使是女人，也不过几尺而已，“白发三千丈”，实在不可能。但正是因为它背离常情而产生出这个新的离谱至极的思维感触和思维形象，才生动地表达了作者的忧愁之甚，甚至成为千古名句。例如王之涣的“黄河远上白云间”、李白的“黄河之水天上来”两句，写出了黄河雄伟的气势。晚于二人的刘禹锡也写了一首黄河诗：“九曲黄河万里沙，浪淘风簸自天涯。如今直上银河去，同到牵牛织女家。”此诗首联虽亦写得大气磅礴，但“自天涯”三字并未跳出“白云间”和“天上来”之境界。奇在第二联用“直上”一转，巧妙地通过想象把现实的生活引进汉武帝遣张骞乘槎穷溯河源的故事中去，这就在王、李之外开辟出新的境界来。

行文悖于常法，是指诗歌的语言与日常的语法规范常常不一致。柳宗元《江雪》中有这样两句诗："孤舟蓑笠翁，独钓寒江雪。""钓"与"雪"属动宾搭配悖常。"雪"怎么能"钓"呢？能钓的是鱼，但如果是"独钓寒江鱼"，那就很奇怪了，不是诗了。温庭筠《商山早行》"鸡声茅店月，人迹板桥霜"这两句均无动词或形容词做谓语，这叫句子成分残缺。这种人为的语法习惯悖常，在诗作中真是妙不可言。温诗那两句不用动词、形容词，不仅句法别致，且于言外形象地写出了行人的劳顿、艰辛。

科学的思维观察生活，要力求准确，诗的思维则是追求"内心反映的深度"。诗歌背离生活常情，并不意味着虚假，而在于是否深刻地传达内心的情感。诗的视觉因此会对现实有所变异和歪曲。如李白的"飞流直下三千尺，疑是银河落九天"，这是一种感觉上的推测、夸张和想象，从而强化了李白对大自然景象的惊叹。它体现为一种想象的真实，具有一种超乎想象的美感。但如果写老贫农在粮堆上"撕块白云擦擦汗，就着太阳抽袋烟"，看似具有浪漫主义豪情，但实际反映的是"大跃进"时期的瞎指挥和浮夸风。这已经不是艺术创作中的想象和夸张，而是对现实不切实际的浮夸，是心理无限度的膨胀。再看前两句"稻谷堆的圆又圆，堆稻社员上了天"，这是对现实生活的虚假描绘，反过来对现实带来了极大伤害。

4. 诗歌语言的跳跃性

诗词因为篇幅的限制，需要精炼，如果作者把所叙述的事物全部详细地表达出来，是不可能的，也是不艺术的。这就要求作者凝练和简化语言，把关键词找出来，合理地排列组合。因此诗的语言就具有了跳跃性的特点。

所谓跳跃，是指诗歌语言由超越时间和空间限制的不同意象进行组合，或者有意省略了一些语词甚至语句，形成了结构的跳跃，或是利用词语的多义性和含蓄特征，有意识地将所要表达的内蕴、意境委婉地隐藏在字词背后，让读者透过字里行间的空隙去发现并加以领略。诗的跳跃多由两个或两个以上意象构成，意象之间没有持续性，只被一个情感线索维系着，以断续表现连贯，以局部概括整体，给读者驰骋想象留下了开阔的领域。

跳跃有意象的跳跃、时空的跳跃、结构的跳跃等类型。

（1）意象的跳跃

如马致远《天净沙·秋思》："枯藤老树昏鸦，小桥流水人家，古道西风瘦马。夕阳西下，断肠人在天涯。"小令的前三句，十八个字，共写了藤、树、鸦、桥、水、家、道、风、马九种事物，一字一词，一字一景，没有动词，只是有一个表现各自特征的修饰语，使各个事物都带上了鲜明的个性，又使本来互不相干的事物，组成了一幅萧飒悲凉的秋景图，营造出一种凄清衰颓的氛围，烘托出沦落他乡的游子那内心彷徨无助的客子之悲。

（2）时空的跳跃

如李煜的《虞美人》前句“春花秋月何时了”是眼前景物，后面“往事知多少”是对往事的回忆，是虚写。“小楼昨夜又东风，故国不堪回首月明中。雕栏玉砌应犹在，只是朱颜改。”第一句是写身边之景，后面三句转向故国的回忆与想象。这种跳跃拉长了物与物之间的距离，为后面情感的抒发建构了强大的张力，从而塑造了一个广阔的审美空间。

（3）结构的跳跃

结构的跳跃表现为文中的间隔，也就是句与句之间的“断”，如李清照的《如梦令》“昨夜雨疏风骤，浓睡不消残酒。试问卷帘人，却道海棠依旧。知否？知否？应是绿肥红瘦”，“试问卷帘人”下面的回答却是“海棠依旧”，问的内容只字不提。由侍女的冷漠、女主人的不平静，又引出下面的问——“知否？知否？”而侍女的回答断了，直接跳跃到女主人的回答，显出女主人问得急促。跳跃之处留给我们的是一个想象的无限空间，从而体味无我之境。

5. 诗歌意象的时代性

不同的物象有不同的寓意，而同一物象在不同的时代、不同的诗人那里又有不同的象征意义。例如，春草（芳草）意象在许多诗词中都有出现，其内涵在不同的诗中、不同的时代有继承性，又有区别。

《离骚》中有“何昔日之芳草兮，今直为此萧艾也”，王逸注：“以言往日明智之士，今皆佯愚，狂惑不顾。”这里的芳草指香草，比喻忠贞或贤德之人。

《楚辞·招隐士》中有这样的诗句：“王孙游兮不归，春草生兮萋萋!”诗意为春草茂盛，使人想起心爱的人尚未归来。在这之后，诗人们就屡屡用“春草”意象来寄寓别情思绪，递相延续。

王昌龄《春怨》诗中有“寒雁春深归去尽，出门肠断草萋萋”，意思是：暮春时节，寒雁都已经北归，出门望见那芳草萋萋，令人肠断伤心。“草萋萋”，就是芳草萋萋，草木茂盛的样子。暮春时节，绿草盈盈，生机盎然。闺妇本来打算出门散步，纾解心中忧郁愁怨，可是看见这绿意盎然的春草，想到自己目前的凄凉处境，心中更加伤感，以至于肝肠寸断。用芳草萋萋，反衬凄凉身世，抒写怀人念远的愁思，表明愁怨之深。

刘长卿《别严士元》诗中有“日斜江上孤帆影，草绿湖南万里情”，意思是日暮时分，友人解缆起帆随着江水远去，我的心也万里相随，飞到了碧草遍野的湖南。诗人借想象中的湖南已是碧草遍野，暗寓送别时的惆怅，别后的思念绵绵不尽。

李煜《清平乐》中有“离恨恰如春草，更行更远还生”，向远处望去，望着那遍地滋生的春草，突然发现，无论走得多么远，自己心中的“离恨”就像那无边无际、滋生不已的春草，无论人走到哪里，它们都在眼前，使人无法摆脱。这个结句，通过比喻形象地给人以离恨无穷无尽、有增无已的感觉。

苏轼《蝶恋花》中有“枝上柳绵吹又少，天涯何处无芳草”，意思是说树上的柳絮在风的吹拂下越来越少，春天行将结束，固然让人伤感，此时，他已人到晚年，被贬谪在外，遥望故乡，几近天涯，这境遇和随风飘飞的柳絮何其相似。但第二句一转，即使到天涯也处处有芳草青绿，又另有一番境界。这里的“芳草”成了美好事物的象征，给人以希望、生气和活力，表现出对美好事物的追求和豁达的胸襟。

不同的时代，不同的诗人，“芳草”这一意象有了不同的内涵。为什么会有这样的不同？一是不同的诗人选取了芳草不同的特点，于是就赋予了不同的内涵；二是不同的诗人有不同的情感，有不同的人生态度，因而由芳草产生了不同的寓意。

同一意象，辨析它在不同时代、不同诗人那里的独特内涵，进而探究其背后的原因，这就有了批判性思维的特征。

6. 诗歌情感的时代性

古典诗词中，写“愁”的不计其数，如何表达愁，不同的诗人有不同的特点，不同的诗人又体现了时代的特点。

同样写愁，李煜《虞美人》是“问君能有几多愁，恰似一江春水向东流”。他是以江水之多来喻愁之多，固然有夸张，但这是心理感觉的真实。用满江的春水来比喻满腹的愁恨，不仅显示了愁恨的悠长深远，而且显示了愁恨的汹涌翻腾，汪洋恣肆，充分体现出奔腾中的感情所具有的力度和深度。李煜此词之所以能引起广泛的共鸣，在很大程度上是因为结句以富有感染力和象征性的比喻，将愁思写得既形象化又抽象化。抽象化是指作者并没有明确写出其愁思的真实内涵是什么，形象化是指仅仅展示了它的外部形态——“恰似一江春水向东流”。这样人们就很容易形成某种心灵上的呼应，并借用它来抒发自己类似的情感。因为人们的愁思虽然内涵各异，却都可以具有“恰似一江春水向东流”那样的外部形态。

秦观《江城子》中有“便做春江都是泪，流不尽许多愁”。意思是说，即使泪水如江水一般多，也不能将心中的愁苦带走，突出愁之多、愁之顽固。这是一种压抑的愁、内敛的愁，与李煜汪洋恣肆喷发的愁不同。而且词中的愁被物质化了，变成可以放在江中，随水漂流的东西，又翻出一层新意。

李清照的《武陵春》则将愁搬上船："只恐双溪舴艋舟，载不动许多愁。"双溪那叶单薄的小船，怕是载不动我内心这沉重的忧愁啊！愁竟然有了重量，可以用船装载，而船竟然载不动，突出了愁之沉重，压在心头。引人想象，那是一种怎样的心理负重，能压得人喘不过气来！

这三种愁描写的都是一种真实的心理感觉。如果把这三首词组合成群，开展群文阅读，我们可以发现，从内容上看，在"愁"的不同表达中，背后隐含着李煜他们别样的人生经历和情感差异；从形式上看，诗歌创作要有所继承，语言的生命在于创新，丰富多彩的表达方式正是语言创新的鲜明特征。较之单篇课文的阅读，学生获得的认识与感受一定深刻得多、丰富得多。

第二节　诗歌中的逻辑

一、诗的思维性

诗歌抒情言志，饱含丰富的思想感情。情感看似与思维水火不容，帕斯卡就将理性与感情之间的关系称作"永恒的战争"。

但二者并非水火不容。情感其实是言语性交流活动中的一种特殊的思维活动。诗歌喜欢用意象来呈现，以至于人们就误以为审美活动只是一种形象思维。其实用“情感性言语思维”来指称文学性审美活动，就都讲得通了，而这种思维其实也是一种理性思维。

孙绍振先生认为，诗的感情是以真实为基础，真实性包括生活特征的真实性和感情特征的真实性，要保证这种真实性，就要以思维的连贯性来加以约束，以合理的思路来推进。他认为，诗歌的形象是一种审美感知，它的表层是感觉，中层是感情，深层则是智性。① 在诗人那里，感觉担负着激情和思维的任务。这为理性思维进入诗歌的赏析提供了理论支撑。

诗歌的语言具有跳跃性和背离性特点，于是产生了留白和含蓄的艺术特点，常常需要我们借助想象去填补艺术的空间，但这种想象并不是天马行空的，而是要符合情感逻辑、心理逻辑。因此，批判性思维在这里就有了适用的空间，可以去评估想象的合理性。

诗的创作主要运用形象思维，而形象思维又总不免要驰骋艺术想象，“精骛八极，心游万仞”，“笼天地于形内，挫万物

① 孙绍振．文学创作论．福州：海峡文艺出版社，2009：260.

于笔端”，“思接千载”，“视通万里”，超越时空的限制。但是，艺术想象毕竟并非毫无根据的胡思乱想，它需要遵守联想律，需从对象中选取最足以揭示对象本质的形象，用联想律来把握形象的内在联系，形成具体的诗的意象、意境，或构想出典型环境中的典型形象。这些都离不开逻辑思维的介入。

而且，诗虽以形象思维取胜，但并不意味着诗中没有推理或论证。在诸多诗中，除了有形象思维，还会有因果推理、演绎推理、类比推理、阐释论证等逻辑思维形式。

所以，如果我们懂得一些逻辑思维，就能更好地理解诗词。

二、诗的逻辑性

谈诗的逻辑性，并不是说所有的诗都是要讲逻辑的。在诗人的创作中，把推理直接入诗也会破坏诗味，常常成为诗的败笔。例如，王维的五律《秋夜独坐》整体看描写真切细腻，甚至可谓传神入化，历来受到赞赏，但后两联“白发终难变，黄金不可成。欲知除老病，唯有学无生”，以逻辑直接入诗，进行推理，招致后人批评，说它“后半篇纯属说教，归纳推理，枯燥无味，缺陷也是比较明显的”①。“黄金不可成”，就是否定

---

① 萧涤非，等．唐诗鉴赏辞典．上海：上海辞书出版社，1983：185.

神仙方术之事，指明炼丹服药祈求长生的虚妄，最后两句认为，只有信奉佛教才能从根本上消除人生的悲哀、解脱生老病死的痛苦。这实际运用了演绎推理中的选言推理法，道教不可信，那就只有信奉佛教了。不仅无诗味（含蓄隽永的味道），而且说理生硬，缺少说服力。

但是以推理入诗并写得好的也不在少数。所以推理本身不是问题，而在于怎么用得巧妙。

谈诗的逻辑性，也不是说一定要用逻辑来解释诗。诗的形象性、情感性依然存在。而谈诗的逻辑性，是说有的诗中具有某种逻辑的特性，具有思辨的可能。在关乎情感的问题上，谈逻辑，谈思辨，在于深入本质，在于走向开放与多元，而不是寻求标准答案。

1. 诗中的因果推理

诗歌的创作离不开丰富的想象，这种想象与现实生活有一定的距离，但是又不能完全脱离内在情感的、心理的逻辑关系，如果完全脱离，那就是假，假的就没有了美的特征。诗歌内容的因果推理是指诗歌在想象中常常是对某种现象的原因或结果的探求。

诗人运用较多的是溯因推理，即看到某种景象或事实（结果），追溯（推测）其发生的原因。溯因推理是一种不确定性推理，具有一果多因或同果异因等复杂的因果关系，诗人面对确定的果，推断不确定的因，即在多种可能的因中选择某一个，并形成特有的逻辑用语，如疑是、疑有、疑无，或似为、似有、似无等。

如“飞流直下三千尺，疑是银河落九天”（李白），“隔墙花影动，疑是玉人来”（元稹），都是溯因推理的名句。瀑布从高处直泻而下，似乎有三千尺高，它从哪里来啊？是不是从天上倾泻下来的银河啊？这是在推测来源。但是诗歌的溯因与科学思维中的溯因推理不同，诗歌具有形象思维的特点。抽象思维的溯因推理追求客观性，去探求真正的原因，是求客观的真；诗歌形象思维的溯因推理则相反，它不追求客观的最真，而是选择那个能够最大限度地表达人的主观情绪、愿望和意志的可能原因，哪怕它的概率最小，甚至是不可能的。“银河落九天”就是不可能的。“隔墙花影动”，花影摇动可能是风吹引起的，也可能是一只小鸟在花丛中飞动引起的，但主人急切盼望见到自己的心上人，在这个心理因素的“诱导”下，他的认知便不是关注于客观的现实，而是进行主观的推测，便有了“疑是玉人来”这一结果。虽然这一结果的发生概率可能是最小的，但它是主人所希望的。

诗歌中的溯因推理具有不确定性，是为了表达作者的某种猜想、愿望、偏好、爱憎等心理活动，常常运用人格化、拟人化描写的手法。这种不确定性的选择正是感情抒发的需要，形成了诗歌独特的审美特征。

从传统诗歌理论来讲，这恰恰体现了诗歌的反逻辑性，因为它违背生活的真实，不合常理。这是从结果的角度来进行评价的，正是我们在前文中所说诗歌的背离性特点。而这里讲的逻辑，是指逻辑推理的形式，强调的是过程性，也就是说诗歌的思维流程有一个逻辑推理的过程在里面。至于这个推理的结果是否为客观的真实并不重要，它追求的是心理的真实、情感的真实。这也正是形象思维的逻辑与抽象思维的逻辑最大的不同。如果诗歌描写的是客观的真实，恰恰丧失了诗味。设想一下，如果“疑是玉人来”换成“原是黄莺飞”，还有诗味吗？

2. 诗中的演绎推理

苏轼《饮湖上初晴后雨》的三、四句“欲把西湖比西子，淡妆浓抹总相宜”，人们都认为是比喻，把美丽的西湖比作美人西施，无论淡妆还是浓抹，她总是那么美丽，这没错。但在比喻背后，其实隐含着一个省略了大前提的演绎推理，完整的推理形式为：

大前提（隐）：美女西子浓妆淡抹总相宜；

小前提（比）：西湖美如西子；

结论：西湖浓妆淡抹总相宜。

比喻是一种形象思维，而演绎推理是一种理性思维，这说明形象思维与理性思维并不是对立的，而是完全可以融合的。形象思维是外显的形式，苏轼将推理巧妙地隐含在形象的联想中，而内部隐含着理性思维，几乎未露痕迹。晋代陆机提倡阅读他人作品应力求“得其用心”。“用心”是什么？仅知道比喻、联想，那是未明白其妙处的深层心理机制。为什么不比作别的什么人，而要比作西子？那是因为西子浓妆淡抹总相宜。只有在这个前提下，把西湖比作西子才显得合适，才能自然地得出后面的结论，让人信服，人人传诵。

所谓的比喻，是说的一种修辞手法。其实比喻中往往暗含了类比思维，喻体和本体之间必须有可比点。从字面看，西湖与西子同有一个“西”字，这只是一个显性的联系点；更妙的是，诗人的着眼点在风神韵味上，是当前的西湖之美与想象中的西施之美有其可意会而不可言传的相似之处。正因西湖与西子都是美在神，所以对西湖来说，晴也好，雨也好，对西子来说，淡妆也好，浓抹也好，都不会改变美的特征。它写的不是西湖的一处之景或一时之景，而是对西湖的全面写照和全面评价，因而具有了超越时间的艺术生命。

这两句固然是妙手偶得的神来之笔，从西湖的美景联想到作为美的化身的西子，从西湖的“晴方好”“雨亦奇”，想象西子、西湖应也是“淡妆浓抹总相宜”，只用一个既空灵又贴切的妙喻就传出了湖山的神韵。当其设喻之际、下笔之时，恐怕不会想到什么推理，但不去这么分析，实在难以体会其妙处。

3. 诗中的类比推理

诗歌中有许多哲理诗，哲理诗是表现诗人的哲学观点、反映哲学道理的诗。这种诗并不是直接表达自己观点，而是将哲理蕴含于鲜明的艺术形象之中，通过写物来传达哲理。

如苏轼的《题西林壁》：“横看成岭侧成峰，远近高低各不同。不识庐山真面目，只缘身在此山中。”这首诗通过对庐山景色的描绘表达出哲理。前两句描述了庐山的形态变化。横看庐山，崇山峻岭绵延不绝；侧看则峰峦起伏，奇峰突起。从远处和近处不同的方位看庐山，山势高低起伏又不相同。这两句概括而形象地写出了移步换形、千姿万态的庐山风景。后两句写感悟：之所以会有不同的印象，看不到庐山真实的面目，是因为身在庐山之中，视野为庐山的峰峦所局限，看到的只是庐山的一峰一岭一丘一壑，局部而已，这必然带有片面性。也就是说，只有置身庐山之外，高瞻远瞩，才能全面把握庐山真正的面目。以对庐山的观察来类比为人处事的道理：人们所处的地位不同，立场不同，看问题的出发点不同，得到的结论不同，对客观事物的认识难免有片面性，看不到事物的全貌和真相，因此，要认识事物的真相与全貌，必须超越狭小的范围，摆脱主观成见。

又如杨万里的《过松源晨炊漆公店》："莫言下岭便无难，赚得行人空喜欢。正入万山圈子里，一山放过一山拦。"人们总说上山难下山易，却不知下山途中还要翻过无数座山。这首诗以山区行路的感受，来类比人生前进道路上的困难，阐明了一个具有普遍意义的深刻道理：人们无论做什么事，都要对前进道路上的困难做好充分的估计，不要因一时的成功而陶醉。因此，在某个阶段突围过后，千万不要"空喜欢"，不可自得自满，而应不断进取，做好再突围一次、再升华一次的打算。

4. 诗中的阐释论证

哲理诗多以物说理，写景诗、抒情诗在表明一种观点、态度或情感时，也往往需要说明为什么，因而有论证的特点。这种阐释论证不是借助于抽象的概念、判断和推理，而是用形象的语言刻画出来的。

唐代齐己有《早梅》一诗，如何写"早"呢？诗中有名句"前村深雪里，昨夜一枝开"，写出了"早"。据《唐才子传》记载，诗的第二联原为"前村深雪里，昨夜数枝开"。齐己拿这首诗向郑谷求教，郑谷读后说："'数枝'非'早'也，未若

‘一枝’佳。”齐己深为佩服，便将“数枝”改为“一枝”，并称郑谷为“一字师”。“一枝开”成为诗的画龙点睛之笔：山村野外一片皑皑深雪，一枝梅花独自开放；梅花开于百花之前，是谓“早”；而这“一枝”又先于众梅，悄然“早”开，更显出此梅不同寻常。

再如杜甫的名作《春夜喜雨》：“好雨知时节，当春乃发生。随风潜入夜，润物细无声。野径云俱黑，江船火独明。晓看红湿处，花重锦官城。”

诗人把雨分为好与不好两种，主旨是讴歌好雨。这就需要确定区分雨之好或不好的标志，即评价的标准，并加以论证。首联两句从时间方面立论，好雨好在“知时节”，即在人们最需要它的春天到来，用一个“知”字就把雨人格化了。第三句从时间性上进一步把什么是好雨说深、说透、说完整，即好雨还知区别时分，人们外出做事、游玩的白天它不来，直到人们都回归家里的夜晚再下。颔联重点描述好雨在行为状态方面的特点，那是伴随和风而来的细雨，下雨而不扰人休息（“细无声”），“润物”而不成灾毁物，利人而不张扬。这两联采用拟人化手法，给雨以认知能力和善解人意的修为，使之自觉践行有意润物、无心讨好这种高尚的行为标准。

好的标准还包括量的内容，时间短、量太小的雨还算不上真正的好雨，绵绵细雨下它一整夜才好，才配得上诗题中那个“喜”字。颈联就是论证这一点的，但不再直接写雨，完全用形象描写，构成一幅鲜明的图画，写野径和云：视野边界处都被黑云笼罩，以“火独明”来反衬，表明降雨的范围广阔，一眼望不到头，且云浓雨必持久。尾联荡开一笔，换了一种思路，即以果证因，想象雨后早晨的迷人景象——整个锦官城（成都）杂花生树，一片“红湿”，一朵朵红艳艳、沉甸甸，汇成花的海洋——以此来印证“好雨”，下了一夜，万物就都得到润泽，发荣滋长起来了。全诗层次分明，环环相扣，步步深入，表现出很强的逻辑性。

5. 诗中的综合论证

有的诗甚至综合运用了不同的论证方法，将批判性思维不留痕迹地运用其中，将景、情、理水乳交融，浑然一体，使得看似浅显的自然或生活现象彰显出深刻的哲理，耐人寻味。比如张旭的《山中留客》：“山光物态弄春晖，莫为轻阴便拟归。纵使晴明无雨色，入云深处亦沾衣。”

这首诗的主题是“留客”，是“山中”留客，留客的前提是有不利因素，即天气转阴，有下雨的可能，这在第二句讲到了。诗的第二句“莫为轻阴便拟归”便是主旨句，亮出了论点，直面游人拟归的心理，提出劝解，其余三句为论证。首句

“山光物态弄春晖”，写出了留客的前提条件——山中万物都在春天的阳光下争奇斗艳，呈现着一派醉人的美景。从整体入手，着力表现春山的整个面貌，从万象更新的气象中，渲染出满目生机、引人入胜的意境。而之所以写这一句，其实又隐含着一个前提，这正是人们春游极欲赏玩的东西。所以，有了这一句就自然引出了劝客人莫要归去的话语。

仅用第一句恐怕是难以留住客人的，因为天要下雨了。还有没有其他的理由？这就需要另辟蹊径，找出更能打动客人的理由。于是三、四句“纵使晴明无雨色，入云深处亦沾衣”，采取以退为进、欲擒故纵的笔法，诗人委婉地假设了一个晴天游春的问题——在晴天中，因为春季雨水充足，云深雾锁的山中也会水汽蒙蒙，行走在草木掩映的山径上，衣服和鞋子同样会被露水和雾气打湿的。为什么这么说？这基于一个前提，那就是客人怕“轻阴”致雨、淋湿衣服。经诗人这么一写，雨天游山，要“沾衣”；晴天游山，也要“沾衣”。也就是说“沾衣”是春日游山无法避免的问题，从某一角度说，这又是春日游山的一大乐趣，那么，何必为有点轻云便决定回去呢？这两句不是消极地解除客人的疑虑，而是巧妙地以委婉的方式，用那令人神往的意境，积极地去诱导、去点燃客人心中要欣赏春山美景的火种。

这首诗不仅意境异常清幽，而且还有隽永的哲理，给人启迪，由个例而引申出一个普遍的道理：赏春时，“莫为轻阴便拟归”，才能看到山中美景；对待困难也是如此，在人们前进的道路上，要正视困难，勇往直前，在克服困难中迎来的美景，才更加赏心悦目，其乐无穷。正由于诗中含义丰富而深刻，所以，这首诗与同类登山春游诗相比就更别具一番悠然不尽的韵味。

通过上面的分析，我们可以发现，诗的形象思维中也有逻辑，文艺创作离不开逻辑思维，只是这种逻辑思维与科技活动中的逻辑思维必定有显著的不同，我们对它研究得还不够。

三、诗的反逻辑性

其实在诗中，有很多情况是反逻辑的，或者违背日常的生活逻辑，或者违背正常的因果逻辑，等等。恰恰在这反逻辑的特性中，蕴含着另一种思维特性，需要运用批判性思维来挖掘背后所隐藏的东西。

1. 背离常情

王维的《杂诗》中写道：“君自故乡来，应知故乡事。来日绮窗前，寒梅著花未?”诗人写思乡之情，却没有一个字提到思念。开头两句写一个久在异乡的人，忽然遇上来自故乡的归友，不问亲人，不问别的，却问窗前的那株梅花开花了吗？这符合常理吗？不合啊。

这首诗正是由于设计了独问寒梅的典型形象，全诗显示出极大的艺术力量，成为思乡之作的精品。恰如诗评家所问："其中消息，不是正可深长思之的吗？"[①] 为什么一个不合常情之处反而产生了强烈的艺术效果？

清代戏剧家李渔说："琢句炼字，虽贵新奇，亦须新而妥，奇而确。妥与确总不越一'理'字。"背离常情处也需要符合生活的逻辑或者是内在的情感逻辑，因而探究背离常情的诗句是进入诗歌情感内部的一个有效途径。

想要了解故乡风物、人事，为什么？应该是来自家乡的人激起了乡思之情。下面两句则很传神地传达出了思乡之情。为什么这两句有这样的效果？

一个人对故乡的怀念，总是和那些与自己过去生活有密切关系的人、事、物联结在一起。所谓"乡思"，并不只是抽象的感觉，也是一种"形象思维"，是浮现在思乡者脑海中的具体的形象或画面，如故乡的亲人朋友、山川景物等。而诗人将思乡之情集中在了梅花这个视觉意象上，呈现出一幅视觉的画

① 萧涤非，等．唐诗鉴赏辞典．上海：上海辞书出版社，1983：185.

面。这正符合了上一节中所讲诗歌形象视觉化的审美特征。为什么是这一个细小的视觉意象？它可能蕴含着当年家居生活的某种记忆。因此，这株寒梅就不再是一般的自然景物，而成了故乡的一种象征，成了“我”思乡之情的集中寄托。从这个意义上去理解，独问“寒梅著花未”是完全符合生活逻辑的。

2. 背离常理

杜牧的《江南春》中写道：“千里莺啼绿映红，水村山郭酒旗风。南朝四百八十寺，多少楼台烟雨中。”在这首诗中，诗人首先描绘了江南那花红柳绿的世界，到处莺歌燕舞，到处绿树红花。但有人怀疑“千里莺啼绿映红”这句是否成立，“千里”的“莺啼”我们哪能听到呢？

这里诗人是出于文学艺术典型概括的需要，用“千里”代表江南的辽阔，并不是一定要真的听到，而是引发我们想象江南那莺歌燕舞、柳绿花红的美好景象。

再如王昌龄的《闺怨》：“闺中少妇不知愁，春日凝妆上翠楼。忽见陌头杨柳色，悔叫夫婿觅封侯。”本来不知愁的少妇，怎么就突然“悔”了呢？缺少依据啊。

诗人在写景或叙述中，常常突然会发生情感的变化，或者是将看似不相干的事物放在一起，往往会有情感的流露，可是为什么会有这种情感的产生，却又含而不露？这需要我们调动有关的背景知识（比如诗人的经历、时代背景等）、有关诗歌创作的手法知识、诗句中隐含的信息，进行合理的推测与想象，弥补诗人或诗中主人公心理或情感的留白。

那么，我们可以进一步追问：少妇为什么悔？为什么这个时候悔？要回答这个问题，则又应想到，为什么当年要让夫婿“觅封侯”？

夏济安先生是这样谈论的：“这是一首七绝，叙说一个少妇忽然想起她的丈夫来……诗虽短短的四句，读者仍可知道不少东西。这个少妇大约长得不丑，家境也不坏，既能‘凝妆’复有楼可上，想非‘蓬门荆钗之类’，为人天真烂漫，可是有点虚荣心。至于背景，恼人的春色和寂寞的芳心正好成一对照，陌头杨柳足以引起遐远的联想。笔墨经济，但是够人玩味。作者告诉我们的事情很少，但是读者想象力所可以补充的却很多。”

能补充什么呢？联系到诗歌创作的时代背景，那是唐代前期，国力强盛，从军远征并立功边塞成为人们“觅封侯”的重要途径。诗中的“闺中少妇”和她的丈夫对这一道路也同样充满了幻想。前两句写她“不知愁”：天真烂漫，富有幻想，梳妆打扮，登楼赏春。第三、四句急转，写忽见柳色而悔恨当初怂恿“夫婿觅封侯”。为什么会有这种情感的变化？对此进行合理的推测，大概是柳树又绿，可是夫君未归，独自一人，梳妆又给谁看？满园柳色，又同谁看？时光流逝，春天易去，青春易逝，于是不禁悔上心头。于是，我们可以明白，此诗抓住天真烂漫的少妇于登楼眺览春光时顷刻间的感情波澜，流露出了世俗荣华不如朝夕相爱的想法，表现出对生命意义的思索。生命的意义是什么？是建功立业，还是朝夕相守？情景交融，引发人深远的思考。

再如温庭筠的《望江南》："梳洗罢，独倚望江楼。过尽千帆皆不是，斜晖脉脉水悠悠。肠断白蘋洲。"梳洗与千帆有什么关系？皆不是什么？

这二者之间有空白要填充，这里需要想象，而这种想象是一种因果关系的推理。

开头"梳洗罢"三字是略含喜庆的序幕，含有一番深情。大概是因为古时交通不便，信息难通，思妇的心上人虽无归期，但又有随时随地突然回家的可能性，所以妇人每日梳妆打扮，理云鬟，施粉黛，要在丈夫到来时，一展自己的照人光彩与青春魅力。独倚望江楼，为什么？希望第一时间看到载着丈夫归来的船，其情殷殷，满怀希望，天边寻归舟，又是充满期待的一天。从"梳洗"到"望见千帆"是一段漫长难耐的焦躁时光，然而却是迷离着玫瑰色梦幻的希望时期。而接下来"皆不是”一语，猝然将这梦幻扯破，重新将思妇抛向绝望的境地。看来今天又是白等了！一腔愁思又化成了悠悠江水、脉脉斜晖，这是最令人伤心的时刻，白日的梳洗、眺望不仅未能解愁，反而使愁思加重。“斜晖脉脉水悠悠”一句还有一层含义，那就是倍添思妇“睹物思人”的相思之苦。这无知的斜晖与悠悠江水，每天此时相拥相恋，缠绵于暮色之中，不忍遽然分手，描画出一幅夕阳无限好的美丽图画。“肠断”是出自《世说新语》的故事，这里形容思妇极度的相思之苦，“白蘋洲”也非等闲之笔，因蘋为水草，蘋水相依则生，蘋失水则死。妇人不能与心上人生活在一起，不正像那无水之蘋吗！触景生情，能不伤怀？寥寥数语，写尽思妇不尽情思。意蕴含蓄，就是古典诗词的灵魂。

这一首言简意丰的闺怨词，短短二十七字，含蓄不尽地描摹出思妇的千般柔情，倾倒了古今无数的读者。

第三节　诗歌的批判性阅读策略

上一节谈的是诗歌本身的逻辑性，那么，在诗歌阅读与鉴赏中如何运用批判性思维？

批判性阅读会对原有理解提出质疑，也会主动探求不同的理解。而实际上，在对诗歌的解读与赏析中，常常会有不同的认识和理解。那么，哪一种解释更加合理呢？依据又是什么？

因此，在阅读诗歌这类文学作品时，就需要引入最佳解释论证的概念，以帮助我们在诗歌的教学和鉴赏中去寻找最合理的解释。

下面我们通过意象的辨析和知人论世的辨析两个方面来谈批判性思维运用的策略，其中包含了寻找最佳解释的论证。

一、意象的辨析

意象是熔铸了作者主观感情的客观物象，常常凝聚着作者的思想感情。在中国古代诗歌中，诗人常用一些特定的意象来表达主题思想及感情，形成了很多传统的意象，它们被赋予了某种特定的内涵，有着传统的审美习惯，其蕴含的意义很多情况下都是固定的。比如菊花一般代表隐逸、脱俗的气质，象征着坚贞高洁的品质、坚强的品格；鸿雁常常指代音信、消息或书信，表达的是孤独、思乡以及对亲人的思念之情……

意象常常是我们理解和鉴赏诗歌的突破口，是一种手段。了解意象的特定内涵有助于理解诗歌，如果不知道它们的独特内涵，我们可能连诗歌理解的门都入不了。

诗歌的意象内涵一旦固定，也就走向了僵化。诗人们用这些意象创作了许多诗歌，但也绝不会满足于此，有的诗人在此意象之外又会翻出新意。我们在解读诗歌时，不能一切都按传统意象的内涵去理解它。有的诗词可以用传统意象的内涵去理解，有的则不行，还按原来的内涵去理解就错了。

比如，梅花的传统意象内涵是傲霜斗雪，不怕打击挫折，不屈不挠，是纯净洁白、坚强、高洁人格的象征，有许多诗为证。

宋人陈亮的《梅花》："一朵忽先变，百花皆后香。"诗人抓住梅花最先开放的特点，写出了不怕打击挫折、敢为天下先的品质，既是咏梅，也是咏自己。

王安石的《梅花》："遥知不是雪，为有暗香来。"诗句既写出了梅花的因风布远，又含蓄地表现了梅花的纯净洁白，收到了香色俱佳的艺术效果。

陆游的著名词作《咏梅》："零落成泥碾作尘，只有香如故。"借梅花来比喻自己备受摧残的不幸遭遇和不愿同流合污的高尚情操。

元人王冕的《墨梅》："不要人夸颜色好，只留清气满乾坤。"也是以冰清玉洁的梅花反映自己不愿同流合污的品质，言浅而意深。

但是我们来看郑谷的《梅》：

江国正寒春信稳，岭头枝上雪飘飘。何言落处堪惆怅，直是开时也寂寥。

素艳照尊桃莫比，孤香黏袖李须饶。离人南去肠应断，片片随鞭过楚桥。

这是一首借物抒情的诗，如果将诗中的梅看作高洁品质的象征，那么整首诗就无法理解了。如果说“雪飘飘”和“寂寥”还能印证的话，“孤香黏袖”就没法解释了，它怎么会黏着人的衣袖呢？而且尾联还写到“肠断”，“片片随鞭过楚桥”，这些表现都与高洁、坚贞的品格不一致。因此，不能再用传统意象的内涵来理解这首诗，此时应该根据诗所描写的内容想一想：还有其他理解吗？

不受传统意象内涵的影响，从诗歌本身出发，我们可以发现，首联的落梅（枝上雪飘飘）是为了渲染离别时伤感的气氛，梅花飘落也为颈联“孤香黏袖”和尾联“片片随鞭过楚桥”做了铺垫。诗人将梅花拟人化，写梅花在酒杯中照影，黏在离人的衣袖上，离人踏上行程，梅花肝肠寸断，又依依不舍地跟随过桥，写出了梅花的多情。诗人写梅花的多情其实是写离人的多情，不直言离人不忍离去，而是通过梅花不忍离别含蓄地表达人的不忍离别。

在景物的描写中，许多意象也常常被赋予特有的内涵，这些内涵的形成也与意象本身的特点密切相关。比如，斜阳（夕阳、落日）多传达凄凉失落、苍茫沉郁之情，春花（落花）常表达年华将要消逝的伤感之情，杨柳常表达送别（离别）时依依不舍的留恋、伤感情怀……

以柳为例，“柳”为何会成为表达留恋伤感的传统意象？首先从字的读音来看，“柳”与“留”谐音，因而离别时则用“柳”表达“留恋”之意。不仅如此，柳枝的形象也与人的情感有相通之处，杨柳的依依之态和惜别时的依依之情在心理上形成共振，于是二者融合在一起形成了一个典型的意象，暗喻离别时的依依不舍之情。《诗经·小雅·采薇》中“昔我往矣，杨柳依依；今我来思，雨雪霏霏”最先将二者联系起来，表达了这个意思，后来被人们所认可和接受，于是成了一个固定的传统意象。

汉代以来，便常以折柳相赠来寄托依依惜别之情，由此引发对远方亲人的思念之情（惜别怀远）以及行旅之人的思乡怨别之情。如《送别》诗：“杨柳青青著地垂，杨花漫漫搅天飞。柳条折尽花飞尽，借问行人归不归？”

“此夜曲中闻折柳，何人不起故园情？”说的是今夜听到《折杨柳》的曲子，又有何人不起思念故乡的感情呢？

唐代长安的灞陵桥，是当时人们从长安到全国各地去时的必经之地，而灞陵桥两边又是杨柳掩映，这儿就成了古人折柳送别的著名的地方。“秦楼月，年年柳色，灞陵伤别。”（李白《忆秦娥》）灞陵桥的两边长满垂柳，而灞陵桥是首都的门户，这里是送别的地方，在灞陵桥折柳送别特别能表达伤离别的情感。后世就把“灞桥折柳”作为送别典故的出处。所以温庭筠有“绿杨陌上多别离”的诗句。

到宋代，这个意象进入了词的创作中，柳永在《雨霖铃》中以“今宵酒醒何处，杨柳岸，晓风残月”来表达别离的伤感之情。

刘禹锡《杨柳枝词》其五和其六则另出新意。第五首“花萼楼前初种时，美人楼上斗腰肢。如今抛掷长街里，露叶如啼欲向谁”，以杨柳依人而易衰，比喻人之依附富贵，不求自立，终难长久。第六首“炀帝行宫汴水滨，数枝杨柳不胜春。晚来风起花如雪，飞入宫墙不见人”，以杨柳见证隋之兴亡，表达世事无常之意。

如果说上述例子都是托物言志（情）的诗，那么借景抒情的诗中有没有这种情况呢？

当然是有的。比如写雨、写落花的，一般都是表达哀情，如“梧桐更兼细雨，到黄昏、点点滴滴”，“对潇潇暮雨洒江天”，“明日落红应满径”，“流水落花春去也，天上人间”……

但是，也有的诗不能这么理解，比如戴叔伦的《春日访山人》：

远访山中客，分泉谩煮茶。相携林下坐，共惜鬓边华。
归路逢残雨，沿溪见落花。候门童子问，游乐到谁家。

按照传统的意象来读这首诗，看到第三联中的“残雨”和“落花”，可能就会认为这是表达诗人的伤感之情。再联系上联的“共惜鬓边华”，可能会觉得是在表达诗人因年华老去却一事无成，只能归隐的惆怅伤感之情。然而通读全篇我们却发现，整首诗似乎并不是表达伤感之情的，首联“分泉谩煮茶”与颔联“相携”表现的是诗人的悠闲随意，以及与山人的深厚情意。再看最后一联“候门童子问，游乐到谁家”，从童子的眼光来看，诗人的心情是愉快的。这不是矛盾了吗？或者是因为童子只是看到表象而没有看到诗人内心是伤感的？

可是诗人并没有埋怨童子不懂自己，那就应该是借童子的视角来写自己的快乐。那么第三联就不能按传统的意象内涵来理解了，要把意象放在整个语境中来理解，而不是孤立地看意象本身。第三联还有“逢”和“见”二字，诗人归途中恰好遇到了一阵雨，称其为“残雨”，说明雨下的时间不长，从尾联反观此处，诗人并没有因此而沮丧；“沿溪见落花”，也没有因此而伤感，实际是一种随性和闲适，反映的是诗人内心的喜悦欢快之情。

其实，不管是按传统意象的内涵解读还是别有新意，都需要从诗歌本身出发，而不能脱离语境机械照搬所谓的内涵。

二、知人论世的辨析

“知人论世”语出《孟子·万章下》：“颂其诗，读其书，不知其人，可乎？是以论其世也。是尚友也。”孟子的这一观点对后世的文学批评产生了深远影响。

在文学批评中，“人”既指作者的身份、经历、性格，也指作者的艺术风格、审美趣味、精神追求，“世”指的是作者所处的时代。所谓知人，是指了解作家各个方面的情况和他的创作意图；所谓论世，是指要了解作品反映的时代背景和作家创作该作品时所处的社会状况。

清人章学诚在《文史通义·文德》中提出，不了解古人生活的时代，不可妄论古人的文辞，知其世，而不知古人的身处，也不可以遽论其文。

知人论世与西方的社会历史批评方法有共通之处。韦勒克、沃伦在《文学理论》中说：“一部文学作品最明显的起因，就是它的创造者，即作者。因此，从作者的个性和生平方面解释作品，是一种最古老和最有基础的文学研究方法。”丹纳也在《艺术哲学》中认为“种族、环境、时代”是影响文学的三要素。

“知人论世”成为语文教学中影响深远的传统诗歌鉴赏方法。《普通高中语文课程标准（2003 年版）》指出：“应引导学生在阅读文学作品时努力做到知人论世，通过查阅有关资料，了解与作品相关的作家经历、时代背景、创作动机以及作品的社会影响等，加深对作家作品的理解。”

在教学古诗词时通过引导学生查阅必要的资料，了解诗人及作品的时代背景、作家创作意图、创作动机等，确实有助于打开古诗词大门，有助于理解诗歌内容，进而帮助学生走进诗人的内心，较为客观地理解作者寄托在作品中的情感，从而更深刻、更透彻地了解作家的思想情感和创作本意。

其一，了解诗人的经历和写作背景有利于准确理解诗歌。

理解诗歌的情感内涵，首先要准确地理解诗歌内容。例如郭震的《宿渔家》：“几代生涯傍海涯，两三间屋盖芦花。灯前笑说归来夜，明月随船送到家。”分析本诗情感，需要理解“灯前笑说归来夜，明月随船送到家”一句的内涵。但是诗中并没有讲此句主语是渔夫还是作者，我们很难判断，这也是诗歌语言的省略性带来的问题。这时，如果我们知道诗人郭震是成都人，由此知人论世，就会明白成都人是不可能乘船从海涯归家的，因此“灯前笑说”的主语应是渔夫，由此无拘无束、愉快交谈的主客形象就呼之欲出了。而如果不知道这一点就可能理解成是诗人归家，将情感理解成作者归家后的温馨和喜悦。

其二，在准确理解诗歌的基础上，知人论世有助于深入理解诗歌的内在情感。

例如王安石的《泊船瓜洲》：“京口瓜洲一水间，钟山只隔数重山。春风又绿江南岸，明月何时照我还。”其中“春风又绿江南岸”是脍炙人口的名句，大多数人都注意到了“绿”字如何用得巧妙，但是如果只看到这一点，并未真正悟得王安石当时的情感。联系当时的背景，正是诗人第二次被起用为相离开江宁之时，内心十分喜悦，希望凭借皇帝的重用开创变法的新局面，正如同温暖的春风将要吹绿江南大地。这种心情，用“绿”字表达最微妙、最含蓄，既写了生机盎然的春景，又洋溢着奉召回京的喜悦之情和对未来变法的信心。

作者的思想感情往往和所处时代有密切的关系。阅读一篇作品，要是不知道它的时代背景，孤立地看，常常很难深刻认识到隐藏在文字背后的深意。因此，“知人论世”有助于体会作品寄托的情感。

其三，古典诗歌讲究含蓄美，知人论世有助于理解诗歌的主旨内涵。

比如孟浩然的《望洞庭湖赠张丞相》："八月湖水平，涵虚混太清。气蒸云梦泽，波撼岳阳城。欲济无舟楫，端居耻圣明。坐观垂钓者，徒有羡鱼情。"诗中前两联描绘了烟波浩渺的洞庭湖，对其进行了泼墨山水般的大笔渲绘，呈现出八百里洞庭的阔大境象与壮伟景观，取得撼人心魄的艺术效果。后两联表达了欲渡无舟的感叹以及临渊而羡鱼的情怀。然而这首诗只是写洞庭之景和表达这种感慨吗？如果不了解诗人写作此诗的背景和他的思想经历，我们很难想到还能表达什么，可能只把它看成一首杰出的山水诗。

然而当我们了解了此诗写作的背景，就会产生全新的认识。当时孟浩然西游长安，张九龄任秘书少监，兼集贤院学士、副知院事，二人及王维为忘年之交。后张九龄拜中书令，孟浩然在入京应试之前写这首诗给张九龄，那是什么意思呢？由此我们可以想到，"欲济无舟楫"实际是比喻出仕无人引荐，"徒有羡鱼情"比喻出仕的愿望。写了这首诗赠给张九龄，目的是想得到张九龄的引荐、赏识和录用，干谒之意十分强烈。只是为了保持一点身份，才写得那样委婉，极力泯灭那干谒的痕迹，写作技巧确是超人一等。

如果不注重“知人论世”，妄论古人之文，则会闹出笑话。唐代诗人杜牧曾写下咏史名作《赤壁》：“折戟沉沙铁未销，自将磨洗认前朝。东风不与周郎便，铜雀春深锁二乔。”诗人通过二乔的命运喻示国家安危、社稷存亡，表现赤壁之战的意义。宋人许彦周却脱离时代背景不管，在其所著诗话中讥讽杜牧：“社稷存亡，生灵涂炭却不问，只恐捉了二乔，可见措大（注：对杜牧的贬称）不识好恶。”许氏不了解诗人写作的意图及赤壁之战的背景与意义，以致对此诗产生了误解。

知人论世确实是理解和鉴赏诗歌的一个重要方法，但是在语文教学中，知人论世却被滥用，甚至是误用，从而被人诟病，如“使文本意蕴狭隘化、求深得凿、牵强附会；甚至以历史事实来裁决、拘限诗歌作品，轻率地否定其真实性”。[①]

在诗歌教学中，知人论世的滥用和误用带来了以下几种弊端。

其一是教学过程的机械僵化。诗歌的教学常常是首先介绍诗人生平、思想经历、诗歌写作背景、时代特征等，然后指导学生运用“知人论世”的方法解读诗歌。由于教材中的文本较为单一，这种方法又能比较好地帮助学生理解诗歌，教师自然

① 王文龙．知人论世与古代诗歌欣赏．名作欣赏，1998（2）．

愿意采用这种教学方法。于是，这种教法便大行其道。然而，对于文本的解读，没有一种方法可以包揽。在进行诗歌的阅读教学时，不能把“知人论世”当作文本解读的唯一法宝。

其二是学生思维的机械僵化。学生通过对诗人的生平和写作背景等相关史料的了解，在头脑中就会“先入为主”，与文本对话时，自然会把已经了解到的知识同文本内容联系起来，直接理解到诗歌的内涵。有了知人论世的捷径，学生便不再需要或不再愿意深入细读文本，因而便不利于学生在积极的思维和情感活动中获得独特的感受和体验。久而久之，学生便缺乏深入文本的思维，把知人论世变成了机械地贴标签，造成知人论世和文本解读的断裂。

其三是对诗歌解读的限制。虽然运用知人论世的方法可以比较好地理解某些诗歌的内涵或主旨，但是诗歌创作出来后，它就具有了一定的独立性，尽管还需要结合作者及时代分析文本，但也并不意味着文本解读只能围绕作者或时代进行，因为优秀的文本总是可以超越作者的思想品格、写作目的、时代特征而具有新的意义。知人论世实际是作者中心论的体现，而文本中心和读者中心又给了我们新的解读视角。

如戴望舒的《雨巷》，按照“知人论世”的方法，结合时代背景和诗人身世去鉴赏，我们可以感悟到，雨巷中丁香一样飘然而去的姑娘，象征了大革命退潮后无法排遣的忧伤与惆怅。但是对于朦胧、象征性诗歌来说，它的“美”就具有不确定的特点。如果把“姑娘”定格为一种理解，那么我们就无法品味“雨巷诗人”诗歌的朦胧色彩和忧郁情愫。因此，在解读时既可以联系时代背景解读，也可以单纯地把它看作一首爱情诗来阅读，还可以把它理解为诗人对理想和美好事物的追求……对这种诗歌应该进行个性化的解读。因为阅读文学作品的过程应是发现和建构作品意义的过程，文学作品的价值正是由读者在阅读鉴赏过程中实现的。

再如辛弃疾的《青玉案·元夕》：“东风夜放花千树。更吹落、星如雨。宝马雕车香满路。凤箫声动，玉壶光转，一夜鱼龙舞。蛾儿雪柳黄金缕。笑语盈盈暗香去。众里寻他千百度。蓦然回首，那人却在，灯火阑珊处。”

按照知人论世的方法，站在灯火阑珊处的那个人，是对辛弃疾自己的一种写照。根据历史背景可知，当时的他不受重用，文韬武略施展不出，心中怀着一种无比惆怅之感，所以只能在一旁孤芳自赏。也就像站在热闹氛围之外的那个人一样，给人一种清高的感觉，体现了受冷落后不肯同流合污的高士之风。

如果用知人论世的方法框住了我们的思维，认为就应该是这一种解读，那该多么遗憾啊！这首词的魅力恐怕要大打折扣。为什么必须只能有这一种解读？“那人”为什么就不能是一个真实的、努力追寻的美人形象？盛装的千百人，都不是作者意中关切之人，在千百人中只为寻找一个——却总是踪影难觅，几乎没有什么希望了……但是，忽然，眼睛一亮，在那一角残灯旁边，分明看见了，是她！她原来在这灯火冷落的地方，还未归去，似有所待！发现那人的一瞬间，是怎样的一种惊喜，又是怎样悲喜莫名的感动。这已足够美了，美到可以成为流传千古的经典。

其四是对诗歌的误读。在诗歌的阅读教学中，由于教材的有限性，借助教材中诗歌的教学，所呈现给学生的诗人经历、思想背景等信息常常是不完整的、片面的，因而学生对诗人的了解也是片面和不完整的。于是，陶渊明就是“弃官归隐”“闲适淡泊”，杜甫就是“忧国忧民”“颠沛流离”，辛弃疾就是梦想收复中原、壮志未遂、报国无门……但是，当遇到诗人的另一种风格的诗词时，如果生搬硬套原有的认知，便会导致理解错误。

比如，苏轼的《十二月十四日夜微雪，明日早往南溪小酌至晚》：“南溪得雪真无价，走马来看及未消。独自披榛寻履迹，最先犯晓过朱桥。谁怜破屋眠无处，坐觉村饥语不嚣。惟有暮鸦知客意，惊飞千片落寒条。”

一看到是苏轼的诗，有学生就可能会想到苏轼被贬，可能会是痛苦的，再看到诗中的“破屋”“村饥”“暮鸦”“寒条”等萧索、破败的景象，于是会想到表达了诗人被贬之后的不得志和孤独、凄凉、痛苦的心情。这种解读没有从诗歌本身出发，而是先入为主，从苏轼被贬可能会有的情感出发，到诗中去印证；同时又犯了意象固化的毛病，将“暮鸦”“寒条”简单理解为凄凉、伤感之情。这是典型的生搬硬套、牵强附会。

此时，我们需要问一问，是否还有其他理解？哪一种理解更合理？理由是什么？通过理由的比较、逻辑的分析，寻求最佳解释。

理解诗歌首先应从诗歌本身出发，从诗歌所写的事物、直接表明情感的词或者是某种艺术手法入手来分析。知人论世是帮助我们解读诗歌的一种手段，而不是把诗歌当作印证诗人情感经历的东西。二者的区别在于，一是出发点不同，前者从解读诗歌内容开始，后者从知人论世开始；二是心理过程不同，前者把诗人的思想经历和时代背景当作一种理解诗歌可能有用的假设，需要在整体解读诗歌的基础上将这种假设代入诗歌，看是否能合理地阐释诗歌内涵，而后者容易先入为主，把诗人的思想经历当作这首诗歌的情感内涵来理解。也就是说，知人论世指向的是作者笔下的诗歌，只有当我们无法通过文本内部结构去分析文本，而是需要依靠外围信息去理解或者加深理解时知人论世才有必要。由于诗人往往会写出许多同类型的诗歌，这种方法常常也能凑巧准确解读诗歌内涵。但是这只是生搬硬套而已，并没有使人们真正形成解读和赏析诗歌的能力，如果遇到不同类型的诗歌，就会像上述情况一样，误读诗歌了。

理解诗歌，需要从一句句的解读开始。这首诗的前四句点题，点明“十二月十四日夜微雪”，诗人雅兴勃发，于第二天早晨前往南溪小酌，“真无价”“走马来看”“犯晓过朱桥”可以看出诗人兴致盎然；颈联两句是写景，眼前所见的是“破屋”“村饥”，到处是萧索荒凉的景象，让诗人游兴大减；最后两句写“暮鸦”惊飞、雪花飘落，好似知晓人的意思，可见诗人稍稍摆脱刚刚扫兴的情绪，而重新又有了兴致。

因此，知人论世有它的必要性，也有它的局限性，关键在于我们怎么运用。“严格地说，知人论世只是对诗歌作品的外部研究，而不是作品研究本身。这样的外部研究可以为内部研究拓宽思路，提供信息，有时还可以找到探幽析微的窗口，但它不能也不应该代替内部的研究。”①

---

①　王文龙．知人论世与古代诗歌欣赏．名作欣赏，1998（2）．

这也是我们运用知人论世，寻求最佳解释论证中需要遵循的依据。

第四节 诗歌文本的课例分析

一、魏晋诗歌的发展与时代关系的专题研究

一般教学中，我们会通过诗句内容和语言表达的赏析，弄清作者的情感成分。但通常都到此为止。这样的话，只是长了“见识”，或者说只是弄明白作者说了什么、是怎么想的。我们还有必要知道他们为什么会具有如此情感，运用批判性思维进一步探究他们情感背后各自的立场及价值取向。

我们可以运用“为何是这样的”“是真的吗”“还有别的答案吗”“我认为最合理的是哪个，理由是什么”的语句，作为思维策略指引，引导学生进一步深入思考。

因此，对诗歌的赏析，除了审美的艺术层面之外，还可以进一步恰当运用知人论世的方法，将其放在宏大的历史背景中，进行最佳解释论证，去寻找诗歌中所蕴含的诗人对生命意义的思考与探索、个性意识的觉醒与困惑等主题。

本专题教学运用批判性思维的方法，来探究东汉末年到南

北朝时期诗歌的发展与朝代更迭、社会发展的因果关系，从而挖掘诗歌发展更深层的本质，以及人性觉醒中的困惑与探索。

（一）东汉末年：苦难与觉醒

1.“古诗十九首”

东汉末年是血雨腥风的时代，两次“党锢之祸”致使大批清流知识分子被杀。剩下的一批人认识到汉朝统治已不可救药，最终弃它而去，远离了政治大舞台，“古诗十九首”的作者即这种社会与政治的“多余人”。他们用诗歌反映了对那个时代的感知和思考，迎来了个性觉醒的时代。

在那之前，以儒家学说为核心，士大夫们认为人类和自然界都处于有意志的“天”的支配下。然而，东汉末年残酷的社会现实让文人们开始怀疑这一观点。于是在文学创作中，开始关注和思考个人的生命意义，有了所谓“人的主题”的兴起。

“古诗十九首”所抒发的，是人生最基本最普遍的几种情感和思绪，是“人同有之情”，同时，它又以艺术的方式，深刻地反映了文人在汉末时期社会思想的大转变。“古诗十九首”中已看不到真正的政治热情，看不到河清海晏的政治理想，也看不到负责任的政治讽谏，看到的是追求的幻灭与沉沦、心灵的觉醒与痛苦。正如王康在《古诗十九首绎后序》中所说：“逐臣弃友、思妇劳人、托境抒情、比物连类、亲疏厚薄、死生新故之感，质言之、寓言之、一唱而三叹之。”

面对生命的短暂、冷酷与虚无，死亡的阴森惨淡，诗人们感受到了有限的个体生命与永恒的宇宙的对立，不断发出哀伤的感叹：“人生天地间，忽如远行客”（《青青陵上柏》）；“人生寄一世，奄忽若飙尘”（《今日良宴会》）；“人生非金石，岂能长寿考”（《回车驾言迈》）；“四时更变化，岁暮一何速”（《东城高且长》）。

同时，他们虽也在揭露现实社会黑暗，抨击末世风俗，但在其中更隐含了对失去的道德原则的追恋与无奈。他们的信仰开始崩塌，事功不朽的希望破灭，于是，或者露骨宣称为摆脱贫贱而猎取功名，或者要把握短暂人生而及时行乐，失去原来对信仰的执着与追求。如“斗酒相娱乐，聊厚不为薄。驱车策驽马，游戏宛与洛。……极宴娱心意，戚戚何所迫”（《青青陵上柏》）；“不如饮美酒，被服纨与素”（《驱车上东门》）；“昼短苦夜长，何不秉烛游！为乐当及时，何能待来兹”（《生年不满百》）。

从另一个角度讲，诗人是转而从一个新的层面上去开掘生命的价值。这可以说是一种个性的觉醒，是旧的困境与悖谬的结束，但又是新的困境与悖谬的发现与开始。由于受到历史传统、客观环境和自身文化积淀的束缚，诗歌中所表现的内容与传统伦理道德大相径庭，甚至离经叛道，而不是健康、乐观的内容和形式。

2. 建安风骨

汉末建安时期，以曹操三父子为代表的诗歌显示出新的时代风尚。他们的创作真实地反映了现实的动乱和人民的苦难，同时又抒发了建功立业的理想和积极进取的精神，表现了统一天下的理想和壮志。虽然这一时期的作品也流露出人生短暂、壮志难酬的悲凉幽怨，但整体上意境宏大，笔调朗畅，其雄健深沉、慷慨悲凉的艺术风格，文学史上称为“建安风骨”或“魏晋风骨”。

如曹操的诗“关东有义士，兴兵讨群凶”，“白骨露于野，千里无鸡鸣。生民百遗一，念之断人肠”（《蒿里行》），“周公吐哺，天下归心”（《短歌行》），曹植的诗“名编壮士籍，不得中顾私。捐躯赴国难，视死忽如归”（《白马篇》），既写出百姓的苦难，也表现了廓清天下、重整乾坤、拯救生灵的理想抱负。

他们也看到生命短暂，如“对酒当歌，人生几何？譬如朝露，去日苦多”（《短歌行》）。但并没有无奈和哀伤，不但不怕死，反而有一种时不我待的急迫感、一种按捺不住的激情，要承担起时代的责任与使命。而死亡也有了道德的意义和价值，要用生命去成就现世的功业。

通过这些诗歌我们发现，在末世与乱世中，当面对惨淡的人生和严酷的现实时，并不是只能产生痛苦、无奈与绝望之情，不是只能及时行乐，也可以生出重整乾坤的激情与雄心壮志。

（二）两晋诗歌：幻灭与突围

1. 西晋诗歌

正始时期，魏国内部发生了残酷血腥的权力斗争，司马氏专权，大肆屠杀异己。之后司马氏取代曹魏建立晋朝，政治的黑暗和恐怖让文人人人自危，“但恐须臾间，魂气随风飘。终身履薄冰，谁知我心焦”（阮籍《咏怀·一日复一夕》）。

于是，士人政治理想归于破灭，普遍出现危机感和幻灭感。在生存与死亡的选择中，有的主张老庄之学，清静无为，寄情于山水之中，“越名教而任自然”；有的放浪形骸，在生活上不拘礼法，借以逃避祸端。由于当时的血腥统治，文学创作上不能直抒胸臆，不得不采用比兴、象征等手法，隐晦曲折地表达自己的思想感情，借以发泄不满。诗风由建安时的慷慨悲壮变为玄思清谈、寄托深远。他们的诗歌表现了对生命尊严的理性思考和尖锐的人生悲哀。

然而，这种不合作态度也为司马氏朝廷所不容，“竹林七贤”最后分崩离析：阮籍、刘伶、嵇康与司马朝廷不合作，嵇康被杀害，阮籍佯狂避世；向秀在嵇康被害后被迫出仕；阮咸入晋曾为散骑侍郎，但不为司马炎所重；王戎、山涛则投靠司马朝廷。

之后的西晋文人，悲怀壮烈的功业追求没有了，哀伤悲悯的忧国情怀也没有了，一切都转向麻木与平庸，追求感性的快乐。他们缺少了道德痛苦感，黑暗现实也不能激发他们的志向和思考，诗歌的价值也就大大降低了。

2. 东晋诗歌

如果说困境与悖谬注定要伴随人类的全部进程，在不同的阶段上，人还是要寻找不同的解脱方式。所以到东晋末，在玄学的背景中，陶渊明的诗开始表现一种新的人生观与自然观。这就是强调人与自然的一体性，追求人与自然的和谐。

《饮酒》诗第五首中有“采菊东篱下，悠然见南山。山气日夕佳，飞鸟相与还”，写诗人在劳动之余，采菊东篱，遥望南山。傍晚时分的岚气，若有若无，浮绕于峰际；成群的鸟儿，结伴而飞，归向山林。在陶渊明的诗文中，还有其他类似的句子：“云无心以出岫，鸟倦飞而知还”（《归去来兮辞》）；“卉木繁荣，和风清穆”（《劝农》）；等等。这都是表现自然的运动，因其无目的、无外求，所以平静、充实、完美。整首诗表现了作者悠闲自得的心境和对宁静自由的田园生活的热爱、对黑暗官场的鄙弃和厌恶，抒发了作者宁静安详的心态和闲适自得的情趣，以及返回自然的人生理想，又写出了作者欣赏以及赞叹大自然的情感。

陶渊明找到了朴实宁静而又充满人间温情的田园，不像以前的隐士那样似乎在追求艰苦的生活。陶渊明努力使自己的生活艺术化，艺术化的生活又指向美与和谐；田园生活之乐趣，经他阐发，开始深入人心。

在陶渊明之后的谢灵运，则用他的山水诗为人们在田园之外又指出另一个方向。他游荡在山水之间，发现了自然山水的可亲可近和生机盎然。在建安诗人那里自然是凶恶的，是社会凶恶的陪衬和帮凶，是人生险途的征兆，令人厌恶。但在谢灵运那里，自然却是心灵的益友，“清晖能娱人，游子憺忘归”（《石壁精舍还湖中作》），“观此遗物虑，一悟得所遣”（《从斤竹涧越岭溪行》），不但让人迷恋忘归，而且还能启发心智、安慰心灵，通过对大自然的审美感悟，让人获得清净、空灵的精神境界。

谢灵运纵情于清新、神奇、一尘不染的山水。正如鲍朋山所说，他第一个发现山水的美感，并在山水的美感与人的心灵之间架起了另一条山水与人之间互通的桥梁。

总的来说，建安直到晋宋时期，对生死存亡的重视、哀伤，对人生短促的感慨、喟叹成了文学作品的主流。当战祸不已，疾疫流行，死尸遍野，事物、功业、学问、信仰似乎不怎么可靠可信之时，他们在思考如何有意义地把握住这短暂而苦难的人生。它实质上“标志着一种人的觉醒，即在怀疑和否定旧有传统标准和信仰价值的条件下，人对自己生命、意义、命运的重新发现。”[1]“这个核心便是在怀疑论哲学思潮下对人生的执着。表面看来似乎是如此颓废、悲观、消极的感叹中，深藏着的恰恰是它的反面，是对人生、生命、命运、生活的强烈的欲求和留恋”。[2] 这一时期的作品不再同于两汉文学“厚人伦、美教化”、歌功颂德、人云亦云、点缀升平的功利作品，而是将人生的哀伤与其建功立业的志向结合交融，面对“死生亦大”的悲痛，企图在大自然中寻找人生的安慰和精神的家园，蕴藏着一种向上的、激励人心的情感，表达出来的是他们个人的思想、情感、精神、品格。这些作品没有流于颓废消沉，由于人的觉醒而具备“美学的深度”。

（欧阳林）

二、《唐诗宋词选读》初唐诗教学设计

（一）教材教法分析

1. 教材分析

教学内容的生成与选择以及教学方法的选择是一直困扰语

① 李泽厚．美的历程．天津：天津社会科学院出版社，2001：151.
② 同上 152.

文教学的难题。如何确定教学内容、选择什么样的教学方法，也是摆在初唐诗歌教学面前的一个难题。

从时代的角度来看，初唐诗歌前承齐梁诗风，后启盛唐诗歌。它继承了宫廷诗的一些创作特点，同时又有创新，有了新的时代特点。从题材的角度来看，初唐诗有送别诗、思乡诗、军旅诗、怀古诗、闺思哲理诗等。从体裁的角度看，有律诗和古体诗两种。

2. 教法分析

传统的教学方式是一首一首地教学。这样的好处是好备课，一首诗能分析得更透彻、更完整，不足之处是缺少诗歌教学的系统性，对诗歌的发展与类型的特征缺少深入的认识。

如果按照题材的分类来教学，为了更好地掌握这一类题材的特征，一首诗是不够的，应该再补充同类题材的诗来组织教学。但这样就打乱了教材原本以诗歌史的方式编排的体系，而且后面不同时期的单元都会有同一题材的诗歌，会造成前后教学内容的重复。

3. 教学设想

尊重教材的编排体系，按照诗歌发展史的方式来确定教学内容，选择恰当的教学方法，帮助学生初步建构一个诗歌史的框架体系，大致明白诗歌发展的内在规律。

因此，在讲初唐诗歌之前，首先为学生补充讲解一点诗歌发展史的内容，让学生大致了解诗歌的题材、体裁、思想主旨与时代发展以及人性的自我认知之间的关系。

其次，从诗歌的审美本质特征入手来确定教学内容。诗歌的审美特征，一是客观事物的概括性，二是诗人情感的个性化。这两点是绝大多数诗歌所具备的基本特征，也是鉴赏诗歌需要掌握的基本方法，由此可以衍生出意象、意境、情景交融以及其他各种表现手法。

（二）初唐诗兴起的背景及特点

1. 兴起的背景

齐梁时期，诗歌开始走向形式的发展道路。南方的宫廷和贵族名流支配着诗歌评价，拥有长期文学教养传统的世家大族认为只有他们才有资格评论诗歌的优劣。而他们更看重诗歌的形式上的美。大多数诗歌不过是优雅的消遣和精英们宴乐的一种方式，传统的“诗言志”和隐士的遗世独立都是不可容忍的。

因此，南齐时开始运用四声，讲究对偶，注重音乐美感，要求“一简之内，音韵尽殊；两句之中，轻重悉异”（《宋书·谢灵运传》）。这一时期的诗歌称为永明体。永明体的产生，对于增加诗歌艺术形式的美感、增强诗歌的艺术效果是有积极意义的，为唐代格律诗的出现及其繁荣奠定了基础。但是，诗歌的评价完全取决于规则运用的好坏，并不追求与众不同的表达。

到梁陈时期，在永明体诗歌的基础上产生了宫体诗。这些诗是以宫廷为核心的文人所创作，应诏诗、咏物诗、艳情诗迅速发展，歌咏身边琐事、描写月露风云成为诗歌的主流，如刻画人物（一般是女子）体貌、服饰、用具、歌容舞姿之美，通过对其衣衫、容貌、声色的刻画，描绘其美貌神韵。

齐梁绮靡文风指的就是这种“嘲风月、弄花草”之风，缺乏言志述怀的深刻内容和刚健骨力的创作风尚。在这一时期，汉魏以来在诗歌中思考人生意义、追求远大理想的传统逐渐衰退了。但在格律和艺术描写手法方面，为初唐诗的兴起奠定了基础。

2. 兴起的原因及特点

初唐诗也写作于小酒馆或私家宅邸举行的宴会上，以送别友人或进行社交应酬为主。当诗歌创作被引入科举考试，标志着唐诗从宫廷诗向更注重抒情风格的重要转变。通过考试和亲自挑选，武后提拔了一些出身卑微的诗人，这些人后来帮助了很多出身于地方精英家庭甚至是出身寒微的诗人。在这种广泛的官员群体的影响下，更多的流行体裁，尤其是七言律诗，在宫廷变得受人瞩目。

由于上述原因，产生了一系列的变化。

一是诗歌创作的主体发生变化，由原来的世家大族转向了出身于不同阶层的文人，为诗歌创作突破原来以宫廷宴饮为核心内容的应诏诗、咏物诗、艳情诗等题材，变得多元化，提供了基础。

二是诗歌创作的题材变得宽广。为追求功名，更多的文人离开家乡进京应试，于是送别诗兴起；唐朝前期，不断开疆拓土，为建功立业，大量文人参军作战，于是边塞诗兴起；仕途的不顺、地方为官的长期经历、羁旅在外的辛酸苦楚、对家乡的深沉思念，为诗人们创作更个性化的诗歌提供了机会和条件，于是又产生了思乡诗、羁旅诗、怀古诗等。

那些“放逐”诗人，包括被称为“初唐四杰”的杨炯、王勃、卢照邻和骆宾王，运用宫廷诗的技巧来表达个人苦楚，还吸收了带有强烈情感的更早期体裁，如楚辞等。骆宾王因为将骈文的修辞和思辨的风格改编入诗而著名，如此使诗歌变得更长也更严肃。这些发展使诗歌更为私人化、情感化，并且具有道德的严肃性，由此为盛唐诗歌的发展打下了基础。

初唐诗歌风神初振，所谓风神，是指诗歌不再只是像宫廷诗一样“嘲风月、弄花草”，而是情思浓郁、气势壮大，有高尚充沛的思想感情，有刚健充实的思想内容。

（三）初唐诗的教学课例

1.《春夜别友人》

春夜别友人

陈子昂

银烛吐青烟，金樽对绮筵。离堂思琴瑟，别路绕山川。

明月隐高树，长河没晓天。悠悠洛阳道，此会在何年。

（1）整体理解诗歌

理解诗歌需要运用一定的方法，常用以下几种方法。

第一，"通训诂"。

所谓"通训诂"，就是弄懂字句，提取关键词句，找到全诗骨架子，梳理诗歌基本内容。找到诗歌的骨架子，把握层次脉络和基本意思，才谈得上对诗中手法技巧、特色风格的感受和领悟。第一联写宴会情景，第二联写离别之愁，第三联写离别时的情景，第四联展望未来，不知何时再相见。

第二，"察背景""考身世"：知人论世。

本诗约作于公元 684 年春。这时年方二十三岁的陈子昂告别家乡四川射洪，奔赴东都洛阳，准备向朝廷上书，求取功名。临行前，友人在一个温馨的夜晚设宴欢送他。

第三，"明典故"。

颔联"离堂思琴瑟"，"琴瑟"指朋友宴会之乐，源出《小雅·鹿鸣》“我有嘉宾，鼓琴鼓瑟”，是借用丝弦乐器演奏时音韵谐调来比情谊深厚。

（2）探究物象与情感的关系

第一，探究象与意的关系。

诗人要表达自己个性化的感觉，则需要选择符合自己感情特征的生活意象，提炼出个性化的意象特征。这些意象怎么表达离别之情呢？

先看《春夜别友人》选择了怎样的物象？

选择了银烛、金樽、绮筵，“银、金、绮”用词华丽，写出宴会丰盛、隆重、热闹。

质疑：这些华丽的物象怎么能表达离别时的不舍之情呢？

明确：这些华丽的词语写出了宴会的丰盛、隆重、热闹，与后面离别时的黯淡之景形成鲜明对比，反衬了离别时的伤感与依依不舍之情，因为宴会再丰盛、隆重、热闹，也无法抵消离别的伤感。“吐”字写出了分手在即时的相对无言，只是凝视着青烟的神情。“对”字表明面对华筵，除了频举金樽“劝君更尽一杯酒”的意绪而外，再也没有什么可以勉强相慰的话了，沉静之中更见别意的深沉。

第二，探究景与情的关系。

颈联“明月隐高树，长河没晓天”，为什么要选择这个景？

这个景与情感有什么关系?

笔触从室内移向户外，描写了夜空的景色。月亮已隐没到高树之后，长河淹没在破晓的曙光中，一个“隐”字，一个“没”字，表明时光流逝，不因为离人暂停片刻，催人离别、难舍难分的时刻终于到来了。借空间背景的扩展和时间的推移，来进一步映衬别情之深。

通过以景衬情的含蓄手法，所写之景衬托出时光催人离别、难舍难分的心绪。

尾联“悠悠洛阳道，此会在何年”，写景加直抒胸臆。但说得直白了些，不像李白的“孤帆远影碧空尽，唯见长江天际流”只写景那样含蓄，言有尽而意无穷。

(3) 质疑

有人认为，此诗带有齐梁诗的痕迹，是模仿了谢朓《离夜诗》。怎么看待这种模仿?

离夜诗

谢朓

玉绳隐高树，斜汉耿层台。离堂华烛尽，别幌清琴哀。

翻潮尚知恨，客思眇难裁。山川不可尽，况乃故人杯。

陈子昂的诗在章法、用语等方面确实明显受了谢诗影响。但陈子昂并没有简单地模拟前人，而是有所创新。谢诗较直露和简洁，陈诗则婉转而细腻，在结构上更善于回环曲折地精心布局。情和景的安排上，先以秾丽之笔铺写宴会之盛，次以婉曲之调传达离别之愁，再以宏大的时空背景烘托出宴会之久与友谊之长，最后以展望征途来结束全篇，层次分明。

陈子昂的诗在语言方面，除了开头一联因场面描写之需而适当选用华丽辞藻外，其余用语都不加藻饰，平淡自然。他所追求的乃是整首诗的深厚和雅。清人纪昀说得好："此种诗当于神骨气脉之间得其雄厚之味，若逐句拆开，即不得其佳处。"因而，全诗通篇情景合一，从优美的意象描写中自然地流露感情，胜于一般的离别之作。

2.《和晋陵陆丞早春游望》

和晋陵陆丞早春游望

杜审言

独有宦游人，偏惊物候新。云霞出海曙，梅柳渡江春。

淑气催黄鸟，晴光转绿蘋。忽闻歌古调，归思欲沾巾。

（1）解题

这是一首和诗。"早春"表明了季节，"游"阐明了郊游的事件。原诗是晋陵陆丞作的《早春游望》。晋陵即今江苏常州，唐代属江南东道毗陵郡。陆丞，作者的友人，不详其名，时在晋陵任县丞。大约武则天永昌元年（689）前后，杜审言在江阴县任职，与陆某是同郡邻县的僚友。他们同游唱和。

（2）质疑

其一，春天郊游本应是快乐的事，这首诗是不是表达春天郊游时愉快的心情呢？

不是。最后一句“归思欲沾巾”表明了思乡之痛，并感伤而流泪。

其二，可是，为什么在春天到来的美好季节却产生了思乡之情甚至流泪呢？首联为什么会用“惊”字呢？（探究内在的情感逻辑。）

诗人因物感兴，即景生情。

首联借助关键词来理解。说“独有”“偏惊”，意思是只有离别家乡、奔走仕途的游子，才会对异乡的节物气候感到新奇而大惊小怪。言外之意是，如果在家乡，或是当地人，则见多而不怪。在这强调语气中，生动地表现出诗人宦游江南的身份、处境和矛盾的心情：初春的美景不是促生愉悦的心情，而是让自己心惊。

中间二联即写“惊新”。这两联写江南新春伊始至仲春二月的物候变化特点，表现出江南春光明媚、鸟语花香的水乡景色。

“云霞”句是写新春伊始。在中原，新春伊始的物候是

“东风解冻，蛰虫始振，鱼上冰”（《礼记·月令》），风已暖而水犹寒。而江南水乡近海，春风春水都暖，并且多云。所以诗人突出地写江南的新春是与太阳一起从东方的大海升临人间的，像曙光一样映照着满天云霞。

“梅柳”句是写初春正月的花木，化静为动。同是梅花柳树，同属初春正月，在北方是雪里寻梅，遥看柳色，残冬未消；而江南已经梅花缤纷，柳叶翩翩，春意盎然，这句说梅柳渡过江来，江南就完全是花发木荣的春天了。

《文心雕龙》说“登山则情满于山，观海则意溢于海”，诗人把外在的客观事物都化成了自己的感觉。而诗人要表达自己个性化的感觉，则需要选择符合自己感情特征的生活意象，提炼出个性化的意象特征。所以，同样是写春天，各有不同。

王安石写的是“春风又绿江南岸”，句中的“绿”字带有鲜明的视觉特点，是对江南春色主要特征的概括与提纯，剥离了春天其他的特征。曾用的“入”“过”“满”都不能形象传神地表达出江南春天给人印象最深刻的特点。正是“绿”字，更突出了江南春天给诗人留下的心理印象，调动起他对故乡的思念之情。

有的诗人通过梅柳写春天，李白写的是“寒雪梅中尽，春风柳上归”，好像残雪只有在梅花中才融化，发绿的只有柳条似的，这只是诗人个性化的感觉，但这种感觉也符合内在的生活逻辑，因为春天最早开的花是梅花，最早变绿的是柳条。

同样是写春天的梅柳，写法又有不同。杜审言写的是“云霞出海曙，梅柳渡江春”，清晨太阳从东海海面升起，绚烂的彩霞布满东方天际，仿佛是从海中生出，梅树已经开花，杨柳也遍抽新绿，仿佛春天一下子就渡过了长江，梅花刹那间开放，柳枝刹那间变绿，写出了江南早春的特点。这是“宦游人”眼中的江南早春，所以诗人的感觉是“偏惊物候新”，是感到“新”，并为之而“惊”。

辛弃疾写春天的荠菜花，“城中桃李愁风雨，春在溪头荠菜花”，城里的桃花李花为风雨愁苦凋零，而明媚的春色正映现在溪头一片盛开的荠菜花中。这本是春天的普遍现象，但将它们放在一起，形成了一种对比，农村的春天更经得起风雨的考验，表达并强化了热爱农村生活的特殊感情。

通过以上拓展，有助于帮助学生更深刻地认识到，诗人要选择符合自己感情特征的生活意象，表达自己个性化的感觉。同时，通过群文阅读与比较，学生能更好地体悟到：同是写春天，为什么会选择不同的意象？或者是同样的意象，为什么会传达出不同的情感？

接着写春鸟。“淑气”是说春天气候温暖。“黄鸟”即黄莺，江南的黄莺叫得更欢。一个“催”字，突出了江南二月春鸟欢鸣的特点。

然后写水草。“晴光”即春光。“绿蘋”是浮萍。在中原，季春三月“萍始生”；在江南，梁代诗人江淹称“江南二月春，东风转绿蘋”（《咏美人春游》），这句“晴光转绿蘋”便是化用江诗，也就暗示出江南二月早春的物候，恰同中原三月，整整早了一个月。

诗人是从比较故乡中原物候来写异乡江南的新奇的，在江南早春的新鲜风光里有着诗人怀念中原的故土情意，句句惊新而处处怀乡。

惊新由于怀旧，思乡情切，更觉异乡新奇。这两联写眼中所见江南物候，也寓含着心中怀念中原故乡之情，与首联的矛盾心情正相一贯，同时也自然地转到末联。

（欧阳林）

三、思辨读写教学设计及其价值分析：以《咏怀古迹·群山万壑赴荆门》的教学为例

交融了言语运用、文化理解的批判性思维作为语文核心素养的地位得到体认，将为语文教学内容重新打开一扇阿里巴巴之门。如此，语文教学从教什么、学什么来说，其实就有了两

个明显的层次，一是基于文本里的内容，引导学生走进文本，落脚于知道什么、理解什么、鉴赏什么；二是基于批判性思维的培育，帮助学生提升思维品质乃至人格气质，落脚于分析评判、提出观点、质疑反省。前者的重心是文本本身的蕴含，学习的结果预期是“吃透”与“有见识”；后者的重心是阅读者自己的思与辨，学习的结果预期是“评判”与“能识见”。以此为出发点，就传统经典篇目杜甫的《咏怀古迹·群山万壑赴荆门》做思辨性阅读的教学设计。

【教学目标】

(1) 指导学生对《咏怀古迹·群山万壑赴荆门》进行深度阅读，重点是杜诗中的昭君形象及表达“怨恨”而呈现的意象。

(2) 帮助并指导学生搜集与研读相关资料，思考与辨析怨恨的主体、客体、由来以及关于昭君出塞的代表性诗文的文化视角。

目标(1)更接近于传统诗歌教学，但在质疑和理解上有所突破，目标(2)侧重于思辨性阅读的路径与方法引导。

【教学过程】

课前预发阅读材料：杜甫的《咏怀古迹·群山万壑赴荆门》及其注释，李白的两首《王昭君》，欧阳修、李商隐、白居易的诗句，王安石的两首《明妃曲》，班固的《汉书·元帝纪》，东晋葛洪的《西京杂记》，元朝马致远的《汉宫秋》，东汉蔡邕《琴操》里的《怨旷思惟歌》，翦伯赞的《内蒙访古·大青山下》等有关王昭君叙事的材料概括或节选。

（1）学生借助注释或相互帮助读懂诗歌，朗读时正音，并让学生把难懂或有疑惑的词句提出来一起讨论，然后韵译诗句，整体把握诗歌内容。从学生能解决的教师不必插手的原则出发，这个过程顺畅，并未提出难点，较快完成。

（2）引导学生鉴赏诗歌语言表达和内容意蕴。这首诗的感情基调是怎样的，诗中哪个词最直接地体现出来，全诗又是如何呈现的？学生很容易回答出基调是“怨恨”，就如何呈现的问题，学生的赏析中涉及“一去、朔漠、独留、青冢、黄昏、夜月魂、琵琶、胡语”等多个意象或词句，也基本无难度，教者充分放手，听取学生交流就行。但有学生在说“环佩”是用了借代的修辞时，未能对其效果做特殊分析，对这种贴标签式学习，教者指其过浅。随即追问：“环佩”当然是借代修辞，但此处的借代与一般意义借代的作用有无不同？学生课堂上第一次出现了“不通和无从下手”的状态。教者提示：你们可通过最简单的用例对比来辨析不同点（大家选择的例句是“圆规忿忿不平”）。讨论结果：例句中“圆规”与“杨二嫂”是同位关系，用“圆规”显其特征更形象生动，句中二者可以互换而不影响内容表达，但“环佩空归夜月魂”中，“环佩”与王昭君是借代关系却不能互换，这实际上是产生了一种“人不能归，只闻环佩响”的哀伤，更有“人去人不归而音容宛在夜空久久回荡”的效果。继续明确“怨恨”的层次：去紫台—连朔漠—青冢黄昏—环佩月夜空归—千载琵琶。从生前到身后，从大漠到汉地，从汉时到后世千年，这个怨恨绵延万里、穿越千年。这体现杜甫诗歌境界开阔的一贯性特点。

（3）用一个简单问题设疑：诗中怨恨仅仅是昭君之怨吗？学生很快能回答“还有杜甫之怨”，并知人论世说出理由。教者归纳：杜甫写此诗有很多自况成分，即《唐宋诗举要》所谓“此自喻其寂寥千载之感也”；赏析诗歌时结合作者生平知人论世是个好方法。

（4）以上基本属于传统的诗歌教学，由此处开始，思辨性阅读走向深处。教者出示李白诗句“燕支长寒雪作花，蛾眉憔悴没胡沙”、李商隐诗句“马上琵琶行万里，汉宫长有隔生春”、白居易诗句“满面胡沙满鬓风，眉销残黛脸销红”、欧阳修诗句“红颜胜人多薄命，莫怨东风当自嗟”，问：这些诗句与杜甫的诗共同点在哪？学生回答：凄凉、怨恨。再追问：如果说杜甫咏昭君有自况成分，那李白、欧阳修等人也是如此吗？学生显然被这一问题抓住了软肋，开始思考甚至进行了讨论，并无自信的答案，又一次出现“不通”状态。教者明确：怀古诗有借怀古伤己的一类，也有只是表达某种看法和观点的，所以，知人论世，把作者生平与诗中形象相叠的鉴赏方法是个好方法，但不必拘泥不化。

（5）再次“为难”学生：既然如此，那么问题又来了，如果我们不把这些诗文一律看成作者身世的寄托——其实也没办法这样看，那为何这些诗文都基本以“怨恨和悲苦”为出发点呢？学生试图从手头阅读材料中找到答案，未能如愿。有学生说出“昭君的事实应该如此”“诗人文人们从众的习惯性表达”两个答案，教者对后一个答案给予了肯定，即所谓文学写作拾人牙慧的现象；对第一个答案的评价是，也许如此，也许不一定，更可能只是诗人们的主观想象，希望有更深入的思考辨析。学生再一次出现“不通”状态。

（6）看学生充满了疑惑却无法产生新见解，教者引导，出示李白的另一首《王昭君》：“昭君拂玉鞍，上马啼红颊。今日汉宫人，明朝胡地妾。”让学生反复咀嚼，能读出什么来？或者说，李白此诗的表达重点在哪？能联想到什么？学生答出“啼，哀伤；汉与胡，恨”。此时学生获得了一个借力思考的平台，在“汉与胡”上获得启发——原来是大汉的美女，给了胡人做老婆，汉文人既同情又忿忿不平，潜意识里是一个美女如何能去荒凉愚昧的北方猎人部落，受尽悲苦。教者进一步明确：汉文人因汉家美女的“胡嫁”开始集体抗议，旷世美人一旦失去汉室庇佑而流落大漠，便在汉人的笔下转型为一个怨妇，只能靠怨诗、怨曲、怨泣和怨泪打发岁月，心理上的隐含逻辑则是大汉帝国的文明与繁华。针对王昭君的各种叙事活动，成为中国文化史的一个大事件，也造就了大汉文人“哀怨美学”的全面兴盛——后世600多首记咏昭君故事的诗文及80多种杂剧，绝大部分都是以哀怨、不平为基调。到此为止，课堂上对于《咏怀古迹·群山万壑赴荆门》一诗的情感核心“怨恨”的解读，在一般教学中呈现的两个层次——昭君身世之怨、杜甫伤己之怨之外，多了第三种怨——汉文人诗歌美学里的“怨恨”。

（7）接上，追问：绝大部分有关昭君叙事的诗文都呈现出哀怨的美学特征，那有没有例外呢？请学生从预发阅读材料中自己去辨析。课堂上进行分组合作，就多项材料进行归类和分析，每组一位同学作为代表陈述发现。交流结果：

A. 对《汉书·元帝纪》《汉书·匈奴传》，学生的看法是，它们只是一种简略的事件记载，无倾向性，只述事实。又做出两个判断，一是历史作品的特点是交代史实，并突出事件的历史地位，那就是“美女外交”或“和亲政策”，而且从昭君被封为“宁胡阏氏”（安定胡人的王后）以及此后数十年基本无汉胡战事来看，王昭君的历史地位得到了确认；二是因为是作为历史事件记载，而非文学作品，所以文字里几乎看不到昭君形象。

B. 根据东晋葛洪《西京杂记》、元朝马致远《汉宫秋》，学生做出的推断是，一个杂记，一个杂剧，都是文学范畴的，故事明显曲折，突出昭君的美；都把昭君的遭遇归结于画工之恶，另一面则为皇帝做了开脱，特别是《汉宫秋》里还把皇帝描写得有情有义；《西京杂记》有画工，无具体人名，《汉宫秋》里具体为毛延寿，反映了文学创作题材的演化。教者补充：这个现象可以归结为“奸臣弄事皇帝有情”，我国传统文学作品中有不少这样的主旨，形成一种历史认知惯性，比如把岳飞的遇害算到秦桧的头上，也是这样的逻辑。与之相关的另一端是，对清官政治和天子圣明的期望成为中国文化中一种无奈而又狭隘的表现。

C. 通过对东汉蔡邕《琴操》里的《怨旷思惟歌》以及王安石两首《明妃曲》的阅读分析，学生特别关注了“昭君怨恚日久，不得侍列，乃更修饰，善妆盛服，形容光晖而出”“喟然越席而前曰：妾幸得备在后宫，粗丑卑陋，不合陛下之心，诚愿得行”这些语言、动作、神态描写，认为王昭君是在怨恨中对皇帝采取报复；《琴操》里的昭君形象更丰满有血肉，脱离了国家叙事，而着重表现个人的情感价值追求。教者肯定了学生的发现，并归结为这个材料的视角是“女性的反抗与人生自救”。随后师生一起继续用王安石的两首《明妃曲》为这种女性价值意识的扬起做进一步佐证，从“意态由来画不成，当时枉杀毛延寿”“汉恩自浅胡恩深，人生乐在相知心”看出王安石深邃的历史眼光与独特的评价视角。有同学补充王安石写项羽的《乌江亭》里有“江东子弟今虽在，肯与君王卷土来”句，表达了对王安石的敬意，算是一个跳开王昭君叙事的插曲，但并非无意义。

D. 对翦伯赞《内蒙访古·大青山下》有关片段的阅读分析，师生做出的评判是，作者的视角是民族友好的颂歌，在新中国成立后背景下写的此文，着眼点在于歌颂民族团结，淡化了昭君的悲苦，上升为民族大义。有道理，但缺点是与众多新中国文学犯了同样的毛病：只有民族国家，忽视了具体的人。

（8）就以上讨论，教者与学生一起梳理了几类文本的视角：作者杜甫怀古伤己；大汉文人哀怨美学；美女外交政治棋子；奸臣弄事皇帝有情；女性的反抗与自救；民族友好的颂歌。然后告诉学生思辨性阅读的一些常见特征（评价、辨析，占有、比较，反省、质疑)，而此时课堂上学生的情态似乎表现为“不满足”，教者鼓励他们课后可继续找引相关诗文，看看有没有新的发现。

(9) 接上，并为下一课时的“思辨性写作”做过渡和准备。留下作业（四选一)：其一，王昭君当时有没有不出塞的另外的选择，说说你的理由；其二，仿照《昭君的选择》，为昭君设计一个时间点写一篇叙事文，通过形象刻画和场景描摹表达你的观点；其三，王安石《明妃曲一》里有“家人万里传消息”的句子，请依据王的观点，写全这份家书；其四，大青山下有昭君墓，写一则墓志铭，注意考虑撰写者的身份与口吻（或匈奴人王室，或昭君后人，或民间百姓等)。

【思辨读写的教学实践与价值分析】

(1) 收集、辨析、评估、质疑、反省、包容等批判性思维特质的体现

美国学者格拉泽尔认为：“在一个人的经验范围内，有意愿对问题和事物进行全方位的考虑，这种态度就是审辩式思维。”在前述课例的阅读中，教者给予学生各种类型的有关昭君出塞叙事的材料，以王昭君为辐射点，观照到民间传说、《西京杂记》、《汉书》、《琴操》、《汉宫秋》、其他诗文，以杜甫为辐射点，观照到李白、欧阳修等文人群体和特立独行的王安

石、昭君家人、皇帝等各种立场的人。解析杜甫诗歌之外，教者引导所做最重要的事是搜集、占有，然后让学生辨析各家各人的叙事视角或出发点，并从文体目的和身份不同做出评估，既体现包容并举性，也为鼓励质疑做好准备。这个质疑的过程如下。先肯定杜甫自况的合理性。第一次质疑：杜甫与李白等其他人的诗文都有着悲苦怨恨的共同点，难道都是自况自伤吗？以此重新评估知人论世的鉴赏方法不能千篇一律。第二次质疑：既然不能千篇一律，那为何他们又绝大部分以悲苦与怨恨为主旨呢？从而得出“怨恨不止于昭君之怨、杜甫自伤，还有大汉文人的哀怨美学体现”的解读推论。这个教学过程不仅使过去关于此文本的普遍性解读进入一扇新的门，还以评判、质疑为主线，引导学生从文化与民族心理上进行了探源和反省。在对各种材料的比较辨析环节中，能依据体裁特点、作者出发点、时代特点等做出评估与辨析的同时，学生也获得了思辨性阅读的基本方法与路径。

（2）教法、学法中的“为难”学生

因为不仅仅是理解、接受、赏析，还包括评估、比较、辨别、质疑、反省等，所以思辨性读写中的思维是有质量的高层次思维。既如此，在课堂教学和师生碰撞中，理想状态肯定不是“流畅性”，相反应该有更多的“隔”与“不通”状态，所谓不愤不启、不悱不发。那种流畅问答、一问就答，或者说教者有问学生都能解决问题的课堂形态，肯定是非思辨性的读写课堂。没有难度和曲折甚至颠覆性的思考，一定不是思辨性读写所诉求的。在《咏怀古迹·群山万壑赴荆门》课堂教学中，教者先后多次“问难”，几乎是为难学生，但唯其问难，才有思辨的价值，学生也才可能因经历高难度系数的思维体操而获得收益。课上第一次“不通”状态出现于指出学生所言“环佩是借代”理解过浅，此处应该与一般借代不同时。这一次问难是基于文本解读和意象透析的，学生通过教者引导，比较一般的借代修辞运用实例而解决了问题。第二次问难是“如果说杜甫咏昭君有自况成分，那李白、欧阳修等人也是如此吗?”学生思考后并无自信的答案，又一次出现“不通”状态。后面的讨论则让学生接受了一个教训，知人论世、借作者生平思想解读诗文作品的方法虽好，但不能成为套路，这可算是在培养一种学术思考品质——不唯众，不随流，区分好普遍与具体的关系。这个“不通”刚刚变通，第三次问难又出现：“如果我们不把这些诗文一律看成作者身世的寄托——其实也没办法这样看，那为何这些诗文都基本以‘怨恨和悲苦’为出发点呢?”学生试图从手头阅读材料中找到答案，未能如愿，勉强找答案的，也并无说服力。此时学生的“不通”状态最严重，思路上几乎无路可走。就在把学生难得死死的时候，教者以李白的“今日汉宫人，明朝胡地妾”几句诗为他们打开另一扇门，借助这个平台，学生把目光落在了“汉与胡”上，接下去关于“大汉文人的哀怨美学”命题则呼之欲出，并借此留下了一个学生可以自己再继续探究思考的空间指引：传统文学文化母题中的哀怨主题。“三难”之后，学生的思路基本通了，但并不到此结束，还要把得到的方法提示做一个实践，于是后面的任务是让学生思考、辨析多则不同材料。事实上，学生的思辨品质基本形成，他们对多则材料的文体、出发点、优劣等做出了评估与探源。

（3）言语运用、文化传承与思维品质培养互为经纬的交织

《咏怀古迹·群山万壑赴荆门》的教学设计兼顾了三者。既不忽视语言表达的教学和文化的理解传承，又把准星调向思辨。例如课中，对情感基调“怨恨”的整体把握、呈现怨恨的意象赏析依然落实，但择取重点，学生能自主解决的则不再花时间，而对“环佩是一个借代”这个标签式赏析，教者则提出了批评，引导学生辨析与一般借代的不同，既是语言的深度剖析，又是文本的深度解读，还带着初步的思辨——求真、求新，不随大流。在辨析阅读多则材料时，对李白的诗句“今日汉宫人，明朝胡地妾”的咀嚼，对《琴操》叙事里“怨恚日

久，不得侍列，乃更修饰，善妆盛服，形容光晖而出”“喟然越席而前曰：妾幸得备在后宫，粗丑卑陋，不合陛下之心，诚愿得行”这些语言、动作、神态描写的紧扣，是在进行思辨活动，也是文化的理解与传承过程，同时也紧紧依托文本语言材料推进。

（本文曾发表于《语文学习》2016 年第 6 期，作者：陈兴才）

四、关于《错误》之美的多种解读

“诗无达诂”，诗歌是集审美性与多义性为一体的文体，《错误》一诗尤其如此。《错误》一诗，集“主题美”“古典美”“音乐美”“画面美”和“叙述美”于一体。其优美与丰富看似难以用批判性思维来解读，其实鉴赏本就是论证自己观点的过程，而诗歌的多义性恰巧可以让学生围绕文本生发联想，然后结合文本论证自己的观点或发现新的问题。

1. 理解文本

《错误》具有极强的审美性，主要包括古典美、画面美、叙述美与音乐美。

古典美主要体现在意象的选择和意境的营造上。其江南、莲花、东风、柳絮、春帷等意象均能在古诗词中找到。

江南：“小楼一夜听春雨，深巷明朝卖杏花。”“正是江南好风景，落花时节又逢君。”“春水碧于天，画船听雨眠。垆边人似月，皓腕凝霜雪。”

莲花：“开门郎不至，出门采红莲。采莲南塘秋，莲花过人头。低头弄莲子，莲子清如水。置莲怀袖中，莲心彻底红。……南风知我意，吹梦到西洲。”

东风、柳絮：“撩乱春愁如柳絮，依依梦里无寻处。”“不恨此花飞尽，恨西园、落红难缀。晓来雨过，遗踪何在？一池萍碎。春色三分，二分尘土，一分流水。细看来，不是杨花，点点是离人泪。”

春帷：“如今憔悴，风鬟霜鬓，怕见夜间出去。不如向、帘儿底下，听人笑语。”

思人：“燕草如碧丝，秦桑低绿枝。当君怀归日，是妾断肠时。春风不相识，何事入罗帏。”

楼：“暝色入高楼，有人楼上愁。”“梳洗罢，独倚望江楼。过尽千帆皆不是，斜晖脉脉水悠悠。肠断白蘋洲。”

画面美自然也与古典意境的营造有关，还与诗中提到的一些独特意象有关，比如小小的寂寞的城、街道、窗扉等。“你的心如小小的寂寞的城”，诗歌企图将闺中等待的女子的心理具象化。小小的寂寞的城、街道、窗扉，随着意象越来越“小”，寂寞也越来越深了。诗人于画面的描绘中让人来感知故事，让知觉来承载情感和思维的负荷。

另外，画面美还体现在色彩上。“恰若青石的街道向晚”，渺茫的暖色和沉重的青色对比。天边一轮将落的夕阳，脚下是狭长冷清的青石板路。无法回避的路。是行路还是归路呢？

叙述美主要体现在照应、语序、细节上。

从“照应”上看，达达的马蹄与跫音、美丽的错误与莲花的开落。从“矛盾的修辞”上看，寂寞的城、季节里的容颜、美丽的错误都能体现出诗歌语言的张力。从“照应”这个角度来看，诗歌的开头两句应是结尾，结尾的两句也可以调换。从“细节”这个角度来看，“莲花的开落”很美，为什么要用“开落”呢？一是能体现出分别的时间长，开落一年；二是能表现“你”的憔悴，从玉润到凋零；三是能反映“你”的惊喜与失落。第二句对第一句是转折，第二节对第一节也是转折。

最后，音乐美也是郑愁予诗歌的一大特点。本诗“d”开头的音很多，达达的马蹄似乎踏遍了全诗。随着情感的起伏，诗句的节奏和音调也是抑扬顿挫的。

《错误》主题丰富。较为主流的理解有两种。一种认为该诗写的是战争年月闺中思妇等盼归人的情怀，另一种认为该诗中有诗人对祖国的眷恋之情，这是一首期盼大陆与台湾早日统一的现代抒情诗。郑愁予自述《错误》一诗源自童年的逃难经历，他小学时，抗战就全面爆发了，父亲从陆军大学一毕业就被送到湖北抗战前线，调去襄阳张自忠的部队，他则跟随着母亲经历过各种逃难，一路上看到很多伤兵；1948年，他来到江南的一个村落，那里唤起了他童年时期逃难的记忆，有关炮车、有关战马的马蹄声，他把这些经历艺术化，写成了《错误》。这首诗的主角就是以郑愁予母亲为原型的。

由此可见，《错误》一诗意蕴丰富，值得探究。“探究诗歌主题”也是运用批判性思维解读文本的一个重要入口。

2. 质疑文本

关于《错误》一诗的主题，质疑点集中在两个问题上。一是这首诗写了什么？二是诗中的归人和过客究竟是谁？

初读本诗，会将其与古代闺怨诗联系起来。不过，其中的你、我、归人与过客究竟是谁？他们之间的故事如何呢？

会产生多种理解，每种理解又不全然合理。那么，在对该种理解的质疑过程中，又会生发出新的解释，诗歌的美感也由此产生。

第一种理解较为常见，“你”是等待归人的江南女子，归人始终没有出现，“我”是那个偶然经过江南小镇的过客。我踏马经过江南小镇，这一形象符合古诗词中“游子”形象，而他又直白地表达“我不是归人，是个过客”，因此，从此立场上看，第一种理解是合理的。不过，关于这种理解，有新的质疑：我是如何知道这江南小城里有一位江南女子的呢？大概，是“我”的一种想象，或许这位等待归人的江南女子并不存在。因此出现了第二种理解，“你”是“我”想象中的江南女子，归人并不存在。之所以猜测她不存在，是因为全诗都是以“我”的视角在抒情，“你”是存在于“我”主观世界中的人物，那么，既可能是回忆，亦可能是想象。

第三种理解中，“你”还是不变，而“我”是那个归人，即使回到了江南小镇，依然无法与女子相见，或许是因为战事，或许是因为“我”的情感已经改变……这场美丽的错误是令人心碎的错误。产生这种理解，是因为“我不是归人，是个过客”，是“我”的主观表达，这个“归人”就会产生多种含义，或许是女子最后的归宿的意思，如果这么理解，那么这句诗是“我”无奈的悲哀之语。当然，关于这种理解，也有质疑：这样的错误真的美丽吗？为什么这样理解以后，心里总不那么“舒服”呢？这时，可一起讨论关于道德与文学之美的关系。

除此之外，还有其他几种理解。

第四种理解认为“我”和“你”是同一个人。“你”是过去的，在江南记忆中的你。而“我”是如今的，在战争中的无法回到过去的“我”。这首诗是自我的对话。“我”与“你”都没有明确的指代，我们只知道“我”和“你”是在不同的境遇之中的，偶然的相逢，是一种不得已的“错误”。我本是那个在等待的思妇。或者，思妇是我人生某一珍贵过往的象征。

第五种理解认为“你”是江南小城，而“我”是打小生活在这里的人，如今“我”归来，却无法真正归来。战争让江南失去了本来的面目。这样的理解亦源自“我”与“你”的指代不明，诗歌是包含着多重想象的，“你”拥有江南小城的许多特点，是我魂牵梦绕的地方，而我，却因这战争，无法真正归来。

第六种理解，从郑愁予后记中的话来看，母亲也许等待的是父亲。也许，母亲即大陆。郑愁予是第一批来台湾的外省人，只有家，没有了国，害怕自己早已成了过客，不能回到久违的故乡。这一种理解是根据郑愁予的自述产生的，我们无法立即理解到这一层面。如果以这个角度来看的话，诗歌中的“我”与“你”就很明确了。当然，诗歌是开放的，郑愁予一定也不希望读者将读诗变成考据，如若真是如此，那么诗意也就消失了大半。

另外，我们离开诗歌读一读标题，也许会产生这样的困惑。为什么诗题是“错误”，不是“过错”或“误会”呢？如果以“过错”为标题，那么带有某种谴责的意味，就没有“错误”来得“美丽”。如果以“误会”为标题，误会可以一笑而过，但错误则引人痛惜与深思。

“错误”还给人以落空之感。诗歌中的静止被打破。游子引起女性内心的波动与失落、渴望与失望。游子，不能为她带来希望与安慰。

联系《断章》可见，世上的事总是相互依存、相互影响的。这世上许多人和事，本在不同的轨道里遵循着自己的规律运行，但是偶然间的相触、相遇，会生发出许多美丽和忧愁。

3. 理解作者

《错误》一诗，初读很古典，这主要体现在意象的选择、意境的营造上，还体现在主题上。江南小城里有待人归来的姑娘，引人产生美的联想。这就是郑愁予先生追求的“纵的继承”，郑愁予 1955 年以前的早期诗作主要受我国传统诗词的影响，构思新颖，形象生动，节奏、音律铿锵明快。郑愁予从小就读一些古典诗词，但用他自己的话说：“我真正写诗，完全没有袭取古典诗的遗产。”早在到台湾之前，他就读艾青的诗，喜欢绿原、何其芳、王辛笛和废名等人的诗。正如诗人的自白：“我的诗中贯穿着传统的情操，这是外国人没有的。”

除此之外，《错误》一诗还体现出了很强的现代性，这主要体现在主题的多义上，另外，也体现在他独特的音乐节奏上。从技巧上看，诗人由于受到象征主义强调诗的音乐性的影响，写诗特别注重总体旋律。《错误》一诗的音乐性也体现在这里。正如郑愁予所说，诗歌“要在历史精神上做纵的继承，在技巧上（有时也可在精神上）做横的移植，两者形成十字架，然后再出发”。

《错误》一诗集古典与现代于一身，富有美感，意蕴丰富。我们亦可以用批判性思维分析出其中的美究竟来自哪里，其中究竟有多少种故事，让诗歌产生新的意义。

（江苏省常州高级中学　金蕾）

第五章　论述文的批判性阅读教学

在当今这个信息量剧增的时代，阅读者如何辨别和筛选信息，并能准确分析和评价信息，已经成为社会生活中一种不可或缺的能力。论述类文本作为社会需要的一种重要阅读方式，是中学语文教学和测试的一项重要内容。然而，目前论述类文本的文体知识依然比较陈旧，建立在议论文三要素基础上的教学方式已远远不能满足现实生活和进入高等学府进一步深造以及创新发展的需要。我们需要运用逻辑学和批判性思维重建论述类文本的知识体系，进而建构新的教学策略。

第一节　论述类文本的特征

一、议论文的概念及种类

议论文，通常又称为论述文，或说理文，《高中语文课程标准（2003年版）》称为理论类文本（“阅读与鉴赏”中与实用类、文学类并称）、论述类文本。高考试题统称为论述类文本。

议论文，以逻辑推理为主要特征，以议论为主要表达方式，通过剖析事物、论述事理、批驳错误观点等形式来阐述自己的观点、看法或主张。它不同于记叙文以形象生动的记叙来间接地表达作者的思想感情，也不同于说明文侧重介绍或解释事物的形状、性质、成因、功能等。常见的论述文一般有政论文、学术论文、时评、书评等。

政论文是从政治角度阐述和评论当前重大事件和社会问题的议论文，具有针对性、理论性和实效性的特点。

学术论文，就是用系统的、专门的知识来讨论或研究某种问题或研究成果的学理性文章，具有学术性、科学性、创造性、学理性的特点。按研究的学科，可将学术论文分为自然科学论文和社会科学论文。每类又可按各自的门类分下去，如社会科学论文，又可细分为文学、历史、哲学、教育、政治等学科论文。按研究的内容，可将学术论文分为理论研究论文和应用研究论文。理论研究，重在对各学科的基本概念和基本原理的研究；应用研究，侧重于如何将各学科的知识转化为专业技术和生产技术，直接服务于社会。

时评，是对当前发生的新闻及新闻中的事实或新闻中表现出的乃至隐藏的问题，发表作者自己的见解，或归纳、整理出新的结论或者观点。简单地说，就是评说一件事情、一个问题或者是针对几件事情、几个问题进行评说。

书评，即评论并介绍书籍的文章，是以“书”为对象，实事求是、有见识地分析书籍的形式和内容，探求创作的思想性、学术性、知识性和艺术性，从而在作者、读者和出版商之间构建信息交流的渠道。其主要特点是评价的科学性、见解的独创性、语言的生动性。

论述类文本的突出特点是有客观的研究对象、个性化的观点、严密的逻辑和严谨的语言，具有一定的说服力。

二、议论文三要素

传统的议论文知识中，通常认为议论文有三要素，分别是论点、论据、论证。几十年来，这种说法成为中小学议论文教学中的固定认识，用来指导议论文的写作、阅读以及评价。但近几年来，这一说法渐渐受到质疑。下面先了解一下三要素的知识体系。

1. 论点

论点是正确、鲜明阐述作者观点的句子，是一篇文章的灵魂、统率。一篇文章只有一个中心论点，一般可以有分论点。

论点应该正确、鲜明、概括，是一个完整的判断句，绝不可模棱两可。

第一，正确性：论点的说服力根植于对客观事物的正确反映，而这又取决于作者的立场、观点、态度、方法是否正确，如果论点本身不正确，甚至是荒谬的，再怎么论证也不能说服人。因此，论点正确是议论文最起码的要求。

第二，鲜明性：赞成什么、反对什么，要非常鲜明，千万不能模棱两可、含糊不清。

第三，新颖性：论点应该尽可能新颖、深刻，能超出他人的见解，不是老生常谈，也不是无关痛痒、流于一般的泛泛而谈，应该尽可能独特、新颖。

2. 论据

论据是支撑论点的材料，是作者用来证明论点的理由和根据，分为事实论据和理论论据两种。事实论据包括代表性的事例、确凿的数据、可靠的史实等。理论论据是指为社会普遍承认的规律，它们是对大量事实抽象、概括的结果，包括名言警句、谚语格言以及作者的说理分析。

论据要求具有以下特点：第一，确凿性，即事实是确凿的，理论论据是经过实践检验的；第二，典型性，引用的事例应该具有广泛的代表性，代表这一类事物的普遍特点和一般性质；第三，论据与论点的统一，论据是为了证明论点的，两者联系应该紧密一致。

3．论证

论证是用严密论据来证明论点的过程。论证的目的在于揭示出论点和论据之间的内在逻辑关系。

（1）论证类型

议论文的论证一般分为立论和驳论两大类型。

立论是对一定的事件或问题，通过讲事实、摆道理，从正面直接阐述作者的见解和主张的论证方法。

驳论是以有力的论据反驳别人错误论点的论证方式。有三种方法：

第一，反驳论点，即直接反驳对方论点本身的片面、虚假或谬误，这是驳论中最常用的方法。

第二，反驳论据，即揭示对方论据的错误，以达到推倒对方论点的目的，因为错误的论据必定得出错误的论点。

第三，反驳论证，即揭露对方在论证过程中的逻辑错误，如大前提、小前提与结论的矛盾，对方各论点之间的矛盾，论点与论据之间的矛盾，等等。

立论和驳论都是一种证明，一个是从正面证明其正确，而另一个是从反面证明其错误。

（2）论证方法

主要有五种方法：一是举例论证（例证法），列举确凿、充分、有代表性的事例证明论点；二是道理论证（引证法和说理），用经典著作中的精辟见解和古今中外名人的名言警句以及人们公认的定理公式等来证明论点；三是对比论证，用正反两方面的论点或论据做对比，在对比中证明论点；四是因果论证，通过揭示原因来论证结果；五是比喻论证，用人们熟知的事物做比喻来证明论点。

（3）论证结构

一般认为，常见的论证结构有：总分式（或总分总）结构、对照式结构、层进式结构、并列式结构等几种形式。

又认为，论证的基本结构层次是：提出问题（引论）→分析问题（本论）→解决问题（结论）。或者又被简称为是什么、为什么、怎么做三部分。

中学课文中，一般认为论证结构层次最典型的是吴晗的《谈骨气》，下面我们来看一下通常所认为的结构层次。

引论部分：开篇提出论点“我们中国人是有骨气的”，接着，用孟子的话解释论点“富贵不能淫，贫贱不能移，威武不能屈”。

本论部分：用三个事例分别证明论点。文天祥的例子说明富贵不能淫，穷人不食嗟来之食的例子说明贫贱不能移，闻一多的例子说明威武不能屈。

结论部分：解释当今无产阶级的骨气并发出号召。

三个部分分别回答了三个问题：引论部分解答“是什么”的问题；本论部分解答“为什么（有骨气）”的问题；结论部分回答“我们怎么办”的问题。

三、议论文三要素辨析

1. 议论文三要素之弊害

潘新和教授的《试论“议论文三要素”之弊害》一文对三要素说进行了全面批驳，他认为，三要素说并不符合议论体式阅读、写作的实际，在认知方法、思想方法、说理方法上存在着诸多问题。①

第一，“论点”作为要素不妥当。议论文不是有论点就可以，它需要的不是任意的论点，而是具有较高逼真度的论点或新论点，是否有论点不重要，重要的是有什么样的论点。

第二，“论据”不能称为要素。“论据”比“论证”方法低两个层次，它是“论证”方法中“例证法”“引用法”之下的概念。

---

① 潘新和．试论“议论文三要素”之弊害．语文建设，2012（1）．

第三，“论证”也有问题。首先“论证”比“论点”低一个层次，比“论据”高一个层次，与“论点”“论据”不能并列。其次，“论证”是动词，与“论点”“论据”这两个名词不对应。再次，“论证方法”只是若干说理方法之一，说理方法还有很多。

此文论述了议论文三要素知识体系的弊端，探讨了议论文应当有什么样的知识的问题，意在为议论文教学找到新的途径与方法，很有价值。

然而文中的观点也有值得商榷之处。关于论点，他想强调“重要的是有什么样的论点”，但还是有“论点”，只不过对论点有新的要求而已，并没有真正否定“论点”作为要素。关于论据，他是从概念层次的角度讲不能并列，并没有涉及根本问题。关于论证，他分别从概念层次、动名词和说理方法三个方面来批驳，前两者只是说明“论证”这个概念不严谨，并不能说明它不能称为要素。至于说它是说理方法之一有道理，但论证确实是议论文的关键所在，否认它的要素特征过于苛刻。

在这里要区分一下“论证”与推理的不同。“论证”的特征是先有论点，然后作者来论证它的成立。这种思维方式非常适合“代圣人立言”的写作要求。因此，“论点”与“论证”的要素特征也正是那个时代议论文的典型特征。对于作者来说，其实没有自己真正的观点，写作只是为了论证已有的观点、前人的观点。当然，我们也不能排除这样一种情况，那就是作者在思考的过程中形成了自己的观点，在写作中先把自己的观点亮出来，然后给读者证明这个观点是正确的，这同样是论证。在逻辑学中，用的是“推理”这个概念。二者的区别在于，推理是思考的过程，是形成观点的过程，是通过对材料或现象进行归纳、演绎或类比等得出观点（结论）的过程，论证的过程必然包含推理的过程。

可能正是基于论点与论证“代圣人立言”特征的认识，潘教授认为，“三要素”思维是论点先行，是以论点为原点的思维，而议论体式写作的原点不是论点，而应是材料，论点是来源于材料的。这是基于真实性写作的认知，是对“代圣人立言”写作要求的反叛。这种认识也正是时代发展的体现。新时代的教育要求学生学会思考，因为我们面临的是信息时代、开放社会的严峻挑战，为“适应世界教育改革发展趋势、提升我国教育国际竞争力”（《中国学生发展核心素养》），不能机械照搬前人的观点，面对复杂问题和现象，需要学会分析问题、解决现实问题。

在这种背景下，我们更应该看重论点是怎么来的，论点得以产生的材料是什么，如何从材料中分析、推理得出结论，以及如何选题，或者为什么要选择这个材料、话题来写，也就是写作的针对性是什么。“三要素”的知识体系强调论点的天然性，忽视了写作中论点产生的过程，显然已经不适应新时代的发展要求，我们需要重新认识论述类文本的特征。

2. 议论文三要素的逻辑性

吉林省教育学院刘华认为，议论文三要素存在根本性的问题。[①]

他认为议论文三要素的直接源头是西方的形式逻辑理论。我国发端于20世纪二三十年代的议论文写作体系，是建立在形式逻辑理论基础上的，这种建构带有很强的机械、教条的理解和借鉴的痕迹。而议论文三要素并不完全等同于形式逻辑，三要素的提法只是一种简单、概括的提法，是习惯性说法，并不是严谨的概念和定义。

刘华老师从中国古代论说文的传统出发来阐释他的观点。他认为中国古代论说文首先注重的是内容，而非形式，强调“文以载道”，“文章合为时而著，歌诗合为事而作”，比较关注思想和道德的正确性和文章的实用性，其思维方式更注重思想和道德的正确性，其论证方式要比简单的逻辑推理更灵活、更

---

① 刘华．议论文三要素与中国化的议论文写作体系的建构．语文建设，2012（4）．

复杂，比较注重分析，比较注重思想的深度。而且，中国传统的实事求是与西方传统的逻辑理性从来就不在一个层面上。因此，套用西方形式逻辑来比对中国古代论说文的时候，总会发现很多不符合形式逻辑的地方。

比如贾谊《过秦论》，可以被归为归纳推理的论证结构，但是只对秦国一个典型史实进行分析；秦兴亡的历史因素是很复杂的，但是贾谊将其归结到“仁义”，可以说是载了“道”。

因此，刘华老师认为中国现行建立在三要素基础上的议论文写作体系是存在根本性问题的，不要只拘泥于议论文三要素的论争，关键是要建构根植于汉语自身的中国化的写作理论，以及编写反映这些理论建构的多样化的、特色化的写作教材。

刘华老师试图用中国古代论说文的传统否定论说文三要素的观点和逻辑特征，显然是将逻辑推理简单化了。

以《过秦论》为例，此文用的是归纳推理中的典型事例法，还运用了因果推理法。这篇文章的论证也并不复杂，基本是以叙代议，分析较少，而且对所谓“历史”的叙述，多有夸饰之辞。如果说复杂，是这篇文章隐藏了立场与意图：分析秦朝灭亡的原因不是根本目的，目的是以秦的兴亡史实为依据，借古讽今，意在告诫西汉统治者要多行仁义，否则将会重蹈秦亡之覆辙。这里其实隐含了一个演绎推理，归纳推理是为了得出演绎推理的大前提。这可能是刘华老师认为此文深刻却不符合形式逻辑的地方。不能用形式逻辑解释的地方并不意味着不符合形式逻辑，形式逻辑有它的局限性，这时我们需要引入批判性思维，通过寻找隐含的前提去发现背后的逻辑框架。

3. 议论文的知识体系需要完善

吴格明教授在《也谈议论文三要素》一文对议论文三要素做了非常中肯的评价，他认为：

> 议论文三要素的说法源于逻辑学中的论证三要素：论题、论据、论证方式。
>
> 论证是推理的应用。论证的三要素对应于推理的三要素：前提、结论、推理形式。其中论题对应于推理的结论，论据对应于推理的前提，论证方式对应于推理形式。
>
> …………
>
> 就议论文的阅读而言，把握了议论文的三要素，就把握了文章中最主要、最基本的东西，在这个基础上再考虑其他因素，就可以简驭繁。就议论文的写作而言，确定了论点，就确定了文章的中心，确定了论据就确定了文章的主要内容，确定了论证方式，就确定了文章的基本思路。

当然，吴教授也指出，当前议论文的知识还不够完善，需要充实、调整和完善。

比如关于论证方式和论证方法的知识。论证方式指的是演绎、归纳、类比等。演绎论证、归纳论证、类比论证是与演绎推理、归纳推理、类比推理相对应的。演绎推理的思维方向是从一般到个别，归纳推理的思维方向是从个别到一般，类比推理的思维方向是从个别到个别。语文课程应当接受逻辑学的知识，明确地提出“演绎”“归纳”“类比”的概念。没有这些概念，“论证方式”这一概念便没有明确的外延，学生对这一概念的把握就是空洞的。

论证方法是与论证方式不同的概念。语文课程还没有建立起关于论证方法的完善的知识系统。平常所说的“例证法”其实是归纳，属于论证方式的范畴。所谓“引证法”其实是引用。引用别人高水平的话可以增强文章的说服力，但别人的话并不能代替自己对论点的理论分析，不能直接作为论点的论据。所谓“喻证法”其实是类比论证。语文课程应当引入逻辑学中关于论证方法的知识：论证方法有直接论证和间接论证。直接论证是直接用论据确定论点的真实性。间接论证是通过确定与论点相关的其他命题的虚假性来确定论点的真实性。间接论证可以分为反证法和选言证法。反证法是通过确定与论点相矛盾的论断的虚假性来确定论点的真实性。①

四、议论文文体知识补充

议论文之所以严谨，具有说服力，根本原因是有严密的逻辑推理。因此，要正确解读议论文文本，需要具备基本的逻辑推理知识。

逻辑推理包括归纳推理、演绎推理、因果推理、类比推理等形式。

1. 归纳推理

归纳推理是从个别的或特殊的经验事实出发而概括出一般性原理、原则的一种推理方法。

人类认识世界，总是由认识个别和特殊的事物，逐步扩大到认识一般的事物。总是首先认识了许多不同事物的特殊本质，然后才有可能更进一步地进行概括工作，认识诸事物的共同本质。在人类由个别到一般的认识过程中，归纳思想起着积极的推动作用。

在传统的议论文知识中有“事实（或事例）论证”这一说法，实际是归纳推理。

---

① 吴格明．也谈议论文三要素．语文建设，2012（2）．

归纳推理可以分为完全归纳推理和不完全归纳推理两种。

完全归纳法是根据某类中每一个对象都具有（或不具有）某属性而推出某类对象都具有（或不具有）该属性。在论述类文本中完全归纳法比较少用，因为对于社会现象，我们一般很难穷尽，即使可以穷尽，在写作中也没有必要一一罗列。

论述类文本中大多运用的归纳法是不完全归纳法。不完全归纳法又可以分为简单枚举法和典型事例法。

（1）简单枚举法。如果观察到某类中许多事物都具有某属性，而又没有观察到相反的事实，于是就做出结论：某类事物都具有某种属性，这就是简单枚举法。简单枚举法是一种初步的简单的归纳推理，它只是根据一个个事例的枚举。由于这些事例没有进行深入的分析，它的可靠性完全建立在枚举的事例的数量上。当枚举事例的数量不断增大时，其可靠性才会有所增加。而论述文不可能依靠事例的数量来增加可靠性。因此，这种方法很少用，而且运用简单枚举法很可能犯“轻率概括”的错误。

（2）典型事例法。典型事例法是根据对某一类事物中的典型事例的分析，概括上升为关于这一类事物的一般性结论的推理方法。归纳推理所运用的典型事例虽然是少数、个别的，但它反映了事物的本质。典型事例法和枚举法不同，它所根据的事例不在于多，而在于其代表性、典型性。典型事例法可以看作是科学归纳法的一种特殊表现形式。

2. 演绎推理

演绎推理，是从一般性的前提出发，通过推导即“演绎”，得出具体陈述或个别结论的过程。它是从一般到特殊的推理。演绎推理的逻辑形式对理性的重要意义在于，它对人的思维保持严密性、一贯性有着不可替代的校正作用。

演绎推理有直言推理（三段论）、选言推理、假言推理等形式。这三种推理形式和科学归纳法、因果推理法是议论文写作中常常用到的基本推理方法。

（1）直言推理。直言推理（三段论）是演绎推理的一般模式，包含三个部分：大前提——已知的一般原理，小前提——所研究的特殊情况，结论——根据一般原理，对特殊情况做出判断。例如：

大前提：聪明秀出，谓之英；胆力过人，谓之雄。

小前提：项羽英勇善战，他在巨鹿之战中，破釜沉舟，背水一战，以少胜多，大败秦军主力，威震天下。

结论：所以，项羽是英雄。

大前提表述英雄的标准，小前提表述一个客观的事实，根据这两个前提的内容及它们之间的关系，就可以得出结论，这个结论是对个别事物——项羽是否是英雄做出的判断。这个推理结构可以作为文章的论证结构：第一层具体阐述英雄的标准，即聪明秀出，谓之英，胆力过人，谓之雄，并辨析别的为什么不能作为标准；第二层用具体事例说明项羽如何超出常人，胆力过人；最后得出结论，项羽是英雄，结束全文。

（2）假言推理。假言推理的大前提是一个假言判断（往往用假设复句或条件复句表示），小前提是个直言判断。

例如：只有实事求是，才能把中国的事情办好。我们是真心实意想把中国的事情办好的，所以我们必须坚持实事求是的原则。

这个推理的第一个前提是一个必要条件的假设判断，表述了一个普遍的真理；第二个前提表达了一种意愿，一种决心，肯定了第一个前提中的结果；由此推出结论，肯定了第一个前提中的条件。假若我们要提倡“实事求是”的精神，就不妨以此为文章的基本框架，形成论证结构。

（3）选言推理。选言推理是用一个选言判断（通常用选择复句表示）做大前提的推理方法。例如：

大前提：或者站着死，或者跪着生。

小前提：不能跪着生。

结论：就应该站着死。

在传统的议论文知识中，有“理论论证”“引证法”的说法，但这些知识并不准确，我们有必要辨析清楚，才能准确地理解论述类文本。

所谓的“理论论证”，意思是根据一般原理或结论来论证个别事例的方法。这种说法类似于演绎推理，但它对论证原理的解释不准确、不完整。

“引证法”，意思是用经典著作中的精辟见解和古今中外名人的名言警句以及人们公认的定理公式等来证明论点。但是，所引用的所谓名言或公理在不同的情境中所起的作用是不同的，有的是为了阐释概念，比如《谈骨气》一文中引用了孟子的话“富贵不能淫，贫贱不能移，威武不能屈，此之谓大丈夫”，作用是说明骨气的内涵。有的是作为演绎推理的大前提起作用的。

3. 因果推理

因果推理是根据客观事物之间都具有这种普遍的和必然的因果联系的规律性，通过揭示原因来推论结果，或者根据结果推论原因的推理方式。所谓原因，指的是产生某一现象并先于某一现象的现象；所谓结果，指的是原因发生作用的后果。原因与结果具有时间上的先后关系，但具有时间先后关系的现象并非都是因果关系；除了时间的先后关系之外，因果关系还必须具备一个条件，即结果是由于原因的作用所引起的。

因果推理主要是基于前因后果间存有的确凿关系，也就是两事物间必有其依存的关系来满足因果论。比如：

由因推果：因为没有复习，所以可能会考不好。

由果推因：他心情不好，可能是因为发生了什么不好的事。

因果关系常常并不是只有一因一果，可能是一因多果，也可能一果多因。原因有时是多层的，有些现象看起来确实是某种结果的原因，但在现象背后，还有形成它们的根本原因。所以论述类文本常常会有多层因果关系的推理，越深层的原因，往往越能说明问题的实质，越有说服力。

事物的发生、发展常常都有它内在的因果关系，揭示出这种因果的必然关系也就阐述了道理，明辨了是与非。

在传统的议论文知识中有“因果论证”，与这里的因果推理最为接近。但是许多人把凡是可以用“因为……所以……”联结的论证，都称为因果论证，这样就混淆了因果推理、演绎推理、归纳推理，分不清它们的不同之处，也就讲不清楚论证的原理。比如《拿来主义》一文，“因为送去、送来都不好，所以要拿来”，于是许多教师认为此文运用了因果论证。其实这是演绎推理。

4. 类比推理

类比推理是根据两个或两类对象在某些属性上相同，推断出它们在另外的属性（这一属性已为类比的一个对象所具有，在另一个类比的对象那里尚未发现）上也相同的一种推理。

如《邹忌讽齐王纳谏》里是通过相同的属性“妻私”“妾畏”“客求”和“宫妇私”“朝臣畏”“庶民求”的两两相比，令人信服地推论出“王之蔽甚矣”的结论，从而有力地说服了齐王纳谏。

类比推理与比较不同。类比是在比较的基础上进行的推理，目的是推出一个观点，得到一个结论，是一个论证的过程；而比较是认识两类事物异同点的一种简单而基本的逻辑方法，其目的是得出异同，它可以用在论证中，也可以用在说明和记叙中。

类比推理的根据在于两类（个）事物的相似性，这种相似性与所推出结论之间的联系是否紧密决定了类比推理结论的可靠性程度。

传统的议论文知识中有类比论证和比喻论证。类比论证就是类比推理，而所谓的比喻论证有点复杂。严格来讲，在议论文中并没有比喻论证。比喻论证的定义，前文解释为“用人们熟知的事物做比喻来证明论点”，也有的解释为“通过细小的、人们熟悉的事物的比喻来阐明一个抽象的深刻的道理”。其实，比喻只是一种修辞，它并不能证明论点，而是“阐明一个抽象的道理”，化抽象为具体，化艰深为浅显，化枯燥为生动，使读者更容易读懂。有的比喻论证实际就是类比推理，有的所谓比喻论证是用比喻这种修辞包装了的演绎推理。比如，《拿来主义》中用“大宅子”比喻文化遗产，批判孱头、昏蛋、废物等三种具有错误态度的人，实际是对文章前半部分选言推理的形象化再运用。这三种人的态度都是错误的，自然就采用第四种态度，那就是拿来主义。用鱼翅、鸦片、烟枪、姨太太等比喻形象地说明挑选的方式方法，是对拿来主义的内涵进行形象化的说明，并不是在论证观点。

第二节　论述文批判性阅读策略

在当今这个信息量剧增的时代，阅读者准确获得信息，并能准确分析评价信息，形成自己的观点，已经成为社会生活中一种不可或缺的能力。论述类文本作为社会需要的一种主流阅读文本，成为中学语文教学和测试的一项重要内容。

一、论述类文本阅读对思维的要求

在《普通高中语文课程标准（2017 年版）》中，多个学习任务群都强调了在阅读中要探究文本的思维过程和思维方法，培养学生的逻辑思维和批判性思维。

1. 学习任务群1：整本书阅读与研讨

学习目标与内容之（3）：在指定范围内选择阅读一部学术著作。通读全书，勾画圈点，争取读懂；梳理全书大纲小目及其关联，做出全书内容提要；把握书中的重要观点和作者的价值取向。阅读与本书相关的资料，了解本书的学术思想及学术价值。通过反复阅读和思考，探究本书的语言特点和论述逻辑。

2. 学习任务群3：跨媒介阅读与交流

本任务群旨在引导学生学习跨媒介的信息获取、呈现与表达，观察、思考不同媒介语言文字运用的现象，梳理、探究其特点和规律，提高跨媒介分享与交流的能力，提高理解、辨析、评判媒介传播内容的水平，以正确的价值观审视信息的思想内涵，培养求真求实的态度。

学习目标与内容之（2）：知道信息来源的多样性、真实性，辨识媒体立场，多角度分析问题，形成独立判断。

教学提示之（3）要求：通过实例分析，研讨多种媒介信息存储、呈现与传递的特点，分析合理选择、恰当运用不同类型的媒介对表现主题、传递信息、促进交往所产生的影响，加以总结，形成结论。

3. 学习任务群 6：思辨性阅读与表达

本任务群旨在引导学生学习思辨性阅读和表达，发展实证、推理、批判与发现的能力，增强思维的逻辑性和深刻性，认清事物的本质，辨别是非、善恶、美丑，提高理性思维水平。

学习目标与内容包括：

（1）阅读古今中外论说名篇，把握作者的观点、态度和语言特点，理解作者阐述观点的方法和逻辑。阅读近期重要的时事评论，学习作者评说国内外大事或社会热点问题的立场、观点、方法。在阅读各类文本时，分析质疑，多元解读，培养思辨能力。

（2）学习表达和阐发自己的观点，力求立论正确，语言准确，论据恰当，讲究逻辑。学习多角度思考问题。学习反驳，能够做到有理有据，以理服人。

（3）围绕感兴趣的话题开展讨论和辩论，能理性、有条理地表达自己的观点，平等商讨，有针对性、有风度、有礼貌地进行辩驳。

教学提示之（2）要求：教学过程要注重对学生思维过程和思维方法的引导，注意发展学生的辩证思维和批判性思维，注重培养学生思维的逻辑性。结合学生阅读和表达中遇到的实际问题，适时适度地引导学生学习必要的逻辑知识；相关知识的教学要简明、实用，能有效地帮助学生解决概念、判断、推理等方面遇到的问题；避免进行不必要的、机械的训练。

上述对“新课标”的引用，一是说明了逻辑思维的重要性，我们需要在解读论述类文本中正确把握文本的观点和论述逻辑；二是指出我们在阅读及教学中要分析质疑，培养学生思维的逻辑性和思辨性；三是指出要适度地引导学生学习必要的逻辑知识。

因此，抛弃落后的议论文三要素知识体系，纠正它给论述类文本阅读和写作教学带来的错误和弊端，已经成为新时代教育发展的必然要求和趋势。

二、论述类文本批判性阅读策略

琼·温克在《批判教育学》中说，批判不仅意味着批评，更意味着透过表面看到深处。如何看到更深处呢？这需要批判性阅读的策略，我们要教给学生阅读的方法与思维的路径。

我们在阅读论述类文本时，要把握文本的整体结构，以及阅读材料的可信度和真实性。这里面会涉及很多能力，比如解释、分析、评估、概括。我们要问自己：作者的观点是什么？他的观点是否正确？我是否同意作者的观点？作者的观点是否有充分的理论依据来支撑？批判性阅读不是被动地阅读，而是积极地思考，与作者进行交流。当我们使用这些能力去阅读时，才能达到对文章的深度思考。

1. 批判性阅读关键点

董毓教授认为语文阅读有三个类型：娱乐性阅读、信息性阅读和批判性阅读。批判性阅读分为两个阶段：理解地读、批判地读。理解地读的目的在于深入理解文本，即发现作者的论证和解释，所采取的立场是和作者对话，寻找文章的论证结构；批判地读的目的是发展，即为了变通和探索，做到举一反三，所采取的立场是自主思考，主要任务是评估论证。

从理解到发展具体分为三个过程：

（1）推测和理解（意图、根据、推理、解释）；

（2）求证和评估（论证、解释合理、有效吗？为什么？）；

（3）判断和发展（联想、扩大认知、提出自己看法）。

董毓教授认为，批判性阅读的关键点在于忠实理解（发现论证）和审视发问（评估论证）。发问有五大方向，分别为：概念是否清晰，证据是否可信，推理是否合理，假设是否可靠，辩证是否全面。

2. 批判性阅读的具体方法

上述批判性阅读的环节是针对一般性的阅读而言，根据论述类文本的逻辑性特征，需要依据逻辑推理来评估文本，包含以下具体的方法：

- 区别因果关系和相关关系；
- 找出错误的比喻，这种错误是由比较项目之间缺乏可比较性造成的；
- 找出因没有考虑各种可能性而导致错误的两分法；
- 找出没有充分证据的结论；
- 判断前提的准确性，如确定是否应做出结论；
- 识别自相矛盾的地方；
- 识别不相干的问题；
- 识别过分强调事物的共性而忽视个性的做法。[①]

批判性阅读的策略又可以分成两个阶段，两个阶段分别有具体的方法。

研读文本阶段：

- 辨别文本的立场和结论（观点）；
- 观察观点是否基于可靠的证据（证据）；
- 分析作者如何提出理由，以建立起推理过程（论证的程序完整）；

---

① 张丽萍．批判性阅读的课程内容研究——以议论文为例．宁波：宁波大学，2007.

● 评估其理由是否能支持结论（论证的实质合法）。

评估文本阶段：

● 理智地权衡可能的反对意见和证据；

● 辨别文本推理中的缺陷；

● 根据有效的证据和合理的假设，判断论辩是否成立、是否公正。

一般地说，入选教材的文章大多为经典，其论述逻辑大多比较严谨。但学生在理解中可能会出现偏差，对作者的观点或论证、推理过程不能理解，不能接受，从而提出质疑。这便是批判性思维的起点。因为批判性思维并不是挑刺思维，所以在阅读中并不是一定要发现文本确实有漏洞或错误。在经过质疑、分析、评估之后，发现文章论述确实严谨，观点确实正确，然后接受作者的观点，这同样是批判性思维的过程。

当然，即使是经典文章，论证不严密或不准确之处也在所难免，借此训练学生的批判性思维也再好不过。

三、论述类文本解读误例辨析

运用批判性思维理解论述类文本，需要在正确把握论述类文本特征的基础上进行。在传统的教学中，按照议论文三要素的特征解读文本，就可能造成文本误读，进而生成错误的教学内容，选择错误的教学方法。

下面以《谈骨气》为例分析三要素在教学中带来的问题以及正确的解读方式。

受议论文三要素的影响，无论是教学参考书对《谈骨气》的解读，还是语文教学杂志上发表的文章，大都认为这篇文章的中心论点是“中国人是有骨气的”，三个事例是论证中心论点的论据，论证结构是总分总。然而，这种认识并不准确，没有真正分析清楚此文到底在论证什么和如何论证，是生搬硬套议论文三要素的结果。

“中国人是有骨气的”并不是《谈骨气》真正的中心论点，而是支撑作者观点的前提。认真分析一下文章的论证思路，就可以明白作者到底想表达什么观点。

文章第一节写“中国人是有骨气的”；第二节阐释了骨气的内涵；第三节讲每个时代都有很多这样有骨气的人，对“中国人”这个概念的外延进行了限定，表明不是一个集合概念；第四节讲“我们祖先的许多有骨气的动人事迹，还有它积极的教育意义，是值得我们学习的”。前后四节内容构成了一组因果关系链，作者真正要表达的意思是向有骨气的人学习。“中国人是有骨气的”是学习的前提条件，并不是文章的中心。

然后下面列举三个事例，既是在论证各时代都有这样有骨气的人，也是说明要学习祖先有骨气的事迹的原因和学习的具体内容。

三个事例分别从三个方面来论证。文天祥的事例说明他的骨气是“以自己的生命来抗拒压迫”，这种骨气能“号召人民继续起来反抗”；穷人的骨气是“宁可饿死，也不吃你的饭”，因为“他不会白白施舍，吃他的饭就要替他办事”，因而这种骨气是坚守气节、不被利益诱惑的品质；闻一多的骨气是“宁可倒下去，不愿屈服”，这种骨气是坚守正义、不向强权妥协的精神。

这三个事例说明中国不同时期都有这样有骨气的人，并论述了为什么要学习，这是运用了因果分析法。

最后一节写学习先辈们的骨气，是为了“我们无产阶级……有自己的骨气”，这是写这篇文章的最终目的。“我们要学习祖先有骨气的事迹，有自己的骨气”，“自己的骨气”是“绝不向任何困难低头，压不扁，折不弯，顶得住，吓不倒”。为什么要有这种骨气？是“为了社会主义、共产主义建设的胜利”，因为有了这种骨气“我们一定能够克服任何困难，奋勇前进”。

全文的思维（论证）结构图如下所示：

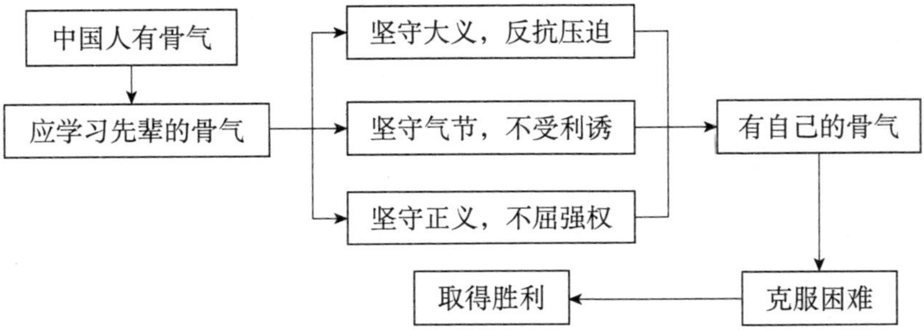

因此，《谈骨气》的论证结构不能简单地看成“总分总”，也不是提出问题→分析问题→解决问题，而是由四层因果关系推动的。论点并不完全是在开头就提出来的，而是在因果推理的过程中自然产生的，因而不适合用“论证”这个概念来解释这篇文章。这篇文章在当时确实产生了很大影响，是因为它内在的严密逻辑在起作用，这绝不是事例论证、引论—本论—结论这些所谓的议论文知识所能解释的。我们需要分析、理解它内部的论述逻辑，这样才能真正明白这篇文章的力量来自哪里。

“中国人是有骨气的”被当作该文的中心，可能是受简化了的议论文文体知识三要素的影响，以为可以化繁为简，让学生简单明了地学习议论文的基本结构，习得议论文的写法。殊不知这种简化的文体知识并不能真正反映议论文的论述思路，难以正确把握文章的中心论点和论证结构，学生学到的是不完整、不严密的论述方式，这无论对学生议论文的阅读、写作，还是对学生思维水平的发展与提升，都没有好处。

因此，议论文的文体知识亟待发展和完善，运用议论文三要素这类化繁为简的知识解读文本，即使一些文章可以勉强套用，但因为论点牵强附会，论证简单化、肤浅化和统一化，学生也得不到有效的思维训练，思维水平难以得到提升，甚至出现解读错误的情况，学生学习到的是错误的文体知识和错误的思维方式。这恐怕也是导致语文议论文阅读教学和议论文写作教学低效甚至无效的一个重要原因。

第三节　论述类文本的课例分析

一、《拿来主义》教学内容辨析

（一）《拿来主义》教学内容综述

《拿来主义》作为鲁迅的一篇经典杂文，历来是教学的重点篇目，但教什么、怎么教也一直争议不断。王荣生教授梳理了 25 个在杂志和相关网站上发表的课例，对《拿来主义》“实际在教什么”做了比较全面的述评。[①]

一是普遍把《拿来主义》当作典型的议论文，主要的教学内容围绕三个问题展开：什么是拿来主义？为什么要采用拿来主义？怎么拿来？有的还赏析了语言辛辣、讽刺、幽默的特点。

二是分析论证结构和论证方法，绝大多数课例认为《拿来主义》采用了“先破后立”的写法。“破”即驳论，批驳“闭关主义”“送去主义”“送来主义”的谬论，指出其危害的实质；然后“立”，树立自己的观点——“我们要拿来”。

三是根据论证方法，把文章分成三部分：第一部分讲为什么实行拿来主义，是因果论证；第二部分谈怎样实行拿来主义，用比喻论证；第三部分总结全文，谈实行拿来主义的重要性和迫切性。

四是整节课都在讨论“如何拿来”。

五是王荣生教授认为比较特别的课例，叫“排除法”：“闭关主义行不通；送去主义，沦为乞丐；听凭送来，大受其害；所以要自己来拿。”

王荣生教授的《〈拿来主义〉教学内容综述》分析了上述

---

① 《拿来主义》教学内容综述//王荣生．听王荣生教授评课．上海：华东师范大学出版社，2007：341－348.

几种教学内容，指出了它们的错误。

一是先破后立的“驳论”不恰当。因为闭关主义、送去主义等是鲁迅对中国历史和现状的概括，不是“论敌的论点”。

二是因果论证不恰当。文中引用了胡恩泉的观点①“因为送去、送来都不好，所以只能拿来”，认为这个所谓的“因果论证”很奇怪。

三是比喻论证不恰当。文中引用了刘纯文的观点：“议论文的比喻是为了阐释论题服务的，不可能单独构成论题。”认为“大宅子”“鱼翅”“鸦片”“烟枪和烟灯”等，都是为了形象地说明与“孱头”“昏蛋”“废物”截然不同的“拿来主义”者，它本身并不论证什么。

（二）《拿来主义》的论证方法辨析

对上述三种论证方法的批驳，笔者十分认同，但应该是什么论证，并没有给出答案。我们首先应该搞清楚《拿来主义》到底用了什么论证方法，然后再决定这篇文章应该教什么。

1. 因果论证与选言推理

因果论证为什么不正确？先要明白什么是因果论证。

---

① 胡恩泉．对《拿来主义》教材分析的两点质疑．江苏教育学院学报，1994（2）．

所谓原因，指的是产生某一现象并先于某一现象的现象；所谓结果，指的是原因发生作用的后果。在议论文体中，根据客观事物之间都具有这种普遍的和必然的因果联系的规律性，通过揭示原因来论证结果，就是因果论证。

原因与结果具有时间上的先后关系，但具有时间先后关系的现象并非都是因果关系；除了时间的先后关系之外，因果关系还必须具备一个条件，即结果是由于原因的作用所引起的。因果论证法主要是基于前因后果间存有的确凿关系，也就是两事物间必有其依存的关系来满足因果论。

据此，我们来分析，“送去”和“送来”是已经存在的现象，作者推断导致的结果是“磕头贺喜，讨一残羹冷炙”，这是符合人们的认知常理的。“送去”与其产生的危害互为因果关系，与“拿来主义”并不存在相互依存的确凿关系。那么“送去”产生的危害与“拿来主义”互为因果吗？也不成立，因为送去的进一步结果是“发疯”，或者说是灭亡，最终结果是“送去”的主体消亡。主体既然消亡了，哪里还会有“拿来”？其实，不“送去”也可以“拿来”。

实际情况是，“送去”“送来”与“拿来”并不是因果关系，而是面对文化遗产时并存的几种情况，它们是并列关系。

不是因果论证，那么是什么论证？是逻辑中的演绎推理法，具体一点讲，《拿来主义》第1—7段运用的是演绎推理中的选言推理。

所谓演绎推理，是从一般性的前提出发，通过推导即“演绎”，得出具体陈述或个别结论的过程。这种推理一般包含三个部分：大前提、小前提、结论。这种推理也用“因为……所以……”的形式来表述，但并不能称为因果论证。

选言推理是以选言判断为前提的推理。选言推理分为相容选言推理和不相容选言推理两种。

相容选言推理的基本原则是：大前提是一个相容的选言判断，小前提否定了其中一个（或一部分）选言支，结论就要肯定剩下的一个选言支。如果是肯定其中的一个，则结论不能否定剩下的一个选言支。例如：李坤或者是教师或者是律师，他不是教师，所以，他是律师。如果说他是教师，就不能否定他也是律师。

不相容选言推理的基本原则是：大前提是个不相容的选言判断，小前提肯定其中的一个选言支，结论则否定其他选言支；小前提否定除其中一个以外的选言支，结论则肯定剩下的那个选言支。例如：一个词，或者是褒义的，或者是贬义的，或者是中性的。“结果”是个中性词，所以，“结果”不是褒义词，也不是贬义词。

《拿来主义》运用了选言推理法，其大前提是：面对文化遗产，或者实行闭关主义，或者是送去主义，或者是全盘接受（主要是接受不好的，相当于送来），或者是拿来主义（占有、挑选）。这个大前提稍微复杂一点，暗含了两个层次。第一层是不相容选言项，即闭关主义和非闭关主义，闭关主义已经证明不行，则只能实行非闭关主义。非闭关主义包含送去主义、全盘接受（主要是接受不好的，相当于送来）、拿来主义三种形式，它们是相容选言项。单纯送去不行，全盘接受也不行，所以就只有实行拿来主义（或者送去的同时也拿来）。

2. 比喻论证与类比推理

传统教学中，认为比喻论证是《拿来主义》一文的最大特点，这一点几乎没有争议。苏教版《教学参考书》（高中语文必修三）上说："鲁迅这篇杂文，在表现方法上主要有两大特点。其一是运用比喻论证，把深奥的道理说得通俗易懂。"许多资料都表达出这样的意思，作者通过比喻来谈，化抽象为具体，化艰深为浅显，化枯燥为生动，使读者一读就懂，为之折服。比喻论证的作用在于以小见大，就近取譬，通过细小的、人们熟悉的事物的比喻来阐明一个抽象的深刻的道理。

但是，比喻论证真的是一种论证方法吗？

苏教版《教学参考书》说比喻论证是一种"表现方法"，

又说“文章在说明什么是拿来主义时就使用了比喻论证”。可“论证”与“表现”“说明”并不是一回事。教参编写者对这些概念的认识似乎是模糊不清的。

所谓论证，是作者运用论据证明论点的逻辑过程和方式，或者说是用一个或一些真实的命题确定另一命题真实性的思维形式，是思维层面的方法。“表现”的意思是“表示出来，显现出来”，表现方法是把内在主观世界状况（如情感、想象、理想、幻想等）表达出来的方法，这不是论证。“说明”是用简明扼要的文字，把事物的形状、性质、特征、成因、关系、功用等解说清楚的表达方式，也不等于论证。

其实它是以比喻为基础构成的比喻式类比论证，同时运用了演绎推理中的选言推理。所谓类比论证，是根据两个对象在某些属性上的相同或相似，推论两者在其他属性上也有相同或相似性，其逻辑形式为：A 具有 a、b、c、d 的属性，B 具有 a、b、c 的属性，所以，B 可能具有 d 的属性。类比论证属于或然性推理，是一种从特殊到特殊、从个别到个别的推理方式。

文章前半部分是演绎推理中的选言推理，文章后半部分用“大宅子”比喻文化遗产，批判孱头、昏蛋、废物等三种具有错误态度的人，实际是对文章前半部分选言推理的形象化再运用。这三种态度都是错误的，自然就采用第四种态度，那就是拿来主义。然后再用鱼翅、鸦片、烟枪、姨太太等比喻进行类比，形象地说明应该怎样进行挑选，是对拿来主义的内涵进行形象化的说明，并不是在论证观点。

所以，文章后半部分论证所运用的推理方式是类比推理和演绎推理中的选言推理。这正是王荣生教授认为比较特别的那种方法，只是那位老师不知道逻辑推理的名称。《拿来主义》这篇文章论证的真正力量在于其推理方法的运用。比喻本身并不存在推理过程，它是论证过程中用到的一种手法，是其华丽的包装和形式，是对抽象、深刻的道理加以形象化，起到了增强说服力的作用，使读者更容易认识和接受这个道理。

（三）《拿来主义》的教学内容

1. 教正确的论证方法

这篇文章正确的论证方法就是演绎推理中的选言推理以及类比推理论证。

王荣生认为《拿来主义》之所以“难教、难学、难懂”，主要是因为强用议论文的套路难以妥帖地解读这篇杂文，笔者认为，更准确地讲应该是因为不懂这篇杂文的推理逻辑形式，却教了不太科学的论证方法。尽管它是杂文，但也要以理服人，而不是单纯地情感宣泄，它必然遵循一定的逻辑。

叶黎明在《写作教学内容新论》一书中指出：“谈论证，

只讲具体层面的论证技巧，而忽视了更高层面的逻辑思维方式——演绎推理与归纳推理，这也是导致学生所写的议论文普遍缺乏逻辑力量，并且倾向于散文化的重要原因。”

所以，我们应该反思的是，我们什么时候教给学生这种思维方法呢？如果在写作教学时不教，阅读教学时也不教，学生又到哪里去学呢？而这种逻辑思维方法既是写好文章的关键，也是读懂文章的关键。所以在教《拿来主义》时，比喻的方法作为这篇杂文的一个重点特点固然要讲，但更重要的应该是逻辑推理，这才是《拿来主义》的教学价值所在。

2. 训练批判性思维能力

不仅要教正确的论证方法，即正确的逻辑推理，还应该教批判性思维的方法。

比如，还有部分教学设计认为，尼采和煤的例子都运用了类比论证法。

文章中运用尼采的例子，说其为类比论证，可以讲得通。其逻辑形式为：尼采只是给予，不想取得，他发了疯；中国如果只是送出去，而不拿来，则也不会有好结果。即尼采具有 a、b、c 的属性，中国具有 a、b 的属性，所以，中国可能具有 c 的属性（当然中国不是发疯，而是有类似的不好结果）。

而关于煤的例子，各种教参和教学设计中要么不提，要么笼统地说是讲送去主义的危害，部分教学设计将其当作类比论证。如果说是类比论证，则是用“煤”类比文化遗产，绝大多数的分析文章、教参以及教学设计都认为此文谈的是文化遗产问题。因为当时上海《文学》月刊正在讨论如何对待“文学遗产”问题，在讨论中存在着“全盘肯定”和“全盘否定”两种错误倾向。鲁迅感到，帝国主义的侵略和反动政府的媚外造成了民族文化的严重危机，同时革命内部在对待中外文化遗产的问题上存在着相当混乱的观点。针对这些情况，鲁迅写了《拿来主义》一文，揭露了帝国主义侵略政策和反动派的卖国罪行。但是这种类比不恰当，因为煤是不可再生资源，挖出来，烧了，送出去了，就没了；而文化是可再生资源，并不是使用了就没有了，相反，文化在交流中反而会促进文化的发展，使文化更加兴盛，产生新的文化形式和资源。

有人抽出第一段中几个词，“一批”“几位”和“几张”、梅兰芳（一人），认为是可送出去的东西越来越少，似乎与煤越送越少一致。可是，煤是送出去就不回来了，而古董、古画和新画、梅兰芳博士是不是送出去就不回来了呢？按照史实来看并非如此，文章也没有说有去无回，即使不讲也可以判定梅兰芳是肯定回来了。所以说，这两个“越来越少”其实含义不同，前一个是指**值得送出去**的东西（或人）越来越少，并不是说东西本身越来越少；后一个则是指东西（煤）本身越来越少。二者不具可比性，因此类比论证不能成立。

所以，有人说，该文并不只是针对文化遗产，而是泛指中外的物质文化资源，因为“九·一八”事变之后，日本帝国主义把魔爪伸向华北，民族利益不断被出卖，讨好帝国主义，一方面西方文化不断进入中国，中国面临着“殖民地化”的严重危机，另一方面英美帝国主义肆意践踏中国领土主权，疯狂掠夺中国经济资源。如果这一说法成立，那么煤的例子就是实指出卖资源一事，更不应该是类比论证。

造成如此歧义，这也可能正是《拿来主义》论证不严密之处。

此外，还有一些疑问值得探讨，比如：

反对送去主义是否合适？现在中外文化交流密切，如送姚明去美国打球、送合唱团去维也纳金色大厅演唱是否也是鲁迅所说的“送去主义”？

文中所说的刘海粟、梅兰芳、徐悲鸿都是真正的大师，尤其是梅兰芳，蓄须明志，不为日寇唱戏，作者批判他们的送去主义，是否合适？

即使是鲁迅的文章，也未必就是完美而无懈可击的，大师的文章未必就不能质疑。对大师的文章，对教材中的文章，我们也不是只能理解和接受。有质疑和批判，才能真正培养学生的思维能力和不唯书、敢质疑、勇探究的品质。

（欧阳林）

二、《从脸谱说起》教学设计

【教学目标】

（1）理解阐释关键概念在论证中的作用，学习并运用阐释关键词论证的方法。

（2）学习运用质疑、评估理由的批判性阅读方法解读文章。

课时：一课时

【教学过程】

1. 理解文本

（1）初读文章，明确作者的观点。

作者的观点可能有以下几个：

第一，脸谱与概念、公式完全不同。

第二，各种“谱”，并不是要限制人的创造，而只是要使人创造得更好。

第三，舞台艺术要做到“有规律的自由”。

（2）作者是针对什么现象或观点写这篇文章的？弄清楚这

一点有助于我们明确作者的写作目的和真正要表达的观点。

从文章的第一段可以发现，是因为有批评家在贬义上使用“脸谱”这个词，说人物没有个性，有公式化、概念化的毛病，则斥之曰“脸谱化”。

（3）文章的论述思路是怎样的？通过梳理论述思路，来看作者是如何论证观点的。

脸谱——→脸谱化：人物没有个性，公式化、概念化。

观点：脸谱与概念、公式完全不同。

谱：标准、准则；谱系，历史性，有各种不同的家法、流派；有待去实现。

菜谱：分属不同菜系；规范，帮助主妇做出中等水平的菜肴，有实用性；但厨艺上乘在于把握火候，有艺术性。

舞台艺术：有各种“谱”，包括曲谱、脸谱，艺术家掌握火候，把“谱”用活；中等水平的演员，按照“谱”表演；艺术家在谱的规范下，创造得更好，有灵气、气韵。舞台艺术是“有规律的自由”。

结论：谱不限制艺术家，而且有助于艺术家成功。

2. 质疑与探究

（1）作者到底想表达什么观点？

观点一：根据以上推论，作者是以脸谱和脸谱化作为写作的由头，来阐释艺术表演和创作中规律与自由的关系。

观点二：作者并不只是想表达舞台艺术是“有规律的自由”这个观点，真正想表达的观点与开头想批驳的观点有关。文章的开头讲到，脸谱在京剧艺术中具有重要地位，有人认为京剧艺术表演有脸谱化的特点，即人物没有个性，公式化、概念化。作者要为京剧表演艺术正名，脸谱不限制艺术家的表演，而且有助于艺术家成功，不能认为“脸谱”是公式化、概念化的而将其称为“脸谱化”。因此，作者实际要表达的观点是：“脸谱”不是概念化、公式化的，不能把它称为“脸谱化”。

如果只是阐释艺术表演和创作中规律与自由的关系，那么批驳的反面现象应该是有人忽视创作中的规律而片面强调自由，这与批评家贬义使用“脸谱”这个情况没有一致性。因此，这一想法不能成立。

（2）有人认为批评家所说的“人物没有个性，有公式化、概念化的毛病，则斥之曰‘脸谱化’”也是有道理的，你怎么看这个问题?

观点一：赞同。

因为脸谱是中国传统戏曲演员面部化妆的一种程式。在面部勾画一定的彩色图案，以显示剧中人物的性格和特征，表达对人物的价值判断。不同色彩赋予人物不同的性格、意义，如红色一般象征忠勇侠义，白色一般象征阴险奸诈。

通过脸谱的造型和颜色、图案，开宗明义地告诉观众这个人物的性格特征和道德伦理特征。这样的划分使舞台上的人物形象清楚明白，内行的观众从脸谱上就可以分辨出这个角色是英雄还是坏人、聪明还是愚蠢、受人爱戴还是使人厌恶，不用再费心猜测、推理、判断。

脸谱的这一特点，似乎确实让京剧在人物形象的塑造上具有程式化、简单化的倾向，不利于表现人物性格的复杂性。而且，京剧艺术的衰落可能与脸谱的这一特点有一定关系。

观点二：反对。

因为京剧在人物形象的塑造上程式化、简单化的倾向不是京剧本身的问题，而在于表演者是不是有灵气、有艺术天分，是不是能够有创新。正如做不好菜不能怪菜谱，演不好戏不能怪各种程式，人物没有个性也不能怪脸谱。“谱”规范着那不易规范的天才，使其不仅有天才，而且有成就。

而且，作者并没有探讨京剧艺术衰落的原因，而是在探讨艺术创作的规律与自由问题。作者从脸谱说起，脸谱是一个由头，也是一个典型的例子，目的是讲艺术要把“谱”用活了。作者是在捍卫艺术创作中的规范性（谱）。文章的写作是有背景和针对性的，是针对批评家批评艺术创作中的规范性而写的。

3. 深度探究

为什么会出现上述情况？作者的论证有什么问题吗？

要弄清这个问题，还是要从“脸谱”和“脸谱化”这两个概念入手分析。把公式化、概念化的毛病称为“脸谱化”，是不是在贬义上使用“脸谱”？

“脸谱”的含义和特点，前文已阐述过，兹不赘述。脸谱化，则比喻文艺创作中刻画人物的公式化倾向，意即作者塑造人物过于简单化和概念化，是好是坏，一眼就能看出来。从脸谱的内涵确实可以推出脸谱化的意义。

“脸谱化”是贬义词，是不是意味着把“脸谱”变成贬义词了呢？

不能这么说，“脸谱”和“脸谱化”是两个不同的概念，二者没有包含与被包含的关系。“脸谱化”是贬义，并不意味着组成这个词的词素“脸谱”和“化”就是贬义。比如，“公式”是一个名词，是中性词，而“公式化”是一个动词，是贬义词，我们不能因为“公式化”是贬义词就把“公式”给贬义化了。

作者随后讲“谱”的内涵，讲“菜谱”的特点，来说明“脸谱”的特点不妨碍艺术家的表演和创造，也未反驳脸谱化的定义。

文章原文还专门有一段写脸谱艺术的意义和价值。也许作者太欣赏“脸谱”艺术了，因此可能对批评家把“脸谱”用在贬义词“脸谱化”中而不满意，觉得把“脸谱”也贬义化了，写这篇文章要为它正名。为了理由更充分，就搬出了舞台艺术是“有规律的自由”这个观点作论据。

（欧阳林）

附：

从脸谱说起

叶秀山

脸谱在京剧艺术中不可或缺，实在是我国艺术家对世界艺术做出的特殊贡献。不过，以前也常听批评家在贬义上使用这个词，说人物没有个性，有公式化、概念化的毛病，则斥之曰“脸谱化”。

其实，脸谱与概念、公式是完全不同的。概念、公式是抽象的，但脸谱却不能归结为抽象。我想，批评脸谱公式化、概念化的，其中有一点未曾深察的是在那个“谱”字上。

“谱”有标准、准则的意思。我们常说某人说话、行事“没谱”，是言其做事说话不遵守一定的规则、无法沟通、交流，也无法理解。“谱”是要大家都能遵守的，没有规矩，不成方圆。“谱”还有谱系的意思。谱系是历史性的，是一种传统。历史不同，传统不同，谱系也就不同，于是有各种不同的家法、流派。京剧的脸谱，也有不同的家法，同样是曹操的脸，勾画上也是大同中有小异。此外，凡称“谱”的，都是有待去实现的。“谱”自身是实践的“本”，好像是个具有普遍意义的设计方案。光有个脸谱不能成为“活曹操”“活包公”，要成“活某某”，还看演员如何去演。

现在书店里有许许多多菜谱，分属各种不同的菜系：四川的，淮扬的，上海的，广州的……但菜谱不是菜，不能吃。菜谱给人一个规范，有的很详细，看起来也很死板，如加盐多少，文火炖半个小时等等。这个指标，对于普通家庭主妇而言，是帮助她做出中等水平的菜肴来，不至于不堪入口。但厨艺上乘，在于把握火候。火候，是一个综合性的分寸，不是“30 分钟”“35 分零 5 秒”那样死板的，到时一定起锅。“火”曰“候”，乃是一种征候，是靠操作者的经验体会感觉出来的。把握火候不是理论性的，而是实践性的，因而不仅仅是实用性的，而且是艺术性的。就实用性而言，做出来的菜，有个中等水平，能吃就行；但就艺术性而言，火候是必须掌握的。舞台艺术中也有火候，是把各种“谱”——包括曲谱、身段、脸谱……都艺术地“兑现”出来，是要艺术家把这些“谱”用活了，塑造出活生生的人物形象来。

像厨艺一样，舞台上也有中等水平的演员，他们按部就班地把各种“谱”“做”出来，就算是完成任务，刻苦的也会用相当的功夫，就是缺少一点灵气。像灵气、气韵等并不是能“谱”出来的，而是艺术家的一种创造。然而，就道理上来说，各种“谱”，并不是要限制人的创造，而只是要使人创造得更好。做不好菜不能怪菜谱，演不好戏不能怪各种程式，人物没有个性也不能怪脸谱。再往深里说，各种“谱”不但不企图限制艺术家的天才，而且还可以防止天才的流产。“谱”规范着那不易规范的天才，使其不仅有天才，而且有成就。

记得十几年前奚啸伯先生对我们说，舞台艺术要做到“有规律的自由”，他的体会是很深刻的。

第六章　传统文化经典的批判性阅读教学

在以往教学中，传统文化经典一般是被当作文言文来教学的，教学的主要任务是学习文言常用实词、虚词和句式，理解文本内容，偏重于文言知识的教学。《高中语文课程标准（2017 年版）》中“中华传统文化经典研习”作为一个专门的学习任务群出现，学生通过阅读中华传统文化经典作品，不只是积累文言阅读经验，更在于培养民族审美趣味，增进对中华优秀传统文化的理解，提升对中华民族文化的认同感、自豪感，增强文化自信，更好地继承和弘扬中华优秀传统文化。要达成这一任务，传统的教学方式远远不能满足要求。

第一节 传统文化经典与批判性思维

一、传统文化经典的范围界定

1. 传统意义上的“经典”界定

“经”本义是指织物的纵线，后来引申为一定的标准。“典”则指重要的文献。“经典”从字面上看，就是指作为一定标准的重要典籍。《辞源》上关于“经典”有两条解释：一是指作为典范的经书，二是指宗教典籍。《汉语大词典》上补充了一点，“经典”还可以指权威著作。综合以上几种意见，“经典”有三层含义：一是指以儒家著作为主的典范著作，如“十三经”等；二是指宗教经典，如各种佛经；三是指记述某一事物、技艺的权威性专书，如《山海经》《茶经》等。

我国传统意义上“经史子集”的划分，就是关于传统文化典籍的分类。其中，“经”指十三部儒家经典。唐代陆德明著有《经典释文》，这是一部关于“经典”解释的字典，主要对《易》《书》《诗》“三礼”“三传”《孝经》《论语》《老子》《庄子》《尔雅》等“经典”做了古音考证。比较一下，我们会发现“经典”的范围并不完全相同。在陆德明撰述的唐代，《孟子》还没有取得“经”的地位，故而没有列入《经典释文》。而《老子》《庄子》等在古籍分类中属于子部，却也列入“经”的范围。当下意义上的“经典”不仅包括儒家经典著作，也包括诸子百家的经典作品，还包括专门性的图书以及一些史学作品等。在更广泛一点的意义上，“经典”指的是我国文化遗产中用文字写记下来的东西。①

2. 中学生阅读的“经典”范围建议

中华传统文化经典的范围较广，内容较多，而且有些内容还带有明显的封建教化色彩，因此需要辨别和筛选，选择一部分适合中学生阅读的经典进入教材。如何选择、选择的标准是什么，是首先应该考虑的问题。

朱自清先生认为，经典训练是一个必要的项目。② 在《经典常谈》里，他像一个导游一样，对《说文解字》《周易》《史记》等众多经典进行阐释性导读，试图带领中学生进入浩瀚的经典中去。按照朱自清先生在序言里的解释，他撰写《经典常谈》有两个方面的考虑：一是中华传统文化经典浩瀚如烟，全部读完“偏枯失调”，也不现实，完全抛弃经典，更是罪过；二是彼时的初高中国文课程标准里提出了“读解古书”的要求。

---

① 朱自清．经典常谈．北京：中华书局，2014：201.

② 同①.

当下的时代背景跟朱自清先生时代的情况相比又有了新的不同。第一，分科课程建立后，中学生的学习范围不断扩大，学习深度不断加深，新的知识目不暇接，过多地接受“经典”训练并不现实，也没有必要。专门性的经典阅读，需要到更高层级的学府里研究深造。第二，外来文化不断冲击本土文化，经典面临严峻的挑战。如何继承优秀传统文化，提升对中华民族文化的认同感、自豪感，增强文化自信，成为迫切需要解决的问题。

因此，当下中学生阅读的“经典”应该秉持以下几个原则：

一是选择性与全面性兼顾。从巨大的中华传统文化经典书目库中选择一批最能代表中华优秀文化遗产的“经典中的经典”来阅读，同时，要兼顾各个领域的内容，不要只局限于一个领域，经史子集的内容都要涵括，其他一些作品也要考虑进去。

二是难易适度。经典的难度不能太大，不进行专门的深入研究，像一些宗教经典就不宜选入，要考虑中学生的认知心理和接受能力，使他们能在工具书的辅助下自主阅读。

三是整合性。在选择的经典中需要按照一定的规律进行整合，使零碎的、片段的经典内容具有一定的系统性，促进知识结构的完整与健全，尝试建构一种整体的、可持续的经典阅读体系。

黄宏武等老师按照文体编成八个专题，建构了“传统文化经典研习”任务群。他们选择了八种具有代表性的文化经典类别，分别是古代史事传记研习、古代诸子散文研习、古代游记小品研习、古代诗词散曲研习、古代骈文辞赋研习、古代书信公牍研习、古代序跋碑志研习和古代志怪传奇研习。八个专题有史传、诸子、游记、诗词、骈赋、书信、序跋、传奇等各种类型的文化经典，包括中国文化史上不同时期、不同类型的一些代表性作品。每个专题包括经典篇目研习、具体的实践活动和写作口语交际活动，如在第一专题“古代史事传记研习”中，选择《郑伯克段于鄢》《优孟》等篇目研习，具体实践活动为“生死之辩——从《史记》中的历史人物看生死观”。从编撰上看，每个专题附有严谨规范的注释，问题设计具有前瞻性，实践活动可操性强，符合中学生的认知心理。通过“传统文化经典研习”任务群的专题研习，学生能够对中华传统文化经典具有一定的全局性了解，并由点到面地体会中华传统文化的精深和丰富，并就传统文化的历史价值、时代意义和局限等问题展开交流和专题讨论，用历史和现代的观念进行审视。

二、传统文化经典的特征

1. 原创性

经典的最重要特征在于原创性。原创性要求“经典”的著作者必须能够阐发别人所未阐发的理念，看到并非寻常人所能看到的真相，观点具有启迪性和开创性，而且这种认识能够经得起时间检验和众人的质疑。

2. 文化性

经典阅读的根本目的并不在于逐字逐句分析文字，以掌握多少文言字词和特殊句式，而在于在经典阅读的过程中，领会其蕴藏的中华传统文化的价值。文化性是经典阅读的终极目标。

3. 思想性

经典并不是一般人所能创作的，它的作者往往是思想大家、哲学大家。他们的作品常常比较系统地阐述他们的思考，体现出深度思维能力。思想的深刻性是经典的重要特征。

4. 开放性

一种经典形成以后，往往会产生众多的阐释者。在经典与受众之间的媒介就是阐释者。受众对经典的理解和接受需要有阐释者的帮助。一种对经典的阐释形成后，另一种对经典的阐释随之而来，而众多阐释之间可能互相抵牾。因此，在选择某种阐释或者发表新的论述时，应该有一个质疑、辨别和选择的过程。这样的过程就需要我们运用批判性思维理性思考，寻找真相，试图和解。

三、传统文化经典与批判性思维的培养

传统文化经典在中学语文教学中一般是以文言文的教学形式呈现的。文言文阅读教什么，在不同的时期有不同的要求。

高中语文新课程改革之前，《高中语文教学大纲》规定："诵读古典诗词和浅易文言文，理解词句的含义和作品的思想内容，背诵一定数量的名篇。重点掌握常见的150个文言实词、18个文言虚词（见附录一）和主要文言句式在课文中的用法。"

教育部2006年版《高中语文新课程标准》将文言文的教学上升到了传统文化传承的高度，一方面，要学习和传承传统文化，"认同中国古代优秀文学传统，体会其基本精神和丰富内涵，为形成一定的传统文化底蕴奠定基础。学习用历史的观点理解古代文学的内容价值，从中汲取民族智慧"（必修课程·阅读与鉴赏）；另一方面，要有思辨和发展，"学习用现代的观念和发展的眼光审视古代作品的内容和思想倾向，提出自

己的看法”（课程目标“发现·创新”），“用现代眼光审视作品的思想倾向，评价其积极意义与局限”（必修课程·阅读与鉴赏）。

但在实际阅读教学中，培养学生阅读浅易文言文的能力依然是中学语文文言阅读教学的主要任务，文言常用实词、虚词和句式是教学的主要内容。

课程教材研究所熊江平先生在《中学文言文阅读教学的几个问题》一文中谈到的内容颇具代表性。他认为，培养阅读浅近文言文的能力要进行语言训练，训练的重点是掌握文言常用实词、虚词和句式。文言文阅读训练的主要方式是：在理解词义和句式的基础上加强诵读；进行词语和句式的归纳对比练习；进行准确规范的翻译练习；增大文言文的课外阅读量。

《普通高中语文课程标准（2017年版）》对文言文教学价值及内容认识有了更加具体的阐述和发展，更加注重“学生思维能力的发展与思维品质的提升”。

学习任务群6“思辨性阅读与表达”中这样表述：“引导学生学习思辨性阅读和表达，发展实证、推理、批判与发现的能力，增强思维的逻辑性和深刻性，认清事物的本质，辨别是非、善恶、美丑，提高理性思维水平。”

这种思维能力的培养不仅是在现代文阅读中培养的，也是阅读古今中外论说名篇时的学习目标与内容，如：阅读古今中外论说名篇，把握作者的观点、态度和语言特点，理解作者阐述观点的方法和逻辑。……在阅读各类文本时，分析质疑，多元解读，培养思辨能力。教学提示中这样表述：教学过程要注重对学生思维过程和思维方法的引导，注意发展学生的辩证思维和批判性思维，注重培养学生思维的逻辑性。

《普通高中语文课程标准（2017年版）》的发展变化表明对文言文教学价值及内容有了新的要求，特别是对论述类文言文。因此，文言文的教学目标不仅是能读懂浅易的文言文，还有“理解作者阐述观点的方法和逻辑。……在阅读各类文本时，分析质疑，多元解读，培养思辨能力”；不是机械地理解和记忆，而是批判地继承与发展，其目的是更好地传承和发展中华文化、增强民族凝聚力和创造力。

中华传统文化经典具有原创性、文化性、思想性和开放性等特点，意味着中华传统文化经典和批判性思维密切相关。其原创性要求中华传统文化经典具有深刻的内涵本质；其思想性是批判性思维发挥功能的重要基础，批判性思维是中华传统文化经典阅读的有力杠杆；其文化性显示了中华传统文化经典的本质属性，也是区别其他经典的重要标志，如何对待自古传承下来的传统文化，尤其是文化传承中的糟粕，需要理解、质疑、评估、决断；其开放性要求读者对中华传统文化经典做出多种阐释或是在多种阐释中进行有依据的选择。因此，“研习经典能为批判性阅读的一般过程提供最具典型意义的范例，批判性阅读内蕴于经典阅读之中”①。

第二节　传统文化经典批判性阅读教学策略

“传统文化经典研习”作为第 8 个学习任务群已经列入 2017 年版新课标。新课标明确要求，选择中国文化史上不同时期、不同类型的一些代表性作品进行精读，体会其精神内涵、审美追求和文化价值。中华传统文化经典研习成为中学生作品阅读中的一种必然。阅读中华传统文化经典需要采取哪些策略，如何审视中华传统文化经典的当代价值，如何传承延续千年的传统文化经典，都应该纳入思考的范畴。

一、传统文化经典中的批判性思维培育的可能性

中华传统文化经典作为一种民族独特的作品形态，具有十分重要的文化传承价值。这种价值传承与其文本本体特殊性是

---

① 郑坛建．经典与批判性阅读．语文学习，2015 (4).

分不开的。中华传统文化经典是一种特殊的文言文本，与一般的文言文本同中有异。虽然它们都是古代传承下来的书面语言范本，具有约定俗成性，符合当时流通的语言规则，是一种古代言语经验的产物，但中华传统文化经典具有自己的独特性，它比一般的文言文本更具有“经典性”。它既是语言规则的典范，又蕴含深层的文化内涵，是古代哲学思想的集中体现和高度凝结，承担文化传承的历史使命。《论语》是以“仁”为核心的儒学思想的渊薮；《孟子》继承了“仁”的观点，发展为“民贵君轻”的民本思想；《老子》提出“道为万物之源”的主张；《庄子》中经常讨论“有无”“始终”“真知无知”“有用无用”等一系列的辩证关系；《荀子》充实和完善了儒家学说的现实主义意义；等等。在这些传统文化经典中，丰富深刻的哲学观点为批判性思维的培育铺垫了一个良性基础，而语录体、对话体、论辩体的成书形式则为批判性思维的发展提供了可能的研究视角。众所周知，批判性思维是一种基于证据的决断，是基于“问题解决”的质疑、反思和建构，它的最终指向是问题的解决以及思维的发展和成熟。因此，在中华传统文化经典教学时，要善于观察和发现经典文本是否具备以下特征：

有没有深刻的哲学内涵；

有没有一个明确的观点；

有没有一个假设前提；

有没有一个关键概念；

有没有正确的论据材料；

有没有合理的论证过程；

有没有隐性的思维漏洞；

…………

对具备以上基本特征的中华传统文化经典进行教学时，要善于发现文本中的观点和论据、思维的漏洞和陷阱、论证的假设前提等因素，为批判性思维的介入和发展提供可能的空间。如《逍遥游》作为《庄子》的首篇，阐释了“逍遥”这个关键概念，提出了“至人无己，神人无功，圣人无名”的观点，有寓言故事、有对话交锋、有论据、有推理、有结论，完全可以作为批判性思维教学的典范文本。

二、传统文化经典中的批判性思维培育的必要性

我们教学传统文化经典，教学内容一般是学习文言知识，了解文章中所表现的思想和论证方法。比如《季氏将伐颛臾》一文，除让学生掌握一些文言知识外，会要求了解孔子治国以礼、为政以德的政治主张，以及运用历史材料、现实事例、名人名言进行驳论的方法。

然而，这些教学内容基本属于静态的陈述性知识，属于“是什么”的知识，学习这类知识要求的心理过程主要是记忆。如果仅仅通过这种学习来了解或继承传统文化经典，是停留在简单的认知层面，学生既难以知道诸子思想如何产生，又难以明白这些思想在社会发展、历史文化中的影响和价值，更难以知道这些思想存在的逻辑漏洞对中国的社会发展带来了怎样的弊端。

批判性思维是以逻辑思维为核心的一种综合思维，是一种崇尚人类理性的精神气质。这种精神气质表现为好奇、怀疑、审慎的心态，不轻信，不盲从。杜威对这种思维的解释是“能动、持续和细致地思考任何信念或被假定的知识形式，洞悉支持它的理由以及进而指向的结论”。因此，教学传统文化经典，不能仅仅停步于对原著的基本理解，而有必要运用批判性思维，重新审视文本内容和教学价值取向，确定更有价值的教学内容。

比如，要分析理解背后的可靠性证据是什么，质疑著作中的各种可能，在分析、综合、归纳、推断、延伸的基础上建构一种新的阅读，特别是在当下文化背景和社会环境下的阅读。读《逍遥游》，我们能读出文本中的无待无恃的“绝对自由”，但可能因为这种“绝对自由”离现实太遥远而否定它。那么，我们读《逍遥游》的意义在哪里呢？读《逍遥游》并不仅仅需要我们理解“逍遥”的内涵，更重要的是明确我们当下应如何对待“逍遥”。既然做不到“逍遥”，那么是不是意味着我们不需要“逍遥”呢？即使达不到灵魂上的“绝对自由”，但这并不妨碍我们丰富自己的精神需求，并不断地调和自我与现实之间的矛盾，坚持不懈地追求一种“独与天地精神相往来”的崇高境界。

逻辑本是人脑固有属性，本该是先天就有的。中国古代诸子百家没有系统地研究思维本身的规律，只是在思维与论辩中常常不自觉地使用这套思维方式，未能把它总结出来进一步推广。

正是由于古代圣哲们缺少总结提炼，逻辑思维中的漏洞未能发现，也未能充分地进行思辨，以致对后世思想文化的发展产生不利影响。我们在学习这些经典时，如果不能在逻辑层面认识其不足，只是简单地接受，就既不能正确认识也不能正确对待传统文化，不能汲取其精华、弃其糟粕，更难以在扬弃的基础上进行创新与发展。

因此，在中华传统文化经典教学中渗透批判性思维，是我们继承传统文化、挖掘传统文化经典的历史意义和当代价值，汲取并丰富我们人生路上的精神食粮，以及提升思维品质，培养创新能力的有效途径。

三、传统文化经典中的批判性思维培育的路径透视

欧阳林老师在《批判性阅读教学要把握好三个核心环节》一文里认为，批判性阅读教学要把握好三个核心环节：质疑与探究、激疑与论证、评估与判断。基于这种认识，中华传统文化经典中的批判性思维培育可以采用以下路径：理解文本—质疑建构—评估反省。下面以《逍遥游》教学为例具体讨论。

（一）理解文本

《逍遥游》节选部分前六段都在讨论“小大关系”，就文本而言，“小大关系”是怎样的？“小大之辩”如何理解？我们首先要做的是搞清楚“小大关系”。因此，基于文本理解的问题设计如下：

（1）文本前六段出现了哪些“小”、哪些“大”？

（2）“小大”关系如何？请用文本中的句子概括。通过蜩、学鸠、斥鴳和大鹏的“小大”关系以及朝菌、蟪蛄和冥灵、大椿的“小大”关系，能得出什么结论？

（3）是否存在比大椿寿命更长的东西X？是否存在比朝菌寿命更短暂的东西Y？如果存在的话，“小大关系”又如何看？

通过以上问题的探讨（详见本章第三节），我们对文本前

六段提出的“小大之辩”就十分清楚了。第一，“小”不如“大”，“小”不能突破自己的认知局限。第二，“小”和“大”有不同的层次和不同的境界。“小”和“大”是相对而言的，“小”可以转化为“大”，“大”也可以变成“小”。第三，“小”和“大”是无穷无尽的，“小”可以无穷小，“大”也可以无穷大。

（二）质疑建构

根据前文的分析，节选文本的前六段可以自成一个体系，主要讲“小大关系”，那为什么后面还节选了第七段呢？第七段也是在讲“小大关系”吗？第七段可以删去吗？前六段跟第七段真的没有关系吗？通过质疑这种可能性，思考文本的结构关系以及如此节选的意义。如果删掉第七段，前六段单独成一个独立文本也未尝不可，在这个独立文本中，稍加延伸，我们就可以得出前述结论，谈“小”和“大”的辩证关系。那么，编者为什么还要加上第七段？通过这样的问题设计，引发学生关于第七段去留的思考，质疑文本节选的合理性和必要性。

通过最后一段去留的质疑，引导学生思考前面六段和最后一段之间的关系，由“小大关系”过渡到“逍遥之境”上来，从而实现意义建构。最后一段中第一句“故夫知效一官，行比一乡，德合一君，而征一国者，其自视也亦若此矣”是一个非常明确的过渡句，指出那些能力突出、品德高尚、堪当大任的人也像蜩与学鸠这些目光短浅、层次很低的小东西。接着，举出宋荣子、列子两种人，一个比一个境界高，类似前述“小大”，所以，这里也是“小大关系”，即“知效一官，行比一乡，德合一君，而征一国者”不如“宋荣子”，“宋荣子”不如“列子”，“小”不如“大”，低的境界比不上高的境界，那么有没有一种最高的境界呢？至此，水到渠成，提出“逍遥”的境界。

（三）评估反省

庄子最后提出了一种超越现实的、绝对的心灵自由和精神解放，这种哲学思想有其产生的时代背景和社会环境。在当今社会，思想基础薄弱和文化背景缺失的中学生会如何认识这种至高的境界呢？是理解还是茫然？是欣然接受还是断然拒绝？这就需要我们进行准确评估。如果学生对庄子哲学表现出厌恶不解，甚至拒绝接受的态度，那么就需要我们全面反思我们学习《逍遥游》的意义何在。因此，基于评估和反省的角度，可以设计如下问题：（1）你会选择成为庄子笔下的哪一种人？（2）当下我们还需要庄子吗？借此评估庄子哲学思想对当代学生的影响，窥探学生对庄子哲学思想的领悟，反思庄子哲学的过时性问题。

第三节　传统文化经典的课例分析

一、《季氏将伐颛臾》课例分析

以《季氏将伐颛臾》为例，运用批判性思维来看其论证逻辑和逻辑漏洞，认识经典的现代意义及其弊端。

1.《季氏将伐颛臾》的论证逻辑

审视文本内容，避不开对这篇短文论证逻辑的梳理。因为文章主要记录孔子就季氏将伐颛臾这件事发表的看法。文本以对话的形式呈现，实际是不断反驳和论证的过程。

第一段先简要交代了季氏将伐颛臾这件事，然后主要写孔子反对季氏攻打颛臾的理由：一是“昔者先王以为东蒙主”，即颛臾在鲁国一向有名正言顺的政治地位，不当伐；二是“且在邦域之中矣”，即颛臾的地理位置本就在鲁国境内，对鲁国一向不构成威胁，不必伐；三是“是社稷之臣也”，意即颛臾素来谨守君臣关系，没理由伐。然后会再讲这里运用了事实论据来批驳“伐颛臾”这个观点。一般情况下，这一段教学讲到这儿就结束了。

然而，这里需要质疑的是，为什么提出了事实材料就能反驳“伐颛臾”这个观点呢？材料与观点之间存在怎样的逻辑关系？事实论证并不是推理论证形式。一般的形式逻辑认为，真正的推理形式有三种：一是归纳推理，二是演绎推理，三是类比推理。另有逻辑学家认为还有一种推理形式，即溯因推理。这一段运用了演绎推理法，演绎推理一般表现为三段论模式，包含大前提、小前提和结论。不过这一段的推理形式不完整，省略了大前提，其完整的推论形式是：

大前提：东蒙主不应该讨伐，邦域之中不应该讨伐，社稷之臣不应该讨伐。

小前提：昔者先王以颛臾为东蒙主，颛臾在邦域之中，颛臾是社稷之臣。

结论：颛臾不应该伐。

在这种推理中，如果大前提被大家普遍接受和认可，不言自明，一般情况下可以被省略，结论也自然成立。例如：我是人民教师，当学生遇到危险时当然应挺身而出保护学生。这个推理的大前提“人民教师在学生遇到危险时应挺身而出保护学生”就省略了。如果这个大前提不被接受，则结论不能成立。如 2008 年汶川大地震中，抛下学生独自逃生的范某则不认可这个大前提，他对失望的学生说：“我是一个追求自由和公正的人，却不是先人后己勇于牺牲自我的人！在这种生死抉择的瞬间，只有为了我的女儿我才可能考虑牺牲自我，其他的人，哪怕是我的母亲，在这种情况下我也不会管的。”其大前提是：自由和公平更重要，除了女儿不会为别人牺牲自我。小前提是：地震发生，有了危险。结论：他虽然是教师，但也不会在危险来临时先想到学生的安全，更不会为保护学生而牺牲自己，所以他要先逃跑。

显然，在该文第一段的推论中，“东蒙主不应该讨伐，邦域之中不应该讨伐，社稷之臣不应该讨伐”当时应是被普遍认可的观点，孔子反驳时不必将它说出。

第二段孔子引用周任的名言：“陈力就列，不能者止。”教学参考资料上说这是批评冉有、季路推卸责任的态度。这是怎样批评的呢？教参语焉不详，实际本段同时运用了演绎推理法和类比推理法。孔子先进行演绎推理，其完整形式是：

大前提：陈力就列，不能者止。（意思是说，能施展自己才能，就接受职位；如若不能，就应辞去职务。）

小前提：危而不持，颠而不扶。（借用盲人遇到危险时不扶持他，含蓄地指出冉有和季路没有尽到职责。）

结论：则将焉用彼相矣？（意思是说你们没有起到作用，你们应该辞职。）

然后是类比推理。所谓类比推理，是根据两个对象在某些属性上的相同或相似，推论两者在其他属性上也有相同或相似，其逻辑形式为：A 具有 a、b、c、d 的属性，B 具有 a、b、c 的属性，所以，B 可能具有 d 的属性。类比论证属于或然性推理，是一种从特殊到特殊、从个别到个别的推理方式，有一定程度上的可靠性。其好处在于能将抽象的道理讲得形象生动，让人更容易明白和接受。

“虎兕出于柙，龟玉毁于椟中”对应的是季氏伐颛臾，将季氏比作虎兕，将颛臾比作龟玉。季氏攻打颛臾，好比虎兕跑出笼子伤人；颛臾如被攻灭，好比龟甲、玉石毁于盒中。“是谁之过与”，意思是这是守护者的过错，将冉有、季路比作虎兕、龟玉的看守者，虎兕出柙伤人，龟玉毁于椟中，是看守者的失职。因此，冉有、季路作为季氏家臣，若不能劝谏季氏放弃武力，致使颛臾被灭，也是他们的失职。孔子运用这种类比推理明确批评季氏伐颛臾是冉有和季路没有尽到自己的职责，因而要求他们不要推卸责任，形象生动，具有说服力。

第三段，教参上说是孔子正面阐述他的政治主张，这没有错，但这只是一部分内容。因为孔子实际还反驳了冉有的观点。冉有说：“今夫颛臾，固而近于费，今不取，后世必为子孙忧。”这是一个省略的演绎推理，其完整的形式是：

大前提：对季氏构成威胁的对象应该加以讨伐。

小前提：颛臾，固而近于费，今不取，后世必为子孙忧。

结论：应该讨伐颛臾。

这一推论对孔子在前面第一段的推论提出了挑战，因为冉有的意思是说，我承认“东蒙主不应该讨伐，邦域之中不应该讨伐，社稷之臣不应该讨伐”，可是颛臾会对季氏构成威胁啊。我们作为季康子的辅臣，怎能不帮他呢？冉有在不否认孔子推论的情况下提出了新的前提，得出新的结论，孔子不能不加以应对。

孔子接着打了一套组合拳，运用了演绎推理加溯因推理。其演绎推理的完整形式是：

大前提：有国有家者，不患寡而患不均，不患贫而患不安。盖均无贫，和无寡，安无倾。夫如是，故远人不服，则修文德以来之。既来之，则安之。（这里提出了治理国家的政治主张：治国以礼，为政以德。）

小前提：远人不服，而不能来也；邦分崩离析，而不能守也。（摆出现状。）

结论：冉有、季路没有按照“治国以礼，为政以德”的政治主张辅佐季康子治理好国家。（这一结论孔子没有说出，但是不言自明，冉有自是听得出来。）

紧接着孔子运用了溯因推理。所谓溯因推理，是由美国实用主义创始人、逻辑学家皮尔斯于 19 世纪 60 年代提出，是指当现象与预期不符或感觉有矛盾时，比如新现象、异常现象的出现，要形成假设，进而用这个假设解释这些现象。如果这个假设确实能够解释这个现象，那么我们可以相信这个假设成立。

孔子进行溯因推理的完整形式是：冉有、季路没有按照“治国以礼，为政以德”的政治主张辅佐季康子治理好国家（远人不服，没有修文德以来之），却在国内发动战争（谋动干戈于邦内），为什么会这样（出现了矛盾）？推测原因是季康子真正担忧的是鲁哀公联合颛臾对付他（吾恐季孙之忧，不在颛臾，而在萧墙之内也），所以，要讨伐、吞并颛臾来对抗鲁哀公。至此，孔子揭露了季氏将伐颛臾的真正目的，指出了这一战争的非正义性，有力驳斥了冉有的辩护。

孔子一贯反对“陪臣执国政”，此文实是对“三桓”（主要是季康子）执国政的批评。

2.《季氏将伐颛臾》的逻辑漏洞

通过上面的分析，我们已经了解了《季氏将伐颛臾》的论证逻辑。我们可以知道，孔子对弟子的批评和教育是遵循了逻辑思维规律的，并不是简单地说教和压服。孔子思想体系的形成暗含着对逻辑思维规律的认知和运用，这正是古代先哲的伟大之处。然而孔子这个圣人毕竟只是对逻辑思维无意识地运用，没有进一步对其进行深入的研究和思考，也没有在实践中检验和反思自己的思想体系是否存在问题，以致儒家思想在建立之初形成的巨大逻辑漏洞一直未能被发现，进而对后世中国思想、文化的发展和社会的进程带来巨大不利影响。

下面来看看孔子思想的逻辑漏洞。

第三段孔子演绎推理中的大前提是："丘也闻有国有家者，不患寡而患不均，不患贫而患不安。盖均无贫，和无寡，安无倾。夫如是，故远人不服，则修文德以来之。既来之，则安之。"这个前提所表达的观点是运用溯因推理得出的结论。"有国有家者，不患寡而患不均，不患贫而患不安"是一种现象，为什么会这样？"盖"表原因推测，即"均无贫，和无寡，安无倾"，强调百姓财富平均，和睦相处，安定团结。所以，当远人不服时，要进一步加强德治（修文德），使远人归附。"不患寡而患不均，不患贫而患不安"意思是说"不怕人口少，而怕财富不平均；不怕贫穷，而怕不安定"，与后面的"均无贫，和无寡"有点不对应。所以有的版本是"不患贫而患不均，不患寡而患不安”，意思是“不怕贫穷，而怕财富不均；不怕人口少，而怕不安定”。不管是哪一种，关键是后面的原因推测，“均”从表面上来看可以解决所谓“贫”的问题，因为没有“富”做对比，但这只是自欺欺人，而且在现实中根本不可能做到“均”，那些贵族和当权者在哪朝哪代会不搜刮民财以自富？“均”不能做到，所以“贫”则不能解决。真正解决“贫”的是共同富裕之路。因果关系不能成立，则由原因推出的结论（即解决方法）——“修文德以来之”（即“为政以德”的治国理想）自然不能成立。孔子的“不患贫而患不安”“为政以德”思想的片面性就显而易见了。孔子提出上述观点后，千百年来，很少有人对孔子的这一提法表示过怀疑，相反，对之服膺、发挥者甚众。后世统治者将其作为治国的主要指导思想，以致重视农业而压制工商业的发展，重视德治而轻视法治，对后世遗患无穷。

孔子对社会现象进行归因出现错误，然后得出了错误的解决方案。孔子建立他的思想体系并不只是用溯因推理，还用了类比推理法。比如，《论语·为政篇》中孔子说：“为政以德，譬如北辰，居其所而众星共之。”意思是说以道德原则治理国家，就像北极星一样处在一定的位置，所有的星辰都会围绕着它。这里就运用了类比推理法，意思是说君王“为政以德”之后，其他诸侯就会像众星环绕北极星一样尊奉这个君王。然而类比论证属于或然性推理，是一种从特殊到特殊、从个别到个别的推理方式，其结论不一定为真，只有一定程度上的可靠性。这个类比推理只是形象地说明“德治”可能产生的效果，众星共北辰是一种自然现象，并不能证明人类社会中“为政以德”和诸侯尊奉之间存在必然的因果关系。这是其一，其二，这个类比推理也没有论证“德治”的可行性，即“为政以德”可能实行吗？又如何保证“为政以德”实行？孔子没有给出措施，遇到昏君，孔子也没有办法，只能寄希望于明君的出现，然而明君是何等地稀少，“为政以德”在历史上真是少有实现的时候。所以，这个类比根本不能充分论证必须“为政以德”，更没有论证只能“为政以德”。可是孔子及其后世的尊奉者们却只讲“为政以德”，导致了盲目迷信圣人之言而理性精神缺失的后果，使中国的发展在近现代付出了惨重的代价。事实上，以德治国需要，以法治国更需要。

因此，我们不能满足于事物的表象而迷信权威，沉迷于文字的精彩而忽视逻辑。这种文化上升到道德规则，“仁、义、礼、智、信”作为儒家思想的精髓，自然也上升到了全民公德的高度，这些规则都是人类精神文明的终极目标，本无可厚非，但过高的规则与被“中国式逻辑”武装起来的思维方式结合在一起，便可能出现方向上的偏差。

（本文原题为《学习儒家经典应运用批判性思维》，发表于《语文教学通讯》2014 年第 5 期，作者：欧阳林。有改动。）

二、《六国论》课例分析

（一）《六国论》文本和作者分析

《六国论》教什么，基于我们对文本及作者的认识与理解。

1. 理解文本

理解文本不仅是知道文本讲了什么，即作者的观点、态度和语言特点，还要理解作者阐述观点的方法和逻辑。

《六国论》一文的观点是“六国破灭，非兵不利、战不善，弊在赂秦”，即六国败亡的原因在于赂秦。理由一，从赂秦者来说，“赂秦而力亏”，是破灭之道，然后具体分析了赂秦导致双方力量对比发生变化，六国最终因力量越来越小而灭亡的道理；理由二，从不赂秦者来说，“盖失强援，不能独完”，即“不赂者以赂者丧”，燕、赵虽不赂秦，却因处秦“革灭殆尽之际”而灭亡。

全文运用的是归纳法，三个诸侯国因赂秦而亡；然后分析了反例，将不赂秦而灭亡的原因归结到赂秦者身上，完成了论证。

2. 质疑文本

《六国论》历来被认为逻辑严密，理由充分，说服力强，然而真的是这样吗？它的论证逻辑没有问题吗？

“六国破灭，非兵不利、战不善，弊在赂秦”隐含了一个观点，那就是六国是兵利、善战的。事实是这样吗？作者有没有论据证明六国兵利、善战？没有。作者只讲到了赵国善战，“惜其用武而不终”，一国善战能否代表六国善战？不能。因此，有观点而无论证，这是第一个问题。

因为“赂秦”，所以“力亏”，这个因果关系没有问题。但是，韩、魏、楚三国为什么要赂秦？苏洵说赂秦可以“得一夕安寝”，如果这三个国家在军事上能与秦国抗衡，它们会愿意割地赂秦吗？三国之所以割地赂秦，正是由于它们兵不利、战不善。如果不赂秦而与秦作战，可能损失更多甚至更早灭亡。诸侯对自己的土地恐怕不是不珍惜，赂秦只是在权衡利弊之后不得不采取的行为。所以，赂秦只是表面现象，更深层的原因是军事力量弱小，而军事力量弱小背后是经济力量弱小和政治方面的问题。把现象当作原因，甚至将表面现象当作根本或主要原因，这是第二个问题。

“不赂者以赂者丧”这个观点，作者有没有进行严密的论证？也没有。作者在分析齐国时说“五国既丧，齐亦不免矣”，而燕国是“以荆卿为计，始速祸焉”，赵国的败亡是因为“用武而不终”，听信谗言，杀掉了抗秦的良将李牧。也就是说，只有齐国的灭亡支撑“不赂者以赂者丧”这个观点。作者又说“燕、赵处秦革灭殆尽之际”，仍义不赂秦，坚持用兵，“可谓智力孤危，战败而亡，诚不得已”，是不是自相矛盾？而事实是燕国没有坚持用兵，赵国也没有坚持用兵。事实不能支撑观点，这是第三个问题。

文章说“燕虽小国而后亡，斯用兵之效”也不成立，一是没有给出用兵的事实支撑，二是不可能“用兵”，因为燕与秦隔着赵，后亡的原因是秦灭了赵才能灭燕。歪曲事实，这是第四个问题。

从苏洵所列出的原因来看，主要是从现象层面来考虑。六国的灭亡，根本原因是政治上不重视改革，因循保守，不能坚持“合纵”抗秦的策略，以致被秦国各个击破。割地赂秦导致三国实力削弱，秦国实力进一步增强，应该说对六国的灭亡有一定的影响，但只是六国灭亡逻辑链中的一个环节，具有弱因果关系，把“赂秦”归结为它们灭亡的根本原因，带有很大的片面性。

3. 理解作者

《六国论》的论据和论证有这么多问题，可是它为什么会成为千古名篇？苏洵是战国社会问题的专家，他的笔下为什么会有这些不尽符合史实的叙述以及不合逻辑的议论呢？

苏洵生于真宗、仁宗、英宗三世，当时北宋军队战斗力疲弱，对外作战败多胜少；政府向辽和西夏每年纳币输绢，而自身财政入不敷出；契丹、西夏的气焰不断嚣张；国内抗敌卫国之气锐减，委曲求全之风日上，社会矛盾日益尖锐。面对这种现状，有识之士忧心忡忡，纷纷探寻原因，思考对策。

作者要寻求六国破灭的原因，真正目的不是谈古，而是论今，以达到针砭时弊的目的。针对宋王朝对外敌骚扰执行屈辱妥协政策，苏洵在六国破灭的诸多原因中，选择了“赂秦”这一因素，以讽谏宋王朝以银、茶、丝绸求和的政策，防其重蹈韩、魏、楚赂秦而灭亡的故事。

但是，正如没有看到六国灭亡背后更深层的原因一样，作者只看到了北宋软弱的外交政策，没有进一步深思这种外交政策背后深层的原因。

通过以上分析，我们认识到了《六国论》的论证逻辑以及存在的逻辑问题，而逻辑问题似乎更为突出。如果在教学中只让学生了解该文的论证方式，甚至认为这篇文章逻辑严密、议论精辟透彻、说服力强，显然会极大地误导学生，让学生分辨不清什么是好的、严密的逻辑，而将有严重逻辑问题的论证当作好的论证。这将阻碍学生思维能力的发展与提升。

因此，在教学中不能像传统教学那样，只是选择重点教学文言知识和文章的论证逻辑，而应选择重点教学质疑文章的逻辑漏洞。教学目标可以设计为：

（1）学习、积累文言知识。

（2）梳理该文的论证思路和逻辑。

（3）探究该文的论证逻辑问题，培养思辨能力。

（二）教学过程

1. 导入

《六国论》是苏洵政论文代表作品，近千年来盛传不衰。苏洵是“唐宋八大家”之一，另两位大家苏轼、苏辙的父亲。分析六国灭亡原因并且同以《六国论》为题目的还有苏辙、苏轼、李桢等人，而苏洵的《六国论》名气最大。

许多人认为此文“奔腾上下，纵横出入，气势犹如江河决口。史实论据典型、充分，分析、对比、比喻等论证具有很强的逻辑性和说服力；他见识深远，眼光犀利，议论精辟透彻，足警世人”。

这些观点都对吗？

2. 梳理论证思路

（1）你认为该文的观点是什么？支撑观点的理由是什么？

（读一、二两段，分析关键字词，并板书。）

第一段亮出观点：非兵不利，战不善，弊在赂秦。第二段给出两个理由（分论点）：赂秦力亏，不赂者以赂者丧。

（2）第三、四两段分别论述两个分论点，是怎么论述的？

第三段论述第一个分论点。

秦：　得　百倍　无厌　急　强

诸侯：失　百倍　有限　繁　弱　颠覆

第四段论述第二个分论点。

齐：与秦　五国既丧

燕：用兵　后亡　刺秦　智力孤危

赵：用武而不终

（3）作者在第三、四段把理由讲完了，第五、六段还讲什么呢？

提出解决问题的办法：用赂秦之地封谋臣、礼奇才。

归纳出一个结论：为国者无使为积威之所劫。

这个结论怎么来的？

这个结论是运用归纳法得出的，因为六国为秦人积久的威势所胁迫而割地赂秦以致亡国。

第六段表明作者写此文的真正目的，即借古讽今，讽谏宋朝统治者不要向西夏和辽纳币输绢。

文章思路结构图如下：

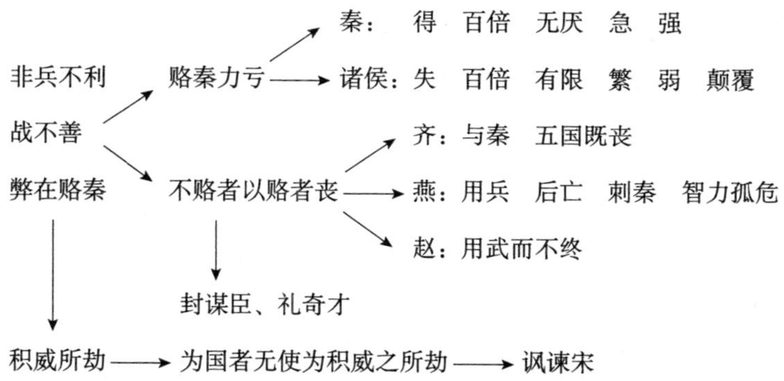

3. 质疑文本

许多评论文章认为此文切中时弊、论证严密，真的这样吗？同学们对这篇文章的论证有没有疑问？

(1) 作者说“六国破灭，非兵不利，战不善”，有没有给出事实依据？

作者没有给出依据。事实是怎样的呢？

(2) 诸侯为什么要赂秦？有没有可能是因为打不过秦？

有可能，因为打不过秦才会割地赂秦，如果打得过，根本不可能主动割地给秦。

原因有很多，根据学过的历史知识，可以知道很重要的原因是秦国经过商鞅变法，经济实力、军事实力都大大增强，超过了诸侯各国。

（3）看“战国七雄”形势图，大家能否发现作者的论证哪里还有问题？

猜测：燕国后亡可能不是因为用兵，而是因为它远离秦国，先灭了赵才可能灭燕。

追问：作者说燕国后亡是用兵之效，有没有用事实来支撑这个观点？燕国有没有可能对秦用兵？

明确：作者没有用事实来支撑他的观点。在秦灭燕之前，燕国也不大可能对秦用兵，因为秦远离燕国，不大可能越过赵国攻打燕。

追问：还能发现什么？看看楚国的国土面积，你觉得楚国是否会因为赂秦而实力不断变弱而亡？

推测：不大可能，因为楚国国土面积辽阔，不会因为一些土地的损失而使国力受损。

因此，真正割地赂秦而致国弱的实际只有韩、魏两国，而这两国实在是因为打不过秦才割地赂秦的。

4. 寻找依据

思辨性阅读不仅要质疑，更重要的是质疑之后要有合理的依据。当文本中无法找到依据时，运用课外或网络资源搜寻信息则成为必需，这也是思辨性阅读与传统阅读教学的又一个不同之处。即答案并不是由教师判定，而是学生通过自己对信息的搜寻来做出判断，从而培养学生研究的意识和方法。

通过查找资料，可以发现，对于质疑（1），得到的结论与作者观点恰恰相反。荀子曾说："齐之技击不可遇魏氏之武卒，魏氏之武卒不可遇秦之锐士。遇之者，若焦熬投石焉。"可见秦军战力之强。"劳大者其禄厚，功多者其爵尊"，重赏之下必有勇夫，他们"顿足徒裼，犯白刃，蹈炉炭，断死于前者，皆是也"，"故秦战未尝不克，攻未尝不取，所当未尝不破也"。"固知愚、贵贱、勇怯、贤不肖皆尽其胸臆之知，竭其股肱之力，出死而为上用也。天下豪杰贤良从之如流水，是故无敌而令行天下。"

由此可见，秦国军队的战斗力确实要比其他诸侯国的战斗力强。

对于质疑（3），我们发现在战国后期，燕国不断对赵和齐发动战争，互相削弱了实力。

而楚国灭亡的经过也与贿赂秦国关系不大。

楚国作为南方大国，疆域辽阔，山林茂密，物产丰富，号称拥有甲士百万。但是，楚国的内政一直不振，总是贵族争权夺利，这种状况到战国末期尤为严重。前 228 年，楚幽王死，统治集团发生内讧。幽王的同母弟犹，即位为哀王，但仅两个多月，就被异母兄负刍的门徒杀掉了。负刍成为楚王。楚王室更加分崩离析。就在楚国发生内乱的时候，前 226 年，秦王政不失时机地从北方伐燕前线抽调秦军，南下攻楚，连续夺得楚国 10 余个城池。前 224 年，秦国与楚国的决战就要开始了。秦王政先派年轻将领李信率 20 万秦军攻楚，被楚军击败。后又派大将王翦率 60 万秦军攻楚。王翦入楚境后，并未马上发动攻势。他总结了李信轻敌冒进的教训，采取屯兵练武、坚壁不出、麻痹敌人、以逸待劳的策略。这样，度过了一年多的时间，秦军对楚地的情况基本适应，士气高昂，体力充沛。同时，被调来抗击秦军的楚国部队，斗志渐渐松懈，加上粮草不足，准备东归。楚军一撤，王翦就抓住时机下令全军出击。秦军一举打垮了楚军的主力，并长驱直入，挺入内地，杀死楚军统帅项燕。接着，秦军攻占楚都寿春（今安徽寿县），俘虏了楚王负刍，楚国灭亡。

5. 评估与判断

由此我们可以发现，只有韩、魏因割地赂秦最终亡国，但根本原因是两国一败再败，只能通过割地求和以苟延残喘。作者的论证，只是讲了割地赂秦的危害，建立了表层的因果关联，没有分析割地的根本原因。

而其他诸侯国的灭亡与赂秦的关系都不大，而是各自在政治、经济政策和军事策略上出现了重大问题导致亡国。

因此，《六国论》的论述并不严密，有重大的逻辑问题。

再问：那么，《六国论》最后提出的解决问题的方案，你觉得有效吗？

明确：只说不要赂秦，看似有道理，但实际上就像扬汤止沸，无法解决问题。作者根据六国灭亡的分析，对宋王朝讽谏意义可能不大。因为作者只看到了宋采取纳币输绢的表面现象，而没有深入地分析背后的根本原因，所以提出的解决策略无助于真正解决问题，统治者也根本不会采纳。

只有进行深入的调查研究，从事实出发，找到现象及造成危害的根本或主要原因，才有可能提出有意义、有价值的建议，形成有效的解决方案。

（三）迁移运用

理解文本，不只是理解文本的观点、理解作者怎么论证，也不应该只是一味地唱赞歌，而应该客观地分析和评价，看其逻辑上有没有问题。如果因为作者是历史上的名人就不敢质疑，如果文章明明有问题而说作者受时代局限性影响而不必质疑，那就是对学生不负责任，对历史不负责任。

传承文化并不意味着全盘接受。好的，我们学习借鉴；不足之处，我们批判然后发展。时代要进步，必然是在对历史、文化、思想的反思、质疑与发展中前进的。

通过上述质疑与探究，可以让学生明白什么是好的论证、什么是好的思维。这样才有助于我们更好地传承文化，也才能让学生更好地迁移、运用。试想，如果学生一直把《六国论》当作好的论证，把它当作议论文写作的范本，那么怎么可能学会写议论文呢？我们培养出来的文化精英又将是怎样的一种思维方式呢？

为了引导学生迁移运用，应该再追问学生：我们写议论文如果像这样写，你觉得有意义吗？应该怎么写比较好呢？

明确：针对某一不好的现象或问题，根据事实，从事实出发，透过表象，分析背后的深层或根本原因，然后提出解决问题的建议。

（欧阳林）

三、《六国论》合作学习教学案例

（一）传统教学中合作学习存在的问题

在现在的课堂上，尤其是公开课中，合作学习这一方式被广泛运用。它一般分为两个环节：一是小组内部讨论，二是全班分享讨论结果。这一学习方式在提升学生课堂积极性，培养学生倾听、表达、合作等方面的作用已经得到广泛认可。但是笔者在听课时，往往会有以下一些疑问：

（1）合作学习的前提是学生对任务有着清晰的认识、充足的准备、深入的思考。但是，在我们平时的课堂上，动不动就是小组讨论，在略显突然的环节设置中，这一前提是否可以得到保证？如果不能保证，那么我们是否是在鼓励一种不负责任、妄下定论的思考模式？

（2）小组讨论环节的效果得益于成员观点充分表达、激烈碰撞，而这些取决于课堂给予的时间是否充裕。我们平时课堂往往给予小组交流固定的 10—20 分钟时间，学生刚刚进入状态，思维的火花就被掐灭，长此以往，我们学生的思考如何走向成熟、理性、深刻？

（3）小组讨论环节中，我们希望每一位学生得到发言锻炼的机会，但是在操作过程中，我们发现有些组内成员很少参与，甚至从不发言，那这部分学生的思考、表达能力如何得到提升？

（4）在全班分享时，教师往往忍不住参与对话，引导话题走向，过多的对话对培养学生自主探究的能力是否有影响？

合作学习之所以存在这些问题，其原因在于有些教师没有搞清楚这一学习方式的目的：是为了让教学流程顺利进行，还是为了培养、提升每一位学生的思考能力？答案显然应该是后者。我们希望培养有批判性思维能力的学生，他们应当有下面几个特征：（1）懂得多方面获取资料去帮助学习，有宽阔的视野；（2）能在占有充足资料的基础上，形成自己的独立、理性、全面的思考，懂得质疑；（3）勇于表达，善于交流，愿意倾听，能够针对他人不同的观点进行有效的辩论，在辩论中反思，促进观点的深入和深化。

（二）基于批判性思维的合作学习策略

基于上述培养目标，下面谈谈如何有效开展合作学习，以及如何培养学生批判性思维能力。

1. 选择合适的文本和问题

所谓合适的文本和问题，需满足几个要求：（1）文本具有可讨论性；（2）问题具有开放性、生成性；（3）讨论有价值，结论有可迁移性；（4）学生感兴趣。

《六国论》就是一个非常合适的文本，因为历来对六国灭亡、秦国胜利的原因就有多方解读，读本中又有现成的贾谊《过秦论》、苏辙《六国论》、苏轼《六国论》，可以拿来比较阅读。不同文本、不同观点，可以激发学生探究的乐趣。

2. 任务清晰、准备充分

欧阳林老师在《批判性思维与中学语文学习》一书中，有过这样的论述："批判性思维在语文教学中具体表现为以下技能：（1）讲道理、下判断要有理由；……（3）具有了解多方面信息的愿望，有全面收集信息的习惯，尽可能全面掌握信息。”所以，针对同学们张口闭口“我认为……”“我觉得……”的情态，我们决定利用这样一次机会，培养他们“先做调查，再做发言”的思维意识。

布置任务如下：阅读相关文章，做好充足的知识储备。思考回答：“四篇文章，谁的观点更为合理？为什么？”然后把结论写成一篇论文，时间一周，要求如下：

（1）四位作者的观点和论证思路要形成思维导图，放在作业一开始的部分。

（2）必须查阅资料，资料来源必须多样，不能全部来自百度百科。

（3）论文要包含自己的观点以及支撑这一观点的理由，理由要注明出处。

（4）理由要分点陈述，不许混在一起。

之所以有这样的要求，是希望学生懂得：

（1）在评论一个作者的观点之前，我们首先要理解作者在说什么、为什么这么说。理解是评论的前提。

（2）我们给出任何一个观点的基础不是“我的感觉”，而是大量的多样的资料，以及对这些事实的梳理、分析和严密的推理。强调大量和多样，是因为一家之言容易偏颇。

（3）分点陈述从而懂得思考和表达要清晰而有层次。都是原因，但是也有主要原因和次要原因、表面原因和深层原因之分。

（4）理由要注明出处，不可人云亦云，更不可抄袭他人成果。

以上四点，也是批判性思维所需要具备的基本素质。论文完成后，我会提前批阅，做好上课的内容储备。从收上来的论文看，学生参考的资料有：《战国策·秦二》中的《楚绝齐齐举兵伐楚》、《史记·范雎蔡泽列传》、《纲鉴易知录》卷八、《后秦纪》、秦国《法律答问》、《战国七雄》、《史记·楚世家第十》、《史记·张仪列传第十》、《史记·秦始皇本纪》、《蜀记》、《世界五千年》、《秦汉史十五讲》等。内容丰富、来源多样。

3. 规则明确、教师监督

首先小组讨论，形成小组相对一致的意见，准备发言内容（当然，如果经过讨论，意见各不一致，我们的发言内容就呈现这种不一致）。然后每组派代表发言，形成全班范围内的内容共享和问题探讨。

每个小组有一个组长，组长负责组织与记录，记录每位同学的发言情况、提出的有价值的看法与疑问、组员间的争论。每位同学必须进行有效发言，为了保证规则有效执行，记录本需要在讨论后收上去批阅，老师及时点评反馈。在讨论的过程中，老师需要时刻巡视，以保证全员参与和研讨的深入。

4. 充分讨论、学会等待

整个教学的讨论和分享贯彻在两个时间段：一是小组讨论，二是全班分享。两个时间段，都要给予充分的时间，所以这一次的讨论，我用了两个课时。全班分享环节是真正的精彩之处，因为发言人和受众更多，启发和冲突更为多元，话题走向的引导和生成对老师而言更具挑战性，对学生而言更加有趣、可开拓空间更大。基于以上特点，教师要注意以下几点：

(1) 每组代表发言每次必须轮流进行，给予每个学生锻炼自我的机会。

(2) 话题的引导不确定，但话题的走向要控制。同一个话题结束后，才能开启另外一个话题，比如不能出现好好谈着“秦国是否暴虐”，突然又转而讨论“六国灭亡是否因为赂秦”的情况。

(3) 老师在其中的角色是控制走向，但不引导走向。所谓控制，上一点已经说明。所谓不引导走向，就是老师尽量不说，学会等待。

在讨论“六国为何灭亡”时，有这样一段课堂实录：

生 A：我不同意苏洵在《六国论》中的看法，他认为六国之所以灭亡是因为不断贿赂秦国，而事实上如果没战败，六国不会割地。所以，六国灭亡是因为国力不如秦国，而这是由秦国变法成功，魏、韩等国的变法却不彻底和短暂而导致的。

生 B：我基本同意生 A，此外我觉得变法是否成功与君主是否贤明有关，六国不善于使用人才，对忠臣猜忌，而秦国善用人才。

此时我很想追问："为何秦国变法没有失败，六国就失败？要把原因都归结于君主英明吗？那历史是否太具有偶然性？"但我压抑住了自己追问的欲望，我不希望自己用看不见的手去引导问题的走向，于是，我决定再等一等。果然，有同学出来反驳：

我觉得变法成功与否不能完全归结于君主贤明与否，当然也不是因为变法者被杀与否，要知道商鞅也被杀了，不能这么简单看事情。

首先国情不同。李悝的变法为魏国打下了坚实基础，但是魏王没有继续发扬，而是开始玩平衡术，让将相相互牵制，而且魏惠王在中原地区连年出击，却打了败仗，这些都导致国力耗损。吴起在楚国变法，但由于楚国的国情，造成楚国贵族势力相当强大，楚国王族干预力相对较弱，导致吴起变法未完成，就被老贵族迫害。楚国国力由强变弱。

其次是由于地理位置，秦国变法比较隐秘，没有引起其他诸侯国的注意，相对来说变法途中不会受到打击，可以说其国力是在其他诸侯国疲于与邻国作战时悄然强大起来。

再次，变法时间点不同。商鞅变法较晚，得以继承了李悝等前人的思想，并对他们的方法依据秦国国情以及历史教训做了改革，变法比较有效。

最后是君主的原因。商鞅获得了秦孝公的大力支持，变法持续十余年，即使后来他被车裂，变法也已经深入人心。更何况，秦惠文王要杀他，是因为商鞅个人原因，君主本身对变法还是支持的，所以变法有其持续性和彻底性。

这位同学的分析获得了大家的一致肯定，但同时有同学在下面忍不住嘀咕："奇怪啊，怎么秦国尽出明君，六国尽出昏君?"

我心想问得好，这也是我前面想追问而没问的，马上就有同学补充道："我读过这样一句话：'自襄公始国，秦君多以聪慧壮硕为之，而无庶嫡长幼之分。'这个选拔制度就保证了秦君多是智慧之人，而其他诸侯国就可能做不到这点。"

底下的同学纷纷表现出恍然大悟状。学生的思路被打开，又从其他方面补充了很多原因。在后来讨论秦为何灭亡时，也贡献了很多自己的看法。

后来，我又想问一个问题：“既然三篇文章对六国灭亡的原因分析得如此单一片面，怎么能成为千古名篇流传下来呢?”但是我依然没问，我希望有人可以注意到这个问题，果然最后有同学提道：“其实苏洵他们这么写都有他们的历史背景和政治目的。苏洵希望北宋不要一味软弱地乞求暂时的和平，而苏轼希望圣上广纳贤士，增强国力。所以他们只说能为他们目的服务的原因。”此言一出，大家纷纷点头。我也庆幸自己始终懂得等待，不给学生带有明显方向性的提问，从而限制他们思维的扩散，阻碍他们思维的发展。

5. 及时引导，反思提炼

一般来说，老师习惯边上课、边总结、边板书，这样一堂课下来，收获一目了然，重点清晰易记。可是，我不希望我的课堂是记忆的课堂，学生应该习得自我总结、提升的本领。所以，我会在最后提问：通过这样一次讨论，我们有没有什么收获？学生总结如下：

（1）分析问题不能只看到表面的现象，比如贿秦以土地、变法失败都是表面的，要寻求内在的原因。

（2）分析问题要有层次，要由表及里、由浅入深，要不停追问。

（3）分析问题要多角度。比如不仅分析秦国，也要分析六国，再比如可以从“天时地利人和、政治经济”等角度入手。

（4）质疑之外，要学会理解，理解作者的写作目的，这样会更加客观冷静。

（5）有时分析不同的问题，其实背后有共通的道理。比如这堂课分析了“秦朝为何灭亡”和“六国灭亡”两个问题，但我们可以看到灭亡有共通的原因，所以要用联系的观点看问题。

这些总结本来可以在讨论时随时请同学提炼出来，写在黑板上，但是，这样依然是剥夺了大多数学生独立思考的空间，所以我选择在最后留足时间，给每位学生一个契机去回味、去沉淀，让所得真正内化，从而知道该如何学习、如何质疑、如何建构。

上面所呈现的是为了培养学生批判性思维的能力，在合作学习的一些细节上的处理和设置。这一培养目标，绝非一蹴而就，需要教师运用适当的策略，在课堂上坚持不懈地渗透。培养学生的批判性思维能力，受益于之前的课堂，也将照亮未来的课堂！

（江苏省常州高级中学　张立）

四、《逍遥游》课堂实录

1. 导入

师：庄子的思想被后人称为“庄子哲学”，北京大学有一门课程就叫“庄子哲学”。在庄子的著作当中，我们经常会看到他在探讨这样一些关系，比如说“有”和“无”、“始”和“终”、“真知”和“无知”、“有用”和“无用”等。今天我们要学习的《逍遥游》同样也探讨了一种关系，这是一种什么样的关系呢？

生：“小”和“大”。（板书：小大。）

2．“小大”关系讨论

师：那么我们文章的前六段，有哪些“小”，又有哪些“大”呢？

生：首先是鲲和鹏的“大”，蜩、学鸠的“小”。

师：还有吗？

生：还有一个是类似的鲲鹏之大和斥鴳之小。

师：斥鴳是“小”。

生：还有第三段中芥是“小”，杯是“大”。

师：芥草是“小”，杯子是“大”。

生：在第五段中，朝菌和蟪蛄是“小”，冥灵和大椿是“大”，还有彭祖是“大”，众人是“小”。

师：好，我们找了这么多的“大”、这么多的“小”，那么，你能不能用文章当中的句子来概括一下“小大”的关系？

生：小知不及大知，小年不及大年。

师：好，请画下来。还有吗？

生：第四段中“之二虫又何知”。

师：这个是大小之间的关系吗？斥鴳在对大鹏的行为有所表示之后，作者有没有给出一个“小大”的关系？

生：此小大之辩也。

师：那么，能不能结合具体的文本来分析一下到底是一种什么样的“小大”关系？

生：它有形体上的大小，比如说鲲鹏和蜩、学鸠的关系，还有年岁上的不同等。

师：好，我们先看你前面说的这个关系，我们聚焦到文章的第四段，一起朗读蜩与学鸠说的话，“蜩与学鸠笑之曰”，起。

（生齐读“蜩与学鸠笑之曰：‘我决起而飞……奚以之九万里而南为？’”）

师：再看看第六段“斥鴳笑之曰”，起。

（生齐读“斥鴳笑之曰：‘彼且奚适也？……而彼且奚适也？’”）

师：好，我们从蜩与学鸠以及斥鴳的行为中能读出什么？

生：可以看出蜩与学鸠对大鹏飞到九万里的高空向南飞这种行为是不理解的。

师：嗯，不理解，它们具体是怎么说的？

生：奚以之九万里而南为？

师：请给我们翻译一下这句话，好吗？

生：它为什么非要飞到九万里的高空而南行呢？

师：为什么飞到九万里的高空而向南飞呢？还有吗？

生：下面有斥鴳的“彼且奚适也”。

师：好，“彼且奚适也？”这句话怎么翻译？

生：它将要到哪里去呢？

师：后面还重复了这句话。这两句话从语气上来分辨，有没有什么差别？你给我们读一读，好吧？

（生朗读：“‘彼且奚适也？……而彼且奚适也？’此小大之辩也。”）

师：好，请坐下来。大家看他这个语气读得好不好？

生：嗯，非常有感情。

师：请你比较一下这两个句子的语气：“彼且奚适也？”和“而彼且奚适也？”

生：语气上有一种递进的关系。

师：句子的语气有几种啊？比如说陈述、疑问、反问、感叹等，这两个句子是什么呢？

生：第一个是……（略。）

师：好，我给你读一遍：“彼且奚适也？我腾跃而上，不过数仞而下，翱翔蓬蒿之间，此亦飞之至也。”后面请你补。

生：而彼且奚适也？（学生读的还是疑问语气。）

师：这语气对吗？它将要到哪里去呢？蓬草到蒿草之间就是我的飞越极限，就几十尺而已，它要飞到哪里去呢?！所以后面一个应该是一个——

生：反问。

师：前面一个应该是一个——

生：设问。

师：设问？你要到哪里去呢？这是一个设问吗？

生：疑问。前面一个是疑问，后面一个是反问，语气更加强烈。

师：从中可以分析得出，斥鴳、蜩与学鸠这样的“小”事物是一个什么样的态度？

生：斥鴳、蜩与学鸠是比较无知的，它们不能理解鲲鹏的行为，眼界非常狭小。

师：无知无畏，见识浅薄，用我们文章当中的话，叫作什么？

生：之二虫又何知！

师：对，这两个小东西又知道什么呢？所以跟大鹏相比就是“小知——”。

生：小知不及大知。（板书：小知不及大知。）

师：好，我们再一起读一读斥鴳对大鹏的笑。

（生朗读“斥鴳笑之曰：‘……而彼且奚适也？’”）

师：那么，面对斥鴳、蜩与学鸠的这种笑，大鹏会怎么回应呢？

生：我觉得，大鹏既然已经飞得这么高了，它更倾向于对蜩与学鸠持一种忽视的态度。大鹏首先在形体上是比较大的，它不回应，它看不起这些蜩与学鸠，它往下看都未必能看到它们。

师：看不起应该有回应，比如说，燕雀安知鸿鹄之志？可以吗？

生：我觉得大鹏这时应该是慷慨激昂的吧？它是一心想要到南边去的，它应该不会有这种闲工夫来理会蜩与学鸠。

生：我觉得它应该也是这种态度，因为大鹏飞到九万里的高空，而斥鴳只飞了几十尺，相对来说就有小大之辩了。鲲的眼界和见识，肯定比斥鴳、蜩、学鸠大，它肯定明白有很多东西是蜩与学鸠不理解的，所以也不必去跟它们解释。

师：如果现在给你这样一种回应：“我的目标在南海，我飞我的南海，不会改变，在九万里高空的这种感觉妙极了。”跟第一种“燕雀安知鸿鹄之志”比较，哪一个更好？

生：第二种。飞往南海是理所应当之事，他人的闲言碎语如同写在沙滩上的字，不久便会被风吹散，那又何必放在心上。大鹏对这个世界有着自己的见识，九万里的高空注定不会和数仞之下一般景致，蜩与学鸠的不理解、嘲笑，是由它们先天能力的缺乏导致的，又何必加以责备呢？大鹏和蜩不在同一个境界，不具有可比性，只是这里大鹏的“自由”还不是真正意义上的逍遥，它的飞翔还需要借助外物。

师：很好。而“燕雀安知鸿鹄之志”是什么意思？

生：它有很远大的志向。

师：“你怎么知道我的远大志向？看看你们那样子，干吗批评我？你们是什么东西啊，这么渺小卑微！”它可以这么说吗？

生：可以的吧。

师：蜩和学鸠怎么说它的？

生：奚以之九万里而南为？

师：对呀，如果它这么说的话，它跟这些蜩、学鸠——

生：就没有什么区别了。

师：跟这些“小知”就都一样了。我们说“小知不及大知”，所以它应该不会这么说。还有一种“小大”关系，在文章的第五段，短的寿命好像比不上长的寿命，这里列举了哪些长短不一的寿命关系?

生：朝菌的寿命是一天，不知道一个月有多长。蟪蛄能够活几个月的时间，不知道一年有多长。冥灵能够活一千岁，大椿要比冥灵活得更长。

师：这样一比较，你会发现，这就是我们所说的“小年不及大年”。(板书：小年不及大年。)在大椿之外，会不会存在着比大椿寿命更长的生物?你来说，会吗?

生：应该会。

师：那有没有比朝菌更短的一种寿命?

生：有，肯定有。

师：你能不能举出一些例子?

生：比如说有些蜉蝣，只能存活几个小时。

师：你看，这样一比较，朝菌这种“小年”比有些蜉蝣更长寿一些，发现没有?所以它的“小年”又变成相对的“大年”。如果能找到比大椿更长寿的一种生物，那么大椿就变成了“小年”。按照这个方法，我们可以补完整：“小年不及大年，大年不及大大年”。(板书，生笑。)这样通俗易懂，同样地，小知不及大知，学鸠不如鹏，鹏不如那个X，“大知不及大大知”。(板书，生笑。)所以，这样一比较，就有层次和境界了，“大”相对成了“小”，这就是“小大之辩”。(板书。)

所以大小是——

生：相对的。

师：相对存在的。到这里我们小结一下。前面这六段告诉我们什么呢？

生：第一，小事物可能会用渺小的视野去看待别的事物，用自己的尺度去衡量其他的生物，它有认知局限。第二，大小是相对的。事物总是在发展的，“大”可能相对变成“小”，“小”也可能相对变成“大”，是这种相对的“小大”的关系。

师：这种相对的“小大”的关系，讲清楚了吧？我觉得到这里，这篇文章就可以结束了，问题是后面还出现了什么？

生：第七段。

3. 何为“逍遥”

师：第七段可以删掉吗？我们一起朗读第七段。（生朗读。）

生：不能。文章前几段一直在讨论“小”与“大”的关系，论证“大”之境界高、“小”之境界卑微，最后一段是将论证结果运用到现实中来，分辨伟人和徒有虚名之人。由自然界引申到人类社会，阐明了逍遥游的境界，告诉人们要做一个真实自然、精神自由的人。

生：我觉得不能删掉。在第七段里，他其实提出了自己的一种思想，就是说前面六段对第七段其实都是一种铺垫。前面六段讲的是小大之辩，也讲了无论小大都是有所待的，比如鹏虽然大，但是它需要风才能飞到南溟。然后第七段讲的是，不管是“知效一官，行比一乡，德合一君，而征一国者”，还是宋荣子和列子，他们虽然层次不同，可是他们都是有所待的，仍然是不逍遥的。最后一句话说“若夫乘天地之正而御六气之辩，以游无穷者，彼且恶乎待哉”，这里提出了如果想要真正的自由、真正的逍遥，应该是不用凭借什么，就是一种超越的、自然的状态。

师：好，请坐。刚才他提到一个句子——“若夫乘天地之正而御六气之辩，以游无穷者，彼且恶乎待哉?”这句话是不是可以看作文章的一个中心句，是最核心的部分呢？我们前面说它是在说小大之辩、小大之间的关系，你看，我们文章的题目是什么？

生：逍遥游。

师：那我们怎么从“小大之辩”到“逍遥之境”？（板书：逍遥之境。）“逍遥”的这种状态他还没有提出来，第七段里是不是提出了这样一种状态、这样一种境界？好，我们一起朗读刚才的这个核心句。（生朗读“若夫乘天地之正……彼且恶乎待哉?”）

师：对照注解，给大家两分钟时间考虑一下这个句子，我们怎么去理解？如果理解有困难，可以相互讨论一下。（生讨论。）

生：顺应天地的法则，把握六气的变化，来遨游于无穷无尽的宇宙，这样一种境地，那么他还要依赖什么呢？

师：若夫乘天地之正，御六气之辩，就是如果能够顺应天地的法则和六气的变化，这是一种理想的境界。天地、六气是什么？

生：六气指阴阳风雨晦明，是自然界中的各种变化、各种现象，都是大自然的一部分。

师：嗯，那这句话告诉我们什么呢？要与自然——

生：融为一体，和谐相处。

师：对，要与自然相融。我们看庄子在他的著作里怎么说的。什么叫"逍遥"，什么叫顺应天地的法则，驾驭六气的变化？(出示 PPT："上与造物者游""遗物离人而立于独""独与天地精神相往来"。)"上与造物者游"，能够和宇宙大化同游，和自然能够相融，天地并生，与万化冥合，能够"遗物离人而立于独"，能够超脱自然，物我两忘，还要"独与天地精神相往来"。有没有达到精神和心灵上的一种自由？我们齐读"上与——"，起。(生齐读 PPT。)

师：顺乎自然，无依无恃。（板书。）那么他提出的这样一种最高的境界，是不是每个人都能达得到呢？前面还提到了好多种人，这些人能不能达得到呢？我们看第一类人，知效一官、行比一乡、德合一君、征一国者，那么这些人在庄子的心中是什么样子的呢？你来。

生：在庄子的心中，他们是有所追求的，是功利的。

师：追求名利的，你能不能把这几个人结合注解，概括一下？

生：有好的品行，具有优秀的品德。

师：还有什么？你看，知效一官，能去做官。

生：有能力。

师：很有能力、有才华，征一国者呢？“征”是什么意思？

生：信，能够取信于人。

师：有信用，很诚实，所以这些人是不是也是我们现在学习的一些榜样？这些人我们可以用一个词来概括，叫什么？

生：楷模。

师：是我们学习的模范，这些都是成功人士啊，他们有能力、能做官、有品德，你看别人都非常尊重他们，他们的地位也很高，在他们自己的眼中，他们是什么样的？后面有句话是什么？

生：其自视也，亦若如此矣。

师：这是什么意思呀？

生：他们看自己也像这样，像蜩与学鸠一样。

师：像蜩与学鸠那样，蜩与学鸠是什么？

生：小知。他们这些成功人士，还是处于蜩与学鸠那样的低层次，但是在我们看来，已经很成功了。

师：他们成功，靠的是什么？有他们自己的能力，更重要的是什么？

生：他们靠的是一种外物。

师：是外界对他们的一种什么？

生：外界对他们的肯定以及物质支持。

师：是我们有一种世俗的评价标准、一种价值审视，我们说的这些人，都是评出来的，是我们学习的楷模，是成功的，这是第一个层次。第二个层次是什么？

生：宋荣子。

师：那么，宋荣子跟这些人相比，他的境界是不是更高一层呢？

生：宋荣子"定乎内外之分，辩乎荣辱之境"，能肯定自我、否定外物、分辨荣誉和耻辱的界限。

师："举世而誉之而不加劝，举世而非之而不加沮"，这句话是什么意思？

生：外界对宋荣子的一种评价，世上的人赞美他，他也不更加勉励；全世界的人非议他，他也不更加沮丧。

师：外界的人批评他不在意，表扬他也不得意，不接受外界对他的评价，他的内心非常——

生：内心不在意，超脱于外物。

师：一种超脱，内心很强大，这样的人要比第一种人更什么？

生：更逍遥一些，境界更高一些。

师：我们可以把他称为什么？

生：大知。

师：前面的一类人是“小知”，宋荣子是“大知”，境界更高一点，“小知不及大知”，他能够无视外物。但是，他是不是就达到了逍遥？他对前面的人是什么态度？

生：犹然笑之。

师：所以，你看他——

生：还是在意别人的，把自己跟人家比较，觉得自己更高明一些。

师：如果他跟列子比的话，就变成了——

生：小知。

师：列子的行为跟前面相比的话，又如何？

生：更加自由，更加逍遥，但是他还是要凭借风。

师：你凭借风可以飞吗？

生：不可以。

师：那他凭借风怎么就可以飞了？

生：因为他更加淡然一些。

师：比较宋荣子而言，列子处于一个更高的境界了。这就是我们所说的——

生：大知。

师：这样一比较，你会发现，前面的“小大之辩”也到我们第七段里来了。“大知”和“小知”也是相对的，大的境界和小的境界也是可以相融的，有没有一种最高的境界呢？是一种逍遥的境界吗？我们一起再次朗读这句核心句。

（生朗读“若夫……待哉”。）

师：后面庄子提出了三种人——“至人无己，神人无功，圣人无名”，这样的几种人就处于一种非常逍遥的境界。什么叫“无己无功无名”呢？

生：无己就是忘乎自己。

师：就是忘却了自我。

生：神人无功就是神人不追求功名利禄。

师：不要去建立功业，不汲汲于壮志抱负。

生：无名就是不追求名声，不追求名利荣誉，不管人家去怎么毁誉。

师：无己，非常真实自然地能够忘却自我。与大自然融为一体，“上与造物者游”，很真实很自然（板书：忘己）；无功，不去建立功业，剔除功利之心，就维持自己这样一种基本的生养（板书：忘功）；无名，褒贬由人，俯仰随我，不求其名声（板书：忘名）。如果能够做到这些，能够顺乎自然，无依无恃，就能够达到庄子所说的“逍遥游”，进入“逍遥之境”，能够从我们前面说的“相对”，大知和小知、境界高低的比较之中走出来，走向精神的“绝对自由”，所以方勇老师是这么认为庄子的逍遥思想的（出示 PPT）：

> 庄子的逍遥理想，实质上是追求精神的绝对自由。所以，逍遥的境界并不存在于虚无缥缈的仙境天国，而是通达于人的内心世界，任何人只要摆脱了功名利禄的束缚，忘怀世间的毁誉得失，超越一己的生死界限，胸怀就会变得宽广，心灵就会变得澄明，精神也就能获得超然物外、怡然自适的逍遥。（生齐读 PPT。）

4. 如何评价庄子的“逍遥”思想

师：所以，这是一种至高、超越的境界，是一种心灵和精神的绝对自由。如果让你去选择的话，你会选择成为庄子笔下的哪一种人、选择哪一种境界？请大家分组讨论。（生讨论。）

生：如果是我的话，我希望成为“知效一官，行比一乡，德合一君，而征一国者”那种人。

师：这些成功人士，这些楷模人杰。

生：在我看来，庄子提出的这种近乎完美的至人、神人、圣人，在现实生活中是不可能真实存在的，因为他必须要借助外力。至于宋荣子和列子，下面的注释里说列子是道家和神仙方术的代表人物，那么，这个也是不太现实的；宋荣子“举世誉之而不加劝，举世非之而不加沮”，他可以把自身和外物分得清楚，对我们来讲的话，人和外界的联系是不可避免的，我们就不能超脱外物而存在着。所以，我觉得第一种成功人士是比较适合我们去追求的。

师：好，归结到一句话，她就要做一个“三好生”。（生笑。）你会选择哪一种人？

生：我会选择宋荣子。因为他可以定乎内外之分、辩乎荣辱之境，我觉得这是一个很可贵的品质。虽然在庄子看来，宋荣子还没有达到物我合一的境界，但他本身崇道，他具备正确的价值观。一个人有了正确的价值观，就没有必要在意旁人的言论。

师：嗯，好，宋荣子这样的人也很厉害，外面的谣言满天飞，他都能够岿然不动，这也了不得。其他的还有吗？

生：像列子这样的吧。因为我觉得真正不追求功名利禄的人并不存在，列子也是。精神是可以追求这样一种状态的，列子的这种“御风而行，泠然善也”是一种特别的自由，这算是一种逍遥的境界，所以他不会沉迷于世间的一些功名利禄。

师：刚才我们有好几个同学都提到，像“至人神人圣人”这些人可能在真实世界中并不存在，我们在讨论人和人、人和社会之间的关系，怎么能够摆脱社会而存在呢？所以庄子提出的这些人，很有可能就不是我们社会属性中的人，我们要回到人的自然属性上，在精神和心灵上追求这种绝对自由。好多同学都没有选最高的这种境界，“乘天地之正而御六气之辩，以游无穷者”，或许我们很难达到“无己无功无名”的这样一种境界，但这意不意味着我们就不需要庄子的这样一种思想呢？要知道在古代，以老庄为代表的道家学派和以孔孟为代表的儒家学派一直是中国思想界的两大支柱。我们今天还需不需要庄子？能不能从儒家和道家的区别上发表一些看法？

生：我觉得任何时候都是需要老庄的思想的，因为儒家就是一个积极入世的学派，鼓励人们去做官，鼓励人们去追寻这种伦理道德，让人们融入这个世界当中，和这个世界、他人、社会发生一些关系。但是老子、庄子他们就是希望我们维持精神和心灵上的超脱而不是像儒家那样追求圣王之道。所以我觉得，这两个就相当于是一个硬币的正反两面，是相互依存、互相补充的。以前看过蒋勋的书，他说，任何时候都是需要老庄思想的，它是对世间物化的一种制衡。我们现在为什么没有人写出《庄子》这样的书，这可能就是我们所缺乏的。我相信我们所要追求的这种逍遥境界，就是精神和心灵上的自由，是我们永远要追求的。

师：主要是一些精神寄托、精神食粮，请坐。儒道两家，一个是刚健有为、积极进取的，一个是柔和无为、出世退守的，但是，缺了任何一个，中国的思想文化都可能会出现残缺。当我们积极进取而屡受挫折的时候，当我们面对社会黑暗而无力改变的时候，当我们无路可走的时候，我们是不是会想起庄子这棵孤独的、守护月亮的树？（出示 PPT。）

> 道家在以一种前所未有的方式固执地守护着人的精神与尊严，辛勤地开垦着人的精神荒漠，把人生从一切无法消除的痛苦和灾难中拯救出来，超越人生困境和世俗情欲，使人获得一种宁静的自由和圣洁的心境。（生朗读 PPT。）

师：或许我们很难达到“至人神人圣人”这样一种至高的境界，但并不意味着我们不需要追求这种境界，这会成为我们的精神家园。好，我们再一起朗读文章的核心句“若夫……圣人无名。”（生朗读。）

（江苏省常州高级中学　孔小波）

后　记

撰写《批判性思维与中学语文阅读教学》一书是一件痛苦而又让人激动的事。

批判性阅读是对传统阅读的开拓与创新。传统的阅读注重理解与鉴赏，而批判性阅读在此之外，更注重质疑、分析、论证与评估。它不满足于对文本已有的或教参提供的认知与理解，而更注重文本内在规律的认知与发现，注重自己认知与思维策略的建构。因此，批判性阅读需要对文本有更本质的知识，需要灵活运用批判性思维的方法从不同的角度去剖析文本。这是痛苦的。然而，这也是令人激动的事，每当有新的认知与发现，思维海洋的领地又得到拓宽，发现新的岛屿，便让人兴奋、愉悦。

也许，在目前的考试中，批判性阅读暂时不能让你提高成绩，但是它能让你感受到思维的快乐。也许最初你会感受到痛苦，但是随着思维的不断深入，你会不断有新的发现和认知，于是你会收获快乐。这种快乐是难以言表的，这种快乐会让你发现语文学习和阅读不再是枯燥、乏味、无用的东西；它会不断提升你的精神境界，让你不再满足于现状，不再愿意浑浑噩噩地生活，而是不断探求新知，思维不断发展，不断追求更高尚的精神生活，重新认识生命，提升生命的价值。

对我来说，活着，总该做一点有意义的事，不只是为了自己的生存，也不只是为了学生的生存。生存之外，还有其他的意义。

批判性思维与中学语文阅读教学的融合才刚刚起步。这本书很多认识还很肤浅，一些做法还很幼稚，甚至还有错误之处。敢于写出这本书来，也是尝试着把批判性思维与阅读教学的融合方式系统地梳理一遍，供大家批判，在批判的基础上进一步推动批判性思维与阅读教学的深度融合。

这本书的出版得到了各方面的关心、支持与帮助。感谢江苏省常州高级中学史品南校长和汪明副校长的大力支持；感谢林胜强教授的组织工作，感谢中国人民大学出版社费小琳老师对基础教育的关心和支持；感谢董毓教授、吴格明教授、余党绪、李仁辅、陈兴才等专家和老师在学术上的帮助；感谢《中学语文教学》《语文教学通讯》《语文学习》等杂志社的支持；感谢常州高级中学语文组同仁的支持和帮助，孔小波老师撰写了第二章第一节、第六章第一节和第二节以及部分案例，张立、黄洋洋、金周婕、金蕾等老师提供了教学案例；感谢所有关心和帮助过我的朋友以及家人，正是有了你们，这本书才有成书的机会。

批判性思维与基础教育的融合还有很长的路要走，需要更多高校研究批判性思维的专家、研究语文课程与教学论的专家、中学一线教师的深入研究与合作。本书只是初步的探索，不当之处，敬请批评指正。

欧阳林

2019年2月19日

参考文献

毕飞宇．小说课．北京：人民文学出版社，2017.

曹文轩．小说门．北京：作家出版社，2002.

李丽华．欧美母语课程中的批判性思维培养及对语文课程的启示．语文学刊，2007（6）.

刘海涛．小说的读与写．广州：中山大学出版社，2000.

刘俐俐．小说艺术十二章．上海：上海教育出版社，2014.

刘培育．素质教育与逻辑思维．黄河科技大学学报，2010（6）.

苗东升．诗与逻辑．河池学院学报，2005（3）.

王安忆．心灵世界：王安忆小说讲稿．上海：复旦大学出版社：2007.

王瑞霞，郭爱萍．国内近三十年批判性思维研究：现状、思考、展望．太原师范学院学报（社会科学版），2011（9）.

吴格明．创新能力培养：切不可忽视逻辑思维素质．中国教育学刊，2002（12）.

吴格明．批判性思维素养应当是语文课程的重要目标．课程·教材·教法，2009（2）.

姚国军．小说叙事艺术．北京：群众出版社，2007.

阿·托尔斯泰．论文学．程代熙，译．北京：人民文学出版社，1980.

福斯特．小说面面观．朱乃长，译．北京：中国对外翻译出版公司，2002.

图书在版编目（CIP）数据

批判性思维与中学语文阅读教学 / 欧阳林著 . —北京：中国人民大学出版社，2019.8

批判性思维与基础教育课程教学

ISBN 978-7-300-27074-6

Ⅰ. ①批… Ⅱ. ①欧… Ⅲ. ①阅读课-教学研究-中学 Ⅳ. ①G633.332

中国版本图书馆 CIP 数据核字（2019）第 125779 号

批判性思维与中学语文阅读教学

欧阳林　著

Pipanxing Siwei yu Zhongxue Yuwen Yuedu Jiaoxue

出版发行	中国人民大学出版社		
社　　址	北京中关村大街 31 号	**邮政编码**	100080
电　　话	010－62511242（总编室）		010－62511770（质管部）
	010－82501766（邮购部）		010－62514148（门市部）
	010－62515195（发行公司）		010－62515275（盗版举报）
网　　址	http://www.crup.com.cn		
经　　销	新华书店		
印　　刷	北京联兴盛业印刷股份有限公司		
规　　格	145 mm×210 mm　32 开本	**版　　次**	2019 年 8 月第 1 版
印　　张	14.125 插页 2	**印　　次**	2019 年 8 月第 1 次印刷
字　　数	233 000	**定　　价**	59.00 元